Doris Weber

bsv Studienmaterial

Herausgegeben von Günther Schiwy

Eingeleitete Texte, Aufgabenvorschläge, Register und Bibliographien zur Diskussion wissenschaftlicher Disziplinen

---

Siegfried Schödel
Linguistik

Harm Paschen
Kommunikation

Rolf Eigenwald
Textanalytik

Hellmut Geißner
Rhetorik

Hans Ulrich Gumbrecht
Literaturkritik

Silvio und Susanne Vietta
Literaturtheorie

Erwin Leibfried
Interpretation

Walter Nutz
Mediensoziologie

Helmut Schwartz/Horst Wagner
Literaturgeschichte

Wolfgang Bender/
Johannes Deninger
Religionskritik I

Wolfgang Bender/
Johannes Deninger
Religionskritik II

Wolfgang Bender/
Gertrude Deninger-Polzer
Ethik

Jürgen Kocka
Geschichte

Hans Ludwig Schreiber/
Fritz Loos
Rechtstheorie

Die Reihe wird fortgesetzt

Bayerischer Schulbuch-Verlag · München

bsv Studienmaterial
für die Sekundarstufe II

# Rechtstheorie

Hans-Ludwig Schreiber
Fritz Loos

Bayerischer Schulbuch-Verlag · München

**Über die Autoren:**

Prof. Dr. Hans-Ludwig Schreiber, geboren am 10. 5. 1933. Zunächst im richterlichen Dienst tätig. Nach Habilitation in Bonn 1970 seit 1971 Professor in Göttingen, im Nebenamt zeitweise Vorsitzender Richter am Landgericht Hannover.
Veröffentlichungen auf den Gebieten des Strafrechts und der Rechtstheorie.

Prof. Dr. Fritz Loos, geboren am 23. 1. 1939. Nach der Habilitation in Bonn lehrt er seit 1975 in Göttingen Strafrecht und Rechtsphilosophie.
Veröffentlichungen auf den Gebieten des Strafrechts und der Rechtstheorie.


Hubertusstraße 4, 8000 München 19
Umschlag: Projektgruppe PH der Universität München:
B. Schober, F. Melzner
Satz und Druck: Sulzberg-Druck GmbH, Sulzberg
ISBN: 3-7627-6019-5

# INHALT

# 0. EINLEITUNG

## 0.1. Zur Konzeption des bsv-Studienmaterials

Die Konzeption des bsv-Studienmaterials steht im Zusammenhang mit der Neugestaltung der gymnasialen Oberstufe und der Eingangssemester der Universität. Die Forderungen nach einer Verbesserung der allgemeinen und fachbezogenen Studierfähigkeit sind dabei leitend gewesen. Hinzu kommen die Folgerungen aus der Curriculumrevision: Einerseits werden neue Fächer für die Oberstufe (insbesondere im Wahlbereich) aufgenommen, andererseits werden im Rahmen der bestehenden Fächer neue Lernziele und Lerninhalte erkannt bzw. bestehende neu gewichtet.

0.1.1. Die ausgewählten Texte sollen möglichst repräsentativ sein für die aktuelle Bedeutung, die geschichtliche Entwicklung, die verschiedenen Richtungen und die Anwendungsmöglichkeiten der jeweiligen Disziplin. Dabei sollte allerdings deutlich sein, daß der Umfang des Bandes, die Verfügbarkeit von Quellen und die Interessenlage des Herausgebers und der Bearbeiter dem Unternehmen Grenzen setzen.

0.1.2. Es wird weder eine Dokumentation noch eine Sammlung ,,kanonischer" Texte der jeweiligen Disziplin angestrebt. Das Material soll dazu dienen, Einstiege in Fragestellungen und Arbeitsweisen einer Disziplin zu ermöglichen. Die Streuung der Texte erlaubt dabei jeweils unterschiedliche Ansatzpunkte der Arbeit. Die Streuung der Auswahl sollte auch der Aufgabe einer allgemeinen wissenschaftlichen Propädeutik entgegenkommen.

## 0.2. Zur Arbeit mit dem bsv-Studienmaterial

0.2.1. Die Reihenfolge der Texte sollte nicht als Anweisung für die fortschreitende Lektüre mißverstanden werden. Der Einbau in einen curricularen Plan wird die Abfolge der Lektüre ebenso bestimmen wie die Interessenlage der Leser.

0.2.2. Das bsv-Studienmaterial ist als gemeinsames Arbeitsbuch für Schüler bzw. Studenten *und* den Lehrer gedacht. Die methodische Intention geht in Richtung eines arbeitsteiligen Teamworks in der Gruppe.

Die Aufschlüsselung der Texte durch Zwischentitel und ihre Numerierung nach dem Dezimalsystem, die Texteinleitungen und die Aufgabenvorschläge wollen nicht zuletzt die Mitwirkung *aller* Gruppenmitglieder an der Arbeitsplanung erleichtern. Die Aufgabenvorschläge formulieren jeweils einige Arbeitseinstiege, zeigen Verknüpfungsmöglichkeiten der Texte innerhalb des Bandes, versuchen Kritik anzuregen und sind nur sekundär als mögliche Lernzielkontrollen zu verstehen. Daraus und aus der methodischen Intention folgt, daß Lösungsvorschläge zu den Aufgaben nicht gegeben werden.

Die Kürzungen der Texte sollen den Zugang erleichtern und den Umfang des Bandes in Grenzen halten, sie wären als besserwisserische Scheidung von Wichtigem und Unwichtigem mißverstanden. Die Arbeit wird deshalb immer wieder zu den Originalpublikationen führen müssen. Gerade hier kann das Teamwork viel leisten.

0.2.3. Das Register soll mithelfen, Beziehungen zwischen den einzelnen Texten herzustellen und Begriffe zu klären. Bei den Fußnoten wurde die Originalnumerierung beibehalten.

0.2.4. Die Bibliographie stellt Material zur Weiterarbeit bereit, versucht aber auch Fragestellungen und Forschungsgebiete der jeweiligen Disziplin anzudeuten und zu umreißen.

## 0.3 Allgemeine Einführung in die Probleme der Rechtstheorie

### 0.3.1. Die Bedeutung des Rechts

Jedem Bürger begegnet das Recht in vielfältiger Gestalt. Alle Lebensvorgänge werden durch rechtliche Regeln berührt, auch wenn das dem juristischen Laien nicht immer bewußt wird. Am deutlichsten bemerkt der einzelne rechtliche Reglementierung im Strafrecht: Jeder „normale" Bürger weiß, daß ihm etwa im Straßenverkehr bestimmte Verhaltensweisen bei Strafe verboten sind, daß Mord und Totschlag, Betrug und Diebstahl strafrechtlich sanktioniert sind. Freilich betreffen ihn derartige Verbote in seiner persönlichen Lebensführung im allgemeinen nicht unmittelbar, da die genannten pönalisierten Verhaltensweisen für ihn als Handlungsalternativen normalerweise nicht in Betracht kommen.

Dagegen lebt jeder in den Ordnungen des sog. Bürgerlichen Rechts: Als Vater, Mutter und Kind, als Käufer und Verkäufer, als Arbeitnehmer, Eigentümer und Erbe, als Mitglied in menschlichen Zusammenschlüssen zu verschiedensten Zwecken in Vereinen und Verbänden werden seine Beziehungen zu Personen und Sachen durch rechtliche Rahmenbedingungen bestimmt.

Die staatliche Ordnung, die Verteilung und die Ausübung politischer Macht unterliegen ebenfalls rechtlicher Regelung und Begrenzung (Staatsrecht). Soweit der moderne Staat in zunehmendem Maße in das private Dasein eingreift, geschieht das nach den Normen des Verwaltungsrechts: Die Zulässigkeit von Versammlungen und Demonstrationen, die Möglichkeit zu bauen, ein Gewerbe auszuüben und einen Industriebetrieb zu errichten werden durch Polizei- oder Ordnungsrecht, Bau- und Gewerberecht gegeben und beschränkt. Der verwaltende Staat sorgt aber auch in gesetzlicher Form für das allgemeine Wohl: für Bildung und Forschung, für Wirtschaftsförderung durch Subventionen, für soziale Sicherheit von jedermann bei Krankheit, Alter und Arbeitslosigkeit.

Am deutlichsten wird die sonst vielfach gar nicht bewußt werdende rechtliche Gestaltung der Verhältnisse im Konfliktsfall. Zwar ist das Recht stets Abgrenzung konkurrierender Interessen, z. B. von Nachbarn, von Produzenten und Konsumenten, von spielenden Kindern und ruhebedürftigen Senioren, von Wohlfahrts- und Ordnungsinteressen der vielen und der Handlungsfreiheit des einzelnen. Das Recht muß aber auch dafür sorgen, daß nicht nur inhaltliche (materielle) Regeln für die Abgrenzung von Interessensphären vorhanden sind; es muß auch Verfahren ausbilden, die im Falle des Verstoßes gegen die materiellen Regeln und bei Streitigkeiten darüber, wer „im Recht ist", eine Abwicklung des Konflikts ermöglichen. Das ist die Aufgabe des Verfahrensrechts: Es ist im modernen Rechtsstaat in einem komplizierten System verschiedener Gerichtsbarkeiten (Zivil-, Straf-, Verwaltungs-, Arbeits-, Sozial-, Finanz- und Verfassungsgerichte) und Prozeßordnungen ausgebildet.

Das Recht kann danach allgemein als eine Ordnung des sozialen Zusammenlebens bezeichnet werden. Es ist freilich nicht die einzige. Auch andere Ordnungen bestimmen das menschliche Leben: Moral, Brauch, Sitte und Konvention. Ihre Macht ist allerdings im Laufe der Entwicklung zurückgegangen. Die Infragestellung der überlieferten Ordnungen, das Schwächerwerden tradierter Bindungen in kleineren Verbänden (wie Großfamilie, Nachbarschaft, religiöse und politische Gemeinde), die Entwicklung der sog. pluralistischen Gesellschaft haben die Bedeutung rechtlicher Regelung gesteigert. Einzelne und Gemeinschaft sind für die Planung und Gestaltung ihres Daseins auf ein Minimum an Zukunftssicherheit angewiesen. Daher bedarf es überindividueller Festlegungen, ohne die selbst bei gutem Willen aller ein das Leben gefährdendes Chaos, vielleicht sogar ein „Krieg aller gegen alle" drohen würden. Die notwendige Erwartungssicherheit kann nach dem Verblassen anderer Ordnungen nur das Recht garantieren. Es existiert heute als überwiegend vom Staat in einem förmlichen Verfahren geschaffenes, sog. positives Recht. Seine Einhaltung wird in letzter Linie durch die staatliche Zwangsgewalt garantiert.

Inhaltlich ist das Recht das Ergebnis des Kampfs der rivalisierenden Interessengruppen um die Vorherrschaft im Staat. Solche Interessengruppen bilden sich um materielle und ideelle Zwecke, sie erstreben in der Regel zugleich die Besserstellung ihrer Anhänger wie die Durchsetzung eines allgemeinen „sozialen Ideals". Häufig ist das Recht heute im demokratischen Staat ein Kompromiß im Parallelogramm der sozialen Kräfte. Als positives, d. h. vom Staat gesetztes Recht ist es „Richtlinie auf Zeit": Es kann abgeändert werden und ist damit ein Instrument bewußter Sozialgestaltung durch den Gesetzgeber. Freilich wird – was inzwischen Allgemeingut der Rechtstheorie geworden ist – das Recht nicht nur durch die Gesetzgebungsinstanzen bestimmt; in der Auslegung der staatlichen Gesetze bei der Entscheidung konkreter Rechtsfälle entwickelt die Rechtsprechung, teilweise angeleitet durch die Rechtswissenschaft, das Recht fort. Geltendes, positives Recht ist danach das angewandte und in der Anwendung sich wandelnde Recht.

### 0.3.2. Die verschiedenen Aspekte des Rechts und die ihnen zugeordneten Wissenschaften

Dieser Band trägt den Titel „Rechtstheorie". Unter „Rechtstheorie" werden in der Wissenschaft unterschiedliche Forschungsbereiche verstanden. Teilweise wird die Bezeichnung „Rechtstheorie" auf erst in neuerer Zeit entwickelte Disziplinen theoretischer Beschäftigung mit dem Recht wie Rechtslogik, Sprachtheorie, Methodenlehre, Argumentations- und Entscheidungstheorie sowie Rechtssoziologie beschränkt. Ihnen wird die Rechtsphilosophie als Rechtswertbetrachtung gegenübergestellt. Ohne zu den wissenschaftstheoretischen Implikationen im einzelnen Stellung zu nehmen, soll in diesem Band unter „Rechtstheorie" der Gesamtbereich theoretischer Befassung mit dem Phänomen Recht verstanden werden. Einbezogen wird also auch der Themenbereich der sog. klassischen Rechtsphilosophie, in dem die auch praktisch entscheidenden materialen Probleme des Rechts und seiner Geltung zur Sprache kommen. Auch das entspricht einer gängigen Terminologie. Zum Gegenstand der Rechtstheorie in diesem Sinne gehören auch Funktion und Methode juristischer Dogmatik (zu diesem Begriff vgl. die folgenden Abschnitte der Einleitung); ausgeklammert bleiben freilich die Einzeldogmatiken mit ihren Aussagen über das geltende Recht, wie z. B. Staatsrecht oder Strafrecht.

Das Recht ist Gegenstand unterschiedlicher wissenschaftlicher Betrachtungen. Diese verschiedenen Aspekte präzise zu charakterisieren und scharf auseinanderzuhalten, ist eine der wichtigsten Aufgaben der Rechtstheorie. Im wesentlichen kann man eine rechtsphilosophische, eine rechtssoziologische und eine rechtsdogmatische Betrachtungsweise unterscheiden.

Wenn über die Reform des Rechts diskutiert wird, dann wird das Recht daraufhin befragt, ob es ,,richtiges Recht" ist. Das ist vor allem eine Frage nach seiner Gerechtigkeit. Dieser Ausgangspunkt gilt in gleicher Weise für Kritik und Apologie des jeweiligen geltenden wie für die Ausgestaltung eines künftigen Rechts. Das Problem der Gerechtigkeit in den menschlichen Beziehungen ist eines der Hauptthemen der Philosophie. Die *Rechtsphilosophie* untersucht die Prinzipien, nach denen soziales Handeln und soziale Beziehungen geregelt werden sollen. Zumindest seit Kant und Marx stehen dabei die Ideale von Freiheit und Gleichheit und ihre wechselseitige Bedingtheit und Spannung im Vordergrund des Interesses. Die Rechtsphilosophie ist, da das Recht die gesellschaftlichen Beziehungen der Menschen betrifft, ein Teil der Sozialphilosophie; sie ist zugleich, da sie Anleitungen zum richtigen Handeln untersucht, wie die Ethik ein Teil der praktischen Philosophie.

Der Vielfalt der Ansätze in der praktischen Philosophie entsprechen daher unterschiedliche Konzepte der Rechtsphilosophie. Einzelne besonders wichtige werden in diesem Band vorgestellt. Historisch zunächst zu nennen sind die Naturrechtslehren. Bei aller Verschiedenheit im Detail ist ihnen gemeinsam, daß sie die Maßstäbe der Gerechtigkeit aus einer dem positiven Recht vorgegebenen, rational erfaßbaren Ordnung ableiten. Unterschiedlich ist freilich der Ausgangspunkt der einzelnen Lehren: Unter ,,Natur" werden einmal Gott, zum anderen der Kosmos, schließlich die menschliche Vernunft- oder Triebnatur verstanden (2.5.).

Überzeugend ist dieser Ansatz insbesondere seit Kant kritisiert worden. Die Naturrechtslehren schließen unzulässigerweise vom Sein auf ein Sollen; was sie als das ,,Natürliche" oder ,,Unnatürliche" aus den Dingen ableiten, das haben sie vorher an Wertvorstellungen hineingelegt. Die Kritik am Naturrecht führte zum Wertrelativismus, der davon ausgeht, daß die obersten Werte nicht der rationalen Erkenntnis, sondern nur des Bekenntnisses fähig seien. Aus dem Wertrelativismus schien der Gesetzespositivismus zu folgen: Da die Vernunft den Inhalt des Rechts nicht verbindlich angeben könne, müßten das Wille und Macht übernehmen. Recht sei daher alles, was staatliche Instanzen dafür erklärten.

Die Kritik hat die Unhaltbarkeit auch dieser Position dargetan: Der Satz, daß nur das positive Recht als Recht gelten solle, kann nicht ein Satz des positiven Rechts, sondern nur ein überpositives Prinzip sein. Damit bleibt jedenfalls das Problem überpositiver Rechtsgrundsätze unabweisbar. Kant (1.2.) versucht eine Lösung dieses Problems mit Hilfe des kategorischen Imperativs, der im Prinzip der Verallgemeinerbarkeit einen Schlüssel zu einer inhaltlich bestimmten Ordnung sucht. In der neueren praktischen Philosophie werden mit den Universalisierbarkeitsgedanken ähnliche Überlegungen wieder aufgenommen (vgl. etwa 2.7.). Von dem damit zusammenhängenden Postulat der Gleichheit aller Menschen ausgehend, hat die auf Marx (1.3.) basierende Lehre es unternommen, inhaltliche Prinzipien für die politische Praxis zu entwickeln, die in ihrer Konkretheit hinter den traditionellen naturrechtlichen Systemen nicht zurückbleiben.

Bisher haben sich die Probleme der materialen Gerechtigkeit als ebenso unabweisbar wie als in intersubjektiv verbindlicher Weise unlösbar erwiesen. Der Rechtsphilosophie verbleibt danach einmal die Möglichkeit der Kritik an sich absolut setzenden Wertvorstellungen. Zum anderen versucht sie eine Position der skeptischen Toleranz zu formulieren, durch die die Offenheit für eine friedliche Auseinandersetzung der konkurrierenden sozialen Ideale gewahrt werden soll (2.5.).

Der wertenden Betrachtung des Rechts durch die Rechtsphilosophie, die gegenwärtiges und künftiges Recht am Soll-Maßstab der Gerechtigkeit mißt, steht die erfahrungswissenschaftliche Beschäftigung mit dem Recht gegenüber. Sie sieht das Recht als Faktum der gesellschaftlichen Wirklichkeit, das von anderen realen Faktoren hervorgehoben wird und seinerseits auf die Gesellschaft einwirkt. Das Recht als Element der sozialen Wirklichkeit ist der Gegenstand der Rechtssoziologie, daneben aber etwa auch der Rechtsgeschichte. Die Rechtssoziologie ist demnach eine Erfahrungswissenschaft, eine empirische Wissenschaft (3.1.), die nicht das Recht gemäß den Normen eines sozialen Ideals bewertet, sondern seine reale Bedeutung, seine Ursachen und Wirkungen erforscht.

Für die *Rechtssoziologie* ist das Recht ein Komplex von tatsächlich beachteten Regeln, die der Organisation und Kontrolle des sozialen Lebens dienen. Das Recht ist ein Regelsystem neben anderen, z.B. dem Brauch, der Sitte, der Konvention. Es wird im allgemeinen als gegenüber anderen Regelsystemen dadurch ausgezeichnet angesehen, daß die Feststellung und Durchsetzung der zum Regelsystem „Recht" gehörigen Normen organisiert ist und – zumindest in bestimmten Grenzen – die Befolgung der Rechtsnormen mit physischer Gewalt erzwungen werden kann (3.1., 3.3.).

Rechtssoziologische Forschung sucht Entstehung, Funktionsweise und Auswirkungen dieses Regelsystems „Recht" aufzuklären. Sie untersucht die Entstehung von Gesetzen, insbesondere auch die Machtkonstellationen, welche ihre Entstehung bedingt haben. Sie analysiert den richterlichen Entscheidungsprozeß; Vorarbeiten dazu sind z.B. berufssoziologische Untersuchungen über die Rekrutierung und Ausbildung von Richtern und Staatsanwälten, mit deren Hilfe Anhaltspunkte dafür gewonnen werden können, welchen Einfluß z.B. schichtspezifische außergesetzliche Wertmaßstäbe auf richterliche Entscheidungen haben (4.4.). In diesen Zusammenhang gehören auch ideologiekritische Analysen darüber, von welchen Gesellschaftsmodellen – und zwar sowohl Modellen darüber, wie Gesellschaft tatsächlich ist, als auch darüber, wie sie sein sollte – richterliche Entscheidungen ausgehen.

Die Rechtssoziologie untersucht aber auch die Auswirkungen des Rechtssystems. Sie sucht zu klären, welchen Stellenwert Rechtsentscheidungen im gesellschaftlichen Leben haben. Allgemeiner wird auch gefragt, welche Wirkung ein bestimmtes Rechtssystem auf die Machtverteilung in der Gesellschaft hat, welche gesellschaftlichen Gruppen diskriminiert oder privilegiert werden, welchen Entscheidungsspielraum das Recht dem einzelnen gegenüber dem Staat oder auch gesellschaftlichen Gruppen sichert oder aber vorenthält (5.2.). Noch genereller kann aber auch die Frage aufgeworfen werden, welche Bedeutung das Vorhandensein eines Rechtssystems überhaupt – also unabhängig von einer bestimmten Gestaltung des Inhalts der Rechtssätze oder einer spezifischen Organisation des Rechtssystems – in einer modernen Industriegesellschaft hat; dabei kommen die Leistungen eines zwar prinzipiell abänderbaren, aber bis auf weiteres gültigen Rechts in den Blick: die Verbindung von Orientierungssicherheit mit der Ermöglichung von Reform und Entwicklung (5.1.).

Wenn von der Rechtswissenschaft (z. B. der Staatsrechts-, Zivilrechts-, Strafrechtswissenschaft) die Rede ist, denkt man freilich im allgemeinen nicht in erster Linie an Rechtsphilosophie oder Rechtssoziologie, sondern an die Lehre von den Inhalten des „geltenden Rechts", mit denen sich die *Rechtsdogmatik* beschäftigt. Richter, Staatsanwälte, Verwaltungsbeamte müssen bei ihren Entscheidungen wissen, was „Rechtens" ist. Aber nicht nur Juristen in ihren staatlichen Funktionen, auch jeder Private kann bei seinen Dispositionen vor der Notwendigkeit stehen, sich über die Rechtslage Klarheit zu verschaffen: der Grundstückseigentümer, dem die Baugenehmigung versagt worden ist, der Arbeitnehmer, dem gekündigt worden ist, der Autofahrer, der einen Strafbefehl erhalten hat. Dabei wird er sich häufig des Rates eines Juristen, insbesondere eines Anwalts bedienen. Alle Angehörigen der juristischen Berufe müssen daher das geltende Recht kennen, die Wissenschaften vom geltenden Recht vermitteln ihnen die erforderlichen Kenntnisse. Diese Wissenschaften bereiten die Entscheidungen der Rechtspraxis vor, indem sie autoritative rechtliche Entscheidungen, im Verfassungs- und Rechtssystem der Bundesrepublik vorrangig generelle Gesetze, in einen systematischen Zusammenhang einordnen und daraus Konsequenzen für die Entscheidung einzelner Fälle ziehen. Ihre Betrachtungsweise stimmt mit der rechtsphilosophischen insofern überein, als sie durch Bewertung von Verhalten und Situationen Entscheidungen für soziales Handeln liefert; diese Wissenschaften sind also normative im Gegensatz zur empirisch vorgehenden Rechtssoziologie. Sie unterscheiden sich freilich von der Rechtsphilosophie insofern, als sie – anders als diese – von vorgegebenen Wertprämissen ausgehen. Sie sind also „Dogmatiken", indem sie bestimmte Sätze als „Dogmen" hinnehmen und auf dieser Voraussetzung ihre Lehrgebäude errichten. Es wurde schon darauf hingewiesen (0.3.1.), daß Rechtsentscheidungen nicht ausschließlich durch das Gesetz determiniert werden, vielmehr „Rechtsanwendung" einen komplexen Vorgang darstellt, der innerhalb eines vorgegebenen Rahmens das jeweils geltende Recht für den Einzelfall konkretisiert und in dieser Konkretisierung das allgemeine geltende Recht fortentwickelt (4.1., 4.2.). Die Fortentwicklung geschieht in der Rechtsprechung unter Berücksichtigung der sich ständig wandelnden tatsächlichen Lebensverhältnisse und im Blick auf die durch die Entscheidung ausgelösten möglichen Folgen. Hier kann die empirische Sozialwissenschaft auch für die tägliche Rechtspraxis von Bedeutung werden, indem sie Informationen über die rechtlich zu bewertenden Sachverhalte liefert.

# 1. AUSGANGSPUNKTE DER RECHTSTHEORIE

## 1.1. Gerechtigkeit, natürliches und positives Recht

Texte

1.1.2.1. aus: Aristoteles: Politik und Staat der Athener, 1. Buch (hrsg. von Karl Hoenn). Zürich: Artemis 1955, S. 56–63 (Auszüge), Zwischentitel neu.

1.1.2.2. aus: Aristoteles: Nikomachische Ethik, 5. Buch (hrsg. von Günther Bien). Hamburg: Felix Meiner $^{3}$1972, S. 101–127 (Auszüge), Zwischentitel neu, ohne Fußnoten.

1.1.2.3. aus: Aristoteles: Rhetorik, Fünfzehntes Kapitel (hrsg. von G. L. F. Tafel, C. R. Osiander und G. Schwab). Stuttgart: J. B. Metzlersche Buchhandlung 1833, S. 101–103, Zwischentitel neu, ohne Fußnoten.

### 1.1.1. Texteinleitung

Aristoteles wurde nach der Überlieferung im Jahre 384 v. Chr. in Stagira in Nordgriechenland auf der Halbinsel Chalkidike geboren. Mit 17 Jahren kam er nach Athen, wo er lange Zeit Schüler Platons und Mitglied der Platonischen Akademie war. Nach Aufenthalten in verschiedenen Gegenden Griechenlands und Kleinasiens, unter anderem als Lehrer Alexanders des Großen in der makedonischen Hauptstadt Pella, gründete Aristoteles in Athen eine eigene Philosophenschule. Nach dem Tode Alexanders im Jahre 323 v. Chr. mußte Aristoteles die Stadt verlassen. Er starb wenig später auf Euböa.

Aristoteles gilt als Begründer der klassischen Naturrechtslehre, die in vielfältigen Formen bis in die Gegenwart große Bedeutung besessen hat. Ihren Grundgedanken bildet die Ableitung der wesentlichen materialen Inhalte von Moral und Recht aus der Natur des Menschen.

Nach Aristoteles' Lehre vom richtigen Handeln stellt alles Geschehen in der Welt einen auf ein Ziel gerichteten, d. h. teleologischen Prozeß dar. Die Ideen existieren nicht – wie Platon gemeint hatte – von den Dingen getrennt in einem überwirklichen Bereich, sondern sind ihnen immanent, d. h. sie liegen als ihr Zweck in ihnen selbst. Den Zweck der Gegenstände nennt Aristoteles ihre „Natur". Sie ist der Zustand, den jedes Einzelne erreicht, wenn seine Entwicklung zu ihrem Ziel kommt. Mit „Natur" ist also nicht die gesamte vorhandene äußere Wirklichkeit gemeint, sondern vielmehr eine unter Wertgesichtspunkten ausgewählte Wirklichkeit. Man muß – so Aristoteles in den folgenden Texten aus der „Politik" –, was naturgemäß ist, eher von dem ablesen, was sich naturgemäß verhält, nicht von dem, was verderbt ist. Die „Natur" ist also für Aristoteles wie für die spätere Naturrechtslehre ein Begriff, in dem aus der Erfahrung stammende Momente mit normativen zu einem teleologischen verschmolzen sind (5.0.3.2.).

Aus der so verstandenen Natur werden die Ziele menschlichen Handelns abgeleitet. Das höchste Ziel des Menschen ist das vollkommene Leben, die Glückseligkeit. Weil er dieses ohne die anderen nicht erreichen, nicht für sich autark leben kann, bedarf er der Gemeinschaft. Die vollkommenste Gemeinschaft ist der Staat. Von Natur aus ist der Mensch – so die viel zitierte Wendung des Aristoteles – ein „Gemeinschaftswesen", der Staat ist ein naturgemäßes Gebilde. Ohne Gerechtigkeit und Recht kann dieser nicht bestehen. Gerechtigkeit und Recht ihrerseits sind ihrem Wesen nach Gleichheit und Ausgleich.

Das Recht wird in natürliches und gesetzliches (positives) unterschieden. Das natürliche Recht ergibt sich aus der zweckhaft verstandenen Natur des Menschen; es ist dasjenige, das überall die gleiche Geltung besitzt, unabhängig davon, ob es die Menschen anerkennen. Positives Recht dagegen ist jenes, dessen Inhalt ursprünglich indifferent ist und erst durch menschliches Gesetz festgelegt wird. Höheren Rang hat das natürliche Recht. Besser ist es, sich an das ungeschriebene Gesetz zu halten als an das geschriebene.

Kritisch muß auf das ungelöste Grundproblem einer derartigen Naturrechtslehre hingewiesen werden. Es gibt kein verläßliches Kriterium, ,,verderbte" Wirklichkeit vom ,,Naturgemäßen" zu unterscheiden. Was das Richtige ist, kann nicht aus der vieldeutigen Natur des Menschen abgelesen werden. Nicht apriorische Einsicht in das Wesen des Menschen, sondern die empirische Beobachtung der damaligen griechischen Welt hat Aristoteles zu vielen Annahmen über die ,,natürliche Ordnung" der menschlichen Verhältnisse geführt. Das gilt z. B. auch für seine problematischen Thesen über das Verhältnis des Männlichen zum Weiblichen und seine Behauptung, es gäbe ,,Sklaven von Natur".

### 1.1.2. Texte

### 1.1.2.1. Der naturgemäße Zustand der Menschen

#### 1.1.2.1.1. Der Staat als letztes Ziel kleinerer Gemeinschaften.

Die beste Methode dürfte hier wie bei anderen Problemen sein, daß man die Gegenstände verfolgt, wie sie sich von Anfang an entwickeln. Als erstes ist es notwendig, daß sich jene Wesen verbinden, die ohne einander nicht bestehen können, einerseits das Weibliche und das Männliche der Fortpflanzung wegen (und dies nicht aus freier Entscheidung, sondern weil es wie anderswo, bei Tieren und Pflanzen, ein naturgemäßes Streben ist, ein anderes Wesen zu hinterlassen, das einem selbst gleich ist), andererseits das naturgemäß Regierende und Regierte um der Lebenserhaltung willen. Denn was mit dem Verstand vorauszuschauen vermag, ist von Natur das Regierende und Herrschende, was aber mit seinem Körper das Vorgesehene auszuführen vermag, ist das von Natur Regierte und Dienende. Darum ist auch der Nutzen für Herrn und Diener derselbe.

[...]

Aus diesen beiden Gemeinschaften entsteht zuerst das Haus, und Hesiod hat mit Recht gedichtet: ,,Allererst nun ein Haus und das Weib und den pflügenden Ochsen." Denn der Ochse tritt für die Armen an die Stelle des Sklaven. So ist denn die für das tägliche Zusammenleben bestehende natürliche Gemeinschaft das Haus. Charondas nennt ihre Glieder Tischgenossen, der Kreter Epimenides Herdgenossen.

Die erste Gemeinschaft, die aus mehreren Häusern und nicht nur um des täglichen Bedürfnisses willen besteht, ist das Dorf. Das Dorf scheint seiner Natur nach am ehesten eine Verzweigung des Hauses zu sein, und seine Glieder werden von einigen Milchgenossen und Kinder und Kindeskinder genannt. [...]

Endlich ist die aus mehreren Dörfern bestehende vollkommene Gemeinschaft der Staat. Er hat gewissermaßen die Grenze der vollendeten Autarkie erreicht, zunächst um des bloßen Lebens willen entstanden, dann aber um des vollkommenen Lebens willen bestehend. Darum existiert auch jeder Staat von Natur, so wie es schon die ersten Gemeinschaften tun. Er ist das Ziel von jenen, und das Ziel ist eben der Naturzustand. Denn den Zustand, welchen jedes Einzelne erreicht, wenn seine Entwicklung zum Abschluß gelangt ist, nennen wir die Natur jedes Einzelnen, wie etwa des Menschen, des Pferdes, des Hauses.

Außerdem ist der Zweck und das Ziel das Beste. Die Autarkie ist aber das Ziel und das Beste.

Daraus ergibt sich, daß der Staat zu den naturgemäßen Gebilden gehört und daß der Mensch von Natur ein staatenbildendes Lebewesen ist; [...]

Der Staat ist denn auch von Natur ursprünglicher als das Haus oder ein Einzelner von uns.

Denn das Ganze muß ursprünglicher sein als der Teil. Wenn man nämlich das Ganze wegnimmt, so gibt es auch keinen Fuß oder keine Hand, außer dem Namen nach, wie etwa eine Hand aus Stein; denn nur in diesem Sinn wird eine tote Hand noch eine Hand sein. In Wahrheit ist alles bestimmt durch seine besondere Aufgabe und Fähigkeit, und wenn es diese nicht mehr besitzt, kann es auch nicht mehr als dasselbe Ding bezeichnet werden außer dem bloßen Namen nach.

Daß also der Staat von Natur ist und ursprünglicher als der Einzelne, ist klar. Da der Einzelne nicht autark für sich zu leben vermag, so wird er sich verhalten wie auch sonst ein Teil zu einem Ganzen. Wer aber nicht in Gemeinschaft leben kann oder in seiner Autarkie ihrer nicht bedarf, der ist wie etwa das Tier oder die Gottheit kein Teil des Staates.

Alle Menschen haben also von Natur den Drang zu einer solchen Gemeinschaft, und wer sie als erster aufgebaut hat, ist ein Schöpfer größter Güter. Wie nämlich der Mensch, wenn er vollendet ist, das beste der Lebewesen ist, so ist er ohne Gesetz und Recht das schlechteste von allen. (S. 56–59)

### 1.1.2.1.2. Zum Begriff „Natur“ bei Aristoteles

Das Lebewesen besteht primär aus Seele und Leib, wovon das eine seiner Natur nach ein Herrschendes, das andere ein Beherrschtes ist. Was dabei naturgemäß sei, muß man eher an dem ablesen, was sich normal verhält, als an dem, was verdorben ist. So muß man auch jenen Menschen untersuchen, der sich nach Leib und Seele in der besten Verfassung befindet. Da wird dies klar. Denn bei Menschen, die schlecht oder in schlechter Verfassung sind, könnte es oft scheinen, als regiere der Körper die Seele, weil sie sich schlecht und naturwidrig verhalten.

Zuerst also kann man, wie wir sagen, beim Lebewesen das Herrenverhältnis und das staatsmännische Verhältnis beobachten. Denn die Seele regiert über den Körper in der Weise eines Herrn und der Geist über das Streben in der Weise eines Staatsmannes und Fürsten. Daraus wird klar, daß es für den Körper naturgemäß und zuträglich ist, von der Seele beherrscht zu werden; ebenso für den leidenschaftsbegabten Teil der Seele, vom Geiste und vom vernunftbegabten Teil beherrscht zu werden; Gleichheit und ein umgekehrtes Verhältnis wäre für alle Teile schädlich.

Ebenso steht es mit dem Verhältnis zwischen dem Menschen und den anderen Lebewesen. Die zahmen sind ihrer Natur nach besser als die wilden, und für sie alle ist es am besten, wenn sie vom Menschen regiert werden. Denn so bleiben sie am Leben erhalten.

Desgleichen ist das Verhältnis des Männlichen zum Weiblichen von Natur so, daß das eine besser, das andere geringer ist, und das eine regiert und das andere regiert wird.

Auf dieselbe Weise muß es sich nun auch bei den Menschen überhaupt verhalten. Jene, die so weit voneinander verschieden sind wie die Seele vom Körper und der Mensch vom Tier (dies gilt bei denjenigen, deren Aufgabe die Verwendung ihres Körpers ist und bei denen dies das Beste ist, was sie leisten), diese sind Sklaven von Natur, und für sie ist es, genau wie bei den vorhin genannten Beispielen, besser, auf diese Art regiert zu werden. Von Natur ist also jener ein Sklave, der einem anderen zu gehören vermag und ihm auch gehört, und der so weit an der Vernunft teilhat, daß er sie annimmt, aber nicht besitzt. Die andern Lebewesen dienen so, daß sie nicht die Vernunft annehmen, sondern nur Empfindungen. (S. 62–63)

### 1.1.2.2. Gerechtigkeit, Recht und ihr Verhältnis zueinander

#### 1.1.2.2.1. Das Wesen der Gerechtigkeit

Bestimmen wir also, wie viele Bedeutungen der Ausdruck „der Ungerechte" hat. Ungerecht scheint zu sein: einmal der *Gesetzesübertreter*, sodann zweitens der *Habsüchtige*, der andere übervorteilt, endlich drittens der *Feind der Gleichheit*. Hieraus erhellt denn auch, daß gerecht der sein wird, wer die Gesetze beobachtet und Freund der Gleichheit ist. Mithin ist das Recht das Gesetzliche und das der Gleichheit Entsprechende, das Unrecht das Ungesetzliche und das der Gleichheit Zuwiderlaufende.

[...]

Diese Gerechtigkeit ist die vollkommene Tugend, nicht die vollkommene Tugend überhaupt, sondern soweit sie auf andere Bezug hat – deshalb gilt sie oft für die vorzüglichste unter den Tugenden, für eine Tugend so wunderbar schön, daß nicht der Abend- und nicht der Morgenstern gleich ihr erglänzt; daher auch das Sprichwort: in der Gerechtigkeit ist jegliche Tugend enthalten; und sie gilt als die vollkommenste Tugend, weil sie die Anwendung der vollkommenen Tugend ist. Vollkommen ist sie aber, weil ihr Inhaber die Tugend *auch gegen andere ausüben kann* und nicht bloß für sich selbst. Denn viele können die Tugend in ihren eigenen Angelegenheiten ausüben, aber in dem, was auf andere Bezug hat, können sie es nicht. [...]

Die gesetzliche Gerechtigkeit ist demnach kein bloßer Teil der Tugend, sondern die ganze Tugend, und die ihr entgegengesetzte Ungerechtigkeit kein Teil der Schlechtigkeit, sondern wieder die ganze Schlechtigkeit.

[...]

Da aber der Ungerechte wie das Unrecht die Gleichheit verletzen, so gibt es offenbar auch ein Mittleres zwischen dem Ungleichen. Es ist das Gleiche. Denn bei jeder Handlung, bei der es ein Mehr und ein Weniger gibt, gibt es auch ein Gleiches. Ist demnach das Unrecht ungleich, so ist das Recht gleich, wie übrigens auch jedem ohne Beweis einleuchtet. Da aber das Gleiche ein Mittleres ist, so ist also auch das Recht ein Mittleres.

Gleiches kann sich in nicht weniger Dingen finden als in zweien. Nun muß das Recht ein Mittleres, Gleiches und Relatives sein, das heißt eine Beziehung auf bestimmte Personen haben. Also muß es als ein Mittleres die Mitte zwischen bestimmten Momenten, dem Mehr und dem Weniger, sein; als ein Gleiches muß es ein Gleiches von zwei Dingen, und als Recht muß es ein solches für gewisse Personen sein. Somit fordert das Recht mindestens eine Vierheit. Denn es sind zwei Personen, für die es ein Recht gibt, und es sind zwei Sachen, in denen ihnen ihr Recht wird. Und es muß dieselbe Gleichheit bei den Personen, denen ein Recht zusteht, vorhanden sein, wie bei den Sachen, worin es ihnen zusteht: wie die Sachen, so müssen auch die Personen sich verhalten. Sind sie nämlich einander nicht gleich, so dürfen sie nicht Gleiches erhalten. Vielmehr kommen Zank und Streit eben daher, daß entweder Gleiche nicht Gleiches oder nicht Gleiche Gleiches bekommen und genießen. Das ergibt sich auch aus dem Moment der Würdigkeit. Denn darin, daß eine gewisse Würdigkeit das Richtmaß der distributiven Gerechtigkeit sein müsse, stimmt man allgemein überein, nur versteht nicht jedermann unter Würdigkeit dasselbe, sondern die Demokraten erblicken sie in der Freiheit, die oligarchisch Gesinnten in Besitz oder Geburtsadel, die Aristokraten in der Tüchtigkeit.

Das Recht ist demnach etwas *Proportionales* [...]

So wäre denn erklärt, was das Unrecht und was das Recht ist. – Aufgrund der gegebenen Bestimmungen sieht man nun auch, daß die Ausübung der Gerechtigkeit die Mitte ist zwischen Unrecht tun und Unrecht leiden. Jenes heißt zu viel, dieses zu wenig haben. Die Gerechtigkeit ist aber nicht in derselben Weise eine Mitte wie die übrigen Tugenden, doch ist sie es insofern, als sie die Mitte herstellt, während die Ungerechtigkeit die Extreme hervorbringt.

Näherhin ist die Gerechtigkeit jene Tugend, *kraft deren der Gerechte nach freier Wahl gerecht handelt und bei der Austeilung, handele es sich nun um sein eigenes Verhältnis zu einem anderen oder um das Verhältnis weiterer Personen zueinander, nicht so verfährt, daß er von dem Begehrenswerten sich selbst mehr und den anderen weniger zukommen läßt und es beim Schädlichen umgekehrt macht, sondern so, daß er die proportionale Gleichheit wahrt, und dann in gleicher Weise auch einem anderen mit Rücksicht auf einen Dritten zuerteilt.* (S. 101–115)

1.1.2.2.2. Natürliches und positives Recht

Dieses Recht (das positive; der Hrsg.) hat seine Stelle, *wo eine Anzahl freier und gleichgestellter Menschen zwecks vollkommenen Selbstgenügens in Lebensgemeinschaft stehen, und richtet sich teils nach der Regel der Proportionalität* (distributive Gerechtigkeit), *teils nach der Regel der Zahl* (kommutative Gerechtigkeit); unter Menschen also, bei denen die Voraussetzung der Freiheit oder der Gleichheit nicht zutrifft, gibt es kein politisches Recht, immerhin aber noch ein gewisses, diesem ähnliches Recht. [...]

Das politische Recht zerfällt in das *natürliche* und das *gesetzliche* (positive). Natürlich ist jenes, das überall die nämliche Geltung hat, unabhängig davon, ob es den Menschen gut scheint oder nicht; gesetzlich jenes, dessen Inhalt ursprünglich indifferent ist, das aber, einmal durch Gesetz festgelegt, seinen bestimmten Inhalt hat, z. B. die Anordnung, daß das Lösegeld für einen Gefangenen eine Mine betragen, oder daß man eine Ziege, keine zwei Schafe opfern soll, ferner gesetzliche Bestimmungen, die für einzelne Fälle getroffen werden, z. B. daß dem Brasidas geopfert werden soll, und endlich alles, was durch Plebiszite festgesetzt wird.

Einige sind aber der Meinung, alles Recht sei von dieser letzteren Art, weil alles Natürliche unbeweglich ist und überall dieselbe Kraft hat – wie z. B. das Feuer bei uns so gut wie bei den Persern brennt –, während man das Recht der Bewegung und dem Wandel unterworfen sieht. Allein, es ist damit doch nicht genau so, wie man sagt, sondern nur mit Unterschied. Bei den Göttern freilich mag sich gar keine Bewegung finden. Bei uns dagegen ist zwar auch ein Naturbereich, derselbe steht aber ganz unter dem Gesetz der Bewegung. Und doch bleibt der Unterschied dessen, was von Natur und dessen, was nicht von Natur ist, bestehen. Welches Recht aber in den Dingen, die auch anders sein können, natürlich ist und welches es nicht ist, sondern auf Gesetz und Übereinkunft beruht, obschon beides gleichermaßen beweglich ist, ist von selbst einleuchtend. (S. 116–117)

1.1.2.2.3. Das Verhältnis zwischen Billigkeit und positivem Recht

Hiernach ist von der *Billigkeit* (Epikie) und dem *Billigen* zu handeln und zu erklären, wie sich die Billigkeit zur Gerechtigkeit und das Billige zum Recht verhält. Denn bei näherer Betrachtung erscheinen beide weder als schlechthin einerlei, noch als der Gattung nach voneinander verschieden; und einerseits loben wir das Billige und den billigen Mann in der Art, daß wir lobend diesen Ausdruck statt gut auch auf anderes übertragen und zu verstehen geben, daß das Billigere das Bessere ist, anderseits erscheint es, wenn man sich an die Logik hält, als ungereimt, daß das Billige Lob verdienen und doch vom Recht verschieden sein soll. Denn entweder ist das Recht nicht trefflich und gut, oder das Billige, wenn vom Recht verschieden, nicht gerecht, oder wenn beide trefflich und gut sind, sind sie einerlei.

Das ist es so ziemlich, weshalb sich für den Begriff der Billigkeit Schwierigkeiten ergeben. Allein alles ist in gewisser Weise richtig, und von einem verborgenen Widerspruch, den es etwa einschlösse, kann keine Rede sein. Einerseits nämlich ist das Billige, mit einem gewissen Recht verglichen, ein besseres Recht, anderseits ist es nicht in dem Sinne besser als das Recht, als wäre es eine andere Gattung. Recht und Billigkeit sind also einerlei, und obschon beide trefflich und gut sind, so ist doch die Billigkeit das Bessere. Die Schwierigkeit rührt nur daher, daß das Billige zwar ein Recht ist, aber nicht im Sinne des gesetzlichen Rechts, sondern als eine Korrektur desselben. Das hat darin seinen Grund, daß jedes Gesetz allgemein ist und bei manchen Dingen richtige Bestimmungen durch ein allgemeines Gesetz sich nicht geben lassen. Wo nun eine allgemeine Bestimmung zu treffen ist, ohne daß sie ganz richtig sein kann, da berücksichtigt das Gesetz die Mehrheit der Fälle, ohne über das diesem Verfahren anhaftende Gebrechen im unklaren zu sein. Nichtsdestoweniger ist dieses Verfahren richtig. Denn der Fehler liegt weder an dem Gesetz noch an dem Gesetzgeber, sondern in der Natur der Sache. Denn im Gebiet des Handelns ist die ganze Materie von vornherein so (daß das gedachte Gebrechen nicht ausbleibt). Wenn demnach das Gesetz allgemein spricht, aber in concreto ein Fall eintritt, der in der allgemeinen Bestimmung nicht einbegriffen ist, so ist es, insofern der Gesetzgeber diesen Fall außer acht läßt und, allgemein sprechend, gefehlt hat, richtig gehandelt, das Versäumte zu verbessern, wie es auch der Gesetzgeber selbst, wenn er den Fall vor sich hätte, tun, und wenn er ihn gewußt hätte, es im Gesetz bestimmt haben würde. Daher ist das Billige ein Recht und besser als ein gewisses Recht, aber nicht besser als das Recht schlechthin, sondern als jenes Recht, das, weil es keinen Unterschied kennt, mangelhaft ist. Und das ist die Natur des Billigen: es ist eine Korrektur des Gesetzes, da wo dasselbe wegen seiner allgemeinen Fassung mangelhaft bleibt. [...]

So ist denn klar, was *das Billige* ist, und daß es ein Recht ist, und besser als ein gewisses Recht. Hieraus sieht man aber auch, wer *der Billige* sei: wer solches Recht will, wählt und übt, wer nicht das Recht zuungunsten anderer auf die Spitze treibt, sondern vom Rechte, auch wo er es auf seiner Seite hätte, nachzulassen weiß, der ist billig und sein Habitus die Billigkeit, die eine Art Gerechtigkeit und kein von ihr verschiedener Habitus ist. (S. 125–127)

### 1.1.2.3. Natürliches und positives Recht in der gerichtlichen Praxis

Nach dem Bisherigen haben wir jetzt in natürlicher Ordnung von den außerhalb der Kunst liegenden Ueberzeugungsmitteln eine Uebersicht zu geben. Es sind derselben fünf der Zahl nach. Gesetze, Zeugen, Verträge, Folter, Eid. So wollen wir denn zuerst von Gesetzen handeln, wie man sie als Redner für und wider, und bei Anklage und Vertheidigung anwenden muß. Denn man sieht, wenn das geschriebene Gesetz der Sache entgegen ist, muß man das allgemeine beiziehen, und die Aussprüche der Billigkeit als eines reinern Rechtes, muß sagen, das eben heiße „mit bestem Wissen“, das geschriebene nicht unbedingt anwenden; sowie auch Forderungen der Billigkeit bleiben immer und wechseln nie, so auch nie das allgemeine Gesetz, weil es natürlich sey; dagegen geschehe Das oft bei'm geschriebenen. Daher der Ausspruch in des Sophocles Antigone; denn sie sagt zur Vertheidigung, sie habe wohl gegen Creons Gesetz, nicht aber gegen das ungeschriebene gehandelt. [...]

Ferner, das Recht sey etwas Wirkliches und Heilsames, nicht etwas so nur Scheinendes: mithin sey es nicht das geschriebene Gesetz; denn es wirke nicht wie ein Gesetz. [...] Ferner, es sey der bessere Mensch, der sich an das ungeschriebene, als der sich an's geschriebene halte und dabei bleibe. Ferner sucht man, wo etwa einem angesehenen Gesetze ein anderes oder es selbst sich widerspricht, wie z. B. manchmal das eine jeden geschlossenen Vertrag für gültig erklärt, und das andere jeden Vertrag wider ein bestehendes Gesetz verbietet. Ferner sucht man, ob es zweideutig ist, so daß man es wendet und aufmerkt, nach welcher Richtung es unser Recht oder unsern Vortheil erzielen wird, und so es anwendet. Ferner, ob die Umstände, worüber das Gesetz gegeben worden, nicht mehr bestehen, wohl aber das Gesetz: Das muß man versuchen darzuthun und es von dieser Seite bekämpfen. Ist aber das geschriebene Gesetz *für* die Sache, so muß man sagen, die Formel „nach bestem Wissen“ bezwecke nicht Richtersprüche *wider* das Gesetz, sondern die Vermeidung falschen Eidschwurs, wenn der Richter etwa nicht wüßte, was das Gesetz sage. (S. 101–103)

### 1.1.3. Aufgabenvorschläge

1.1.3.1. *Wie unterscheiden sich bei Aristoteles natürliches und gesetzliches Recht? Welches hat den Vorrang?*

1.1.3.2. *Erläutern Sie die These der aristotelischen Staatslehre, der Mensch sei von Natur ein Gemeinschaftswesen.*

1.1.3.3. *In welchem Verhältnis stehen für Aristoteles Recht und Billigkeit?*

## 1.2. Grundzüge der Rechts- und Sittenlehre

Texte

1.2.2.1., 1.2.2.2. aus: Kant, Immanuel: Grundlegung zur Metaphysik der Sitten, in: Kant, Immanuel: Werke in sechs Bänden, Bd. IV (hrsg. von Wilhelm Weischedel). Wiesbaden: Insel Verlag 1956, S. 30–51 (Auszüge), S. 59–61, Zwischentitel neu, ohne Fußnoten.

1.2.2.3., 1.2.2.4. aus: Kant, Immanuel: Metaphysik der Sitten, in: Kant, Immanuel: Werke in sechs Bänden, Bd. IV (hrsg. von Wilhelm Weischedel). Wiesbaden: Insel Verlag 1956, S. 336–340, S. 324–325, Zwischentitel neu, ohne Fußnoten.

### 1.2.1. Texteinleitung

Immanuel Kant wurde am 22. 4. 1724 in Königsberg als Sohn eines Handwerkers geboren. Nach dem Studium der Philosophie, Mathematik und Theologie in seiner Heimatstadt war er einige Jahre als Hauslehrer tätig. Seit 1755 Privatdozent, wurde er 1770 Professor für Logik und Metaphysik in Königsberg. Berufungen nach Halle, Jena und Erlangen lehnte Kant ab. In Königsberg ist er am 12. 2. 1804 gestorben.

Seine Philosophie hat das neuzeitliche Denken entscheidend geprägt.

Kant sucht in Auseinandersetzung mit Rationalismus und Empirismus durch eine kritische Prüfung der Kräfte des Verstandes („Kritizismus") die Möglichkeiten und Grenzen verläßlicher theoretischer wie praktischer Erkenntnis zu bestimmen. Allgemeingültige Erkenntnis ist auf die Welt der Erscheinungen beschränkt, die „Dinge an sich" sind ihr nicht zugänglich. Sie wird möglich durch die im menschlichen Verstand liegenden apriorischen Erkenntnisformen Raum und Zeit (reine Anschauungsformen) sowie die Kategorien (reine Verstandesbegriffe) wie z. B. Einheit, Vielheit, Substanz, Kausalität, Wirklichkeit, Möglichkeit, Notwendigkeit. Entscheidend ist nun, daß das Bewußtsein nicht von den Gegenständen der Erscheinungswelt abhängig, sondern umgekehrt die Gegenstände abhängig von den apriorischen Formen des Bewußtseins gesehen werden.

Die traditionellen Gegenstände der Metaphysik wie Gott, Welt, Seele, Unsterblichkeit und Freiheit sind regulative, d. h. richtunggebende Ideen, sie haben aber keine konstitutive Bedeutung im Sinne einer Erkenntnis des Unbedingten, d. h. sie stellen nicht behauptend fest, sondern sagen nur, daß etwas sein soll.

Die regulative Idee der Freiheit ist das grundlegende Postulat, d. h. die notwendige Forderung der praktischen Philosophie, zu der die Rechtslehre und die Ethik gehören. Kant kritisiert an den bisherigen Moralsystemen, daß sie das Prinzip des Handelns in seiner Materie gesucht und material-praktische Grundsätze aufgestellt hätten, die nur empirischen Charakter haben könnten. Die naturrechtliche Methode, aus der Natur des Menschen, wie sie die Erfahrung zeigt, ethische Prinzipien abzuleiten, wird verworfen. Denn der Grund moralischer Gesetze könne „nicht in der Natur des Menschen oder den Umständen der Welt, darin er gesetzt ist, gesucht werden ..., sondern a priori lediglich in Begriffen der reinen Vernunft". Das gilt in gleicher Weise für das oberste Rechtsgesetz. Nach „Absonderung aller Materie", die nur zufällig ist, bleibt für die Norm nur das vernünftige Prinzip des freien Willens selbst übrig. Es muß der reine Wille, d. h. die Form des Gesetzes, das was das Gesetz zum Gesetz macht, betrachtet werden. Das ist das praktische Gesetz der Allgemeingültigkeit der Maximen. So ergibt sich als Prinzip der Sittlichkeit die Formel des kategorischen Imperativs: Handle so, daß die Maxime deines Handelns Prinzip allgemeiner Gesetzgebung werden kann, d. h. anders formuliert: so, wie du wünschen darfst, daß alle handeln. Entsprechend wird das Recht als der Inbegriff der Bedingungen definiert, unter denen die Willkür des einen mit der Willkür des anderen nach einem allgemeinen Gesetz der Freiheit zusammen vereinigt werden kann. Kriterium des Inhalts der sittlichen wie rechtlichen Pflicht ist danach das Prinzip der Verallgemeinerbarkeit des subjektiven Willensinhalts.

Mit Recht hat die Kritik dagegen eingewandt, daß jeder besondere Willensinhalt fähig sei, ins Allgemeine erhoben zu werden, wenn man nur die Konsequenzen auf sich nimmt. „Es gibt gar nichts, was nicht auf diese Weise zu einem sittlichen Gesetz gemacht werden kann." (Hegel)

In Wirklichkeit bleibt auch Kants kategorischer Imperativ nicht rein formal, sondern nimmt über die praktische Formel vom Menschen als Zweck an sich selbst materiale Grundsätze auf. Die Kantische praktische Vernunft ist geprägt durch die Tradition des Naturrechts und der Aufklärung.

Die folgende Auswahl gibt zunächst wesentliche Texte zur Grundlegung der Kantischen Ethik wieder, insbesondere die Ableitungen des kategorischen Imperativs. Weiter bringt sie aus der Metaphysik der Sitten die Entwicklung des Kantischen Rechtsbegriffs. Er enthält in Aufnahme früherer Ansätze eine Unterscheidung von Recht und Sittlichkeit auf der subjektiven Seite nach den verschiedenen „Triebfedern" anhand des Begriffspaares Legalität – Moralität.

Da die Ethik aber alle Rechtspflichten zugleich als ethische Pflichten behandelt, bleibt bei Kant ein innerer Zusammenhang nicht nur hinsichtlich des Gegenstandes von Recht und Ethik, sondern auch auf der Pflichtenseite erhalten. Die spätere Entwicklung ist darüber hinausgegangen und hat insbesondere im Positivismus (2.1.) zu einer strikten Trennung geführt.

### 1.2.2. Texte

#### 1.2.2.1. Der Imperativ der Sittlichkeit

Was ich also zu tun habe, damit mein Wollen sittlich gut sei, darzu brauche ich gar keine weit ausho||lende Scharfsinnigkeit. Unerfahren in Ansehung des Weltlaufs, unfähig, auf alle sich ereignende Vorfälle desselben gefaßt zu sein, frage ich mich nur: Kannst du auch wollen, daß deine Maxime ein allgemeines Gesetz werde? wo nicht, so ist sie verwerflich, und das zwar nicht um eines dir, oder auch anderen, daraus bevorstehenden Nachteils willen, sondern weil sie nicht als Prinzip in eine mögliche allgemeine Gesetzgebung passen kann, für diese aber zwingt mir die Vernunft unmittelbare Achtung ab, von der ich zwar jetzt noch nicht einsehe, worauf sie sich gründe (welches der Philosoph untersuchen mag), wenigstens aber doch so viel verstehe: daß es eine Schätzung des Wertes sei, *welcher* allen Wert dessen, was durch Neigung angepriesen wird, weit überwiegt, und daß die Notwendigkeit meiner Handlungen aus reiner Achtung fürs praktische Gesetz dasjenige sei, was die Pflicht ausmacht, der jeder andere Bewegungsgrund weichen muß; weil sie die Bedingung eines an sich guten Willens ist, dessen Wert über alles geht.

[...]

Endlich gibt es einen Imperativ, der, ohne irgend eine andere durch ein gewisses Verhalten zu erreichende Absicht als Bedingung zum Grunde zu legen, dieses Verhalten unmittelbar gebietet. Dieser Imperativ ist kategorisch. Er betrifft nicht die Materie der Handlung und das, was aus ihr erfolgen soll, sondern die Form und das Prinzip, woraus sie selbst folgt, und das Wesentlich-Gute derselben besteht in der Gesinnung, der Erfolg mag sein, welcher er wolle. Dieser Imperativ mag der der Sittlichkeit heißen.

[...]

Der kategorische Imperativ ist also nur ein einziger, und zwar dieser: handle nur nach derjenigen Maxime, durch die du zugleich wollen kannst, daß sie ein allgemeines Gesetz werde.

Wenn nun aus diesem einigen Imperativ alle Imperativen der Pflicht, als aus ihrem Prinzip, abgeleitet werden können, so werden wir, ob wir es gleich unausgemacht lassen, ob nicht überhaupt das, was man Pflicht nennt, ein leerer Begriff sei, doch wenigstens anzeigen können, was wir dadurch denken und was dieser Begriff sagen wolle.

Weil die Allgemeinheit des Gesetzes, wonach Wirkungen geschehen, dasjenige ausmacht, was eigentlich Natur im allgemeinsten Verstande (der Form nach), d. i. das Dasein der Dinge, heißt, so fern es nach allgemeinen Gesetzen bestimmt ist, so könnte der allgemeine Imperativ der Pflicht auch so lauten: handle so, als ob die Maxime deiner Handlung durch deinen Willen zum allgemeinen Naturgesetze werden sollte. (S. 30–51)

#### 1.2.2.2. Der Mensch als Zweck an sich selbst

Gesetzt aber, es gäbe etwas, dessen Dasein an sich selbst einen absoluten Wert hat, was, als Zweck an sich selbst, ein Grund bestimmter Gesetze sein könnte, so würde in ihm, und nur in ihm allein, der Grund eines möglichen kategorischen Imperativs, d. i. praktischen Gesetzes, liegen.

Nun sage ich: der Mensch, und überhaupt jedes vernünftige Wesen, existiert als Zweck an sich selbst, nicht bloß als Mittel zum beliebigen Gebrauche für diesen oder jenen Willen, sondern muß in allen seinen, sowohl auf sich selbst, als auch auf andere vernünftige Wesen gerich||teten Handlungen jederzeit zugleich als Zweck betrachtet werden. Alle Gegenstände der Neigungen haben nur einen bedingten Wert; denn, wenn die Neigungen und darauf gegründete Bedürfnisse nicht wären, so würde ihr Gegenstand ohne Wert sein. Die Neigungen selber aber, als Quellen der Bedürfnis, haben so wenig einen absoluten Wert, um sie selbst zu wünschen, daß vielmehr, gänzlich davon frei zu sein, der allgemeine Wunsch eines jeden vernünftigen Wesens sein muß. Also ist der Wert aller durch unsere Handlung zu erwerbenden Gegenstände jederzeit bedingt. Die Wesen, deren Dasein zwar nicht auf unserem Willen, sondern der Natur beruht, haben dennoch, wenn sie vernunftlose Wesen sind, nur einen relativen Wert, als Mittel, und heißen daher Sachen, dagegen vernünftige Wesen Personen genannt werden, weil ihre Natur sie schon als Zwecke an sich selbst, d. i. als etwas, das nicht bloß als Mittel gebraucht werden darf, auszeichnet, mithin so fern alle Willkür einschränkt (und ein Gegenstand der Achtung ist). Dies sind also nicht bloß subjektive Zwecke, deren Existenz, als Wirkung unserer Handlung, für uns einen Wert hat; sondern objektive Zwecke, d. i. Dinge, deren Dasein an sich selbst Zweck ist, und zwar einen solchen, an dessen Statt kein anderer Zweck gesetzt werden kann, dem sie bloß als Mittel zu Diensten stehen sollten, weil ohne dieses überall gar nichts von absolutem Werte würde angetroffen werden; wenn aber al||ler Wert bedingt, mithin zufällig wäre, so könnte für die Vernunft überall kein oberstes praktisches Prinzip angetroffen werden.

Wenn es denn also ein oberstes praktisches Prinzip, und, in Ansehung des menschlichen Willens, einen kategorischen Imperativ geben soll, so muß es ein solches sein, das aus der Vorstellung dessen, was notwendig für jedermann Zweck ist, weil es Zweck an sich selbst ist, ein objektives Prinzip des Willens ausmacht, mithin zum allgemeinen praktischen Gesetz dienen kann. Der Grund dieses Prinzips ist: die vernünftige Natur existiert als Zweck an sich selbst. So stellt sich notwendig der Mensch sein eignes Dasein vor; so fern ist es also ein subjektives Prinzip menschlicher Handlungen. So stellt sich aber auch jedes andere vernünftige Wesen sein Dasein, zufolge eben desselben Vernunftgrundes, der auch für mich gilt, vor; also ist es zugleich ein objektives Prinzip, woraus, als einem obersten praktischen Grunde, alle Gesetze des Willens müssen abgeleitet werden können. Der praktische Imperativ wird also folgender sein: Handle so, daß du die Menschheit, sowohl in deiner Person, als in der Person eines jeden andern, jederzeit zugleich als Zweck, niemals || bloß als Mittel brauchest. (S. 59–61)

### 1.2.2.3. Das Recht und der Beweggrund rechtlichen Verhaltens

#### § B. Was ist Recht?

Diese Frage möchte wohl den Rechtsgelehrten, wenn er nicht in Tautologie verfallen, oder, statt einer allgemeinen Auflösung, auf das, was in irgend einem Lande | die Gesetze zu irgend einer Zeit wollen, verweisen will, eben so in Verlegenheit setzen, als die | berufene Aufforderung: Was ist Wahrheit? den Logiker. Was Rechtens sei (quid sit iuris), d. i. was die Gesetze an einem gewissen Ort und zu einer gewissen Zeit sagen oder gesagt haben, kann er noch wohl angeben; aber, ob das, was sie wollten, auch recht sei, und das allgemeine Kriterium, woran man überhaupt Recht sowohl als Unrecht (iustum et iniustum) erkennen könne, bleibt ihm wohl verborgen, wenn er nicht eine Zeitlang jene empirischen Prinzipien verläßt, die Quellen jener Urteile in der bloßen Vernunft sucht (wiewohl ihm dazu jene Gesetze vortrefflich zum Leitfaden dienen können), um zu einer möglichen positiven Gesetzgebung die Grundlage zu errichten. Eine bloß empirische Rechtslehre ist (wie der hölzerne Kopf in Phädrus' Fabel) ein Kopf, der schön sein mag, nur schade! daß er kein Gehirn hat.

Der Begriff des Rechts, sofern er sich auf eine ihm korrespondierende Verbindlichkeit bezieht (d.i. der moralische Begriff derselben), betrifft erstlich nur das äußere und zwar praktische Verhältnis einer Person gegen eine andere, sofern ihre Handlungen als Facta aufeinander (unmittelbar, oder mittelbar) Einfluß haben können. Aber zweitens bedeutet er nicht das Verhältnis der Willkür auf den Wunsch (folglich auch auf das bloße Bedürfnis) des anderen, wie etwa in den Handlungen der Wohltätigkeit oder Hartherzigkeit, sondern lediglich auf die Willkür des anderen. Drittens in diesem wechselseitigen Verhältnis der || Willkür kommt auch gar nicht die Materie der Willkür, d.i. der Zweck, den ein jeder mit dem Objekt, was er will, zur Absicht hat, in Betrachtung, z.B. es wird nicht gefragt, ob jemand bei der Ware, die er zu seinem eigenen Handel von mir kauft, auch seinen Vorteil finden möge, oder nicht, sondern nur nach der Form im Verhältnis der beiderseitigen Willkür, sofern sie bloß als frei betrachtet wird, und ob durch die Handlung eines von beiden sich mit der Freiheit des andern nach einem allgemeinen Gesetze zusammen vereinigen lasse.

Das Recht ist also der Inbegriff der Bedingungen, unter denen die Willkür des einen mit der Willkür des andern nach einem allgemeinen Gesetze der Freiheit zusammen vereinigt werden kann.

§ C. Allgemeines Prinzip des Rechts

„Eine jede Handlung ist recht, die oder nach deren Maxime die Freiheit der Willkür eines jeden mit jedermanns Freiheit nach einem allgemeinen Gesetze zusammen bestehen kann etc."

Wenn also meine Handlung, oder überhaupt mein Zustand, mit der Freiheit von jedermann nach einem allgemeinen Gesetze zusammen bestehen kann, so tut der mir Unrecht, der mich daran hindert; denn dieses Hindernis | (dieser Widerstand) kann mit der Freiheit nach allgemeinen Gesetzen nicht bestehen.

| Es folgt hieraus auch: daß nicht verlangt werden kann, daß dieses Prinzip aller Maximen selbst wiederum meine Maxime sei, d.i. daß ich es mir zur Maxime meiner Handlung mache; denn ein jeder kann frei sein, obgleich seine Freiheit mir gänzlich indifferent wäre, oder ich im Herzen derselben gerne Abbruch tun möchte, wenn ich nur durch meine äußere Handlung ihr nicht Eintrag tue. Das Rechthandeln mir zur Maxime zu machen, ist eine Forderung, die die Ethik an mich tut.

Also ist das allgemeine Rechtsgesetz: handle äußerlich so, daß der freie Gebrauch deiner Willkür mit der Freiheit von jedermann nach einem allgemeinen Gesetze zusammen bestehen könne, zwar ein Gesetz, welches mir eine Verbindlichkeit auferlegt, aber ganz und gar nicht erwartet, noch weniger fordert, daß ich, ganz um dieser Verbindlichkeit willen, meine Freiheit auf jene Bedingungen selbst einschränken solle, sondern die Vernunft sagt nur, daß sie in ihrer Idee darauf eingeschränkt sei und von andern auch tätlich eingeschränkt werden dürfe; und dieses sagt sie als ein Postulat, welches gar keines Beweises weiter fähig ist. – Wenn die Absicht nicht ist, Tugend zu lehren, sondern nur was recht sei vorzutragen, so darf und soll man selbst nicht jenes Rechtsgesetz als Triebfeder der Handlung vorstellig machen.

|| § D. Das Recht ist mit der Befugnis zu zwingen verbunden

Der Widerstand, der dem Hindernisse einer Wirkung entgegengesetzt wird, ist eine Beförderung dieser Wirkung und stimmt mit ihr zusammen. Nun ist alles, was Unrecht ist, ein Hindernis der Freiheit nach allgemeinen Gesetzen; der Zwang aber ist ein Hindernis oder Widerstand, der der Freiheit geschieht. Folglich: wenn ein gewisser Gebrauch der Freiheit selbst ein Hindernis der Freiheit nach allgemeinen Gesetzen (d. i. unrecht) ist, so ist der Zwang, der diesem entgegengesetzt wird, als Verhinderung eines Hindernisses der Freiheit mit der Freiheit nach allgemeinen Gesetzen zusammen stimmend, d. i. recht mithin ist mit dem Rechte zugleich eine Befugnis, den, der ihm Abbruch tut, zu zwingen, nach dem Satze des Widerspruchs verknüpft.

§ E. Das strikte Recht kann auch als die Möglichkeit eines mit jedermanns Freiheit nach allgemeinen Gesetzen zusammenstimmenden durchgängigen wechselseitigen Zwanges vorgestellt werden

Dieser Satz will so viel sagen, als: das Recht darf nicht als aus zwei Stücken, nämlich der Verbindlichkeit nach einem Gesetze und der Befugnis dessen, der durch seine Willkür den andern verbindet, diesen dazu zu | zwingen, zusammengesetzt gedacht werden, sondern man kann | den Begriff des Rechts in der Möglichkeit der Verknüpfung des allgemeinen wechselseitigen Zwanges mit jedermanns Freiheit unmittelbar setzen. So, wie nämlich das Recht überhaupt nur das zum Objekte hat, was in Handlungen äußerlich ist, so ist das strikte Recht, nämlich das, dem nichts Ethisches beigemischt ist, dasjenige, welches keine andern Bestimmungsgründe der Willkür als bloß die äußern fordert; denn alsdenn ist es rein und mit keinen Tugendvorschriften vermengt. Ein striktes (enges) Recht kann man also nur das völlig äußere nennen. Dieses gründet sich nun zwar auf dem Bewußtsein der Verbindlichkeit eines jeden nach dem Gesetze, aber die Willkür darnach zu bestimmen darf und kann es, wenn es rein sein soll, sich auf dieses Bewußtsein als Triebfeder nicht berufen, sondern fußet sich deshalb auf dem Prinzip der Möglichkeit eines äußeren Zwanges, der mit der Freiheit von jedermann nach allgemeinen Gesetzen zusammen bestehen kann. – Wenn also gesagt wird: ein Gläubiger hat ein Recht, von dem Schuldner die Bezahlung seiner Schuld zu fordern, so bedeutet das nicht, er kann ihm zu Gemüte führen, daß ihn seine Vernunft selbst zu dieser Leistung verbinde, sondern ein Zwang, der jedermann nötigt, dieses zu tun, kann gar wohl mit jedermanns Freiheit, also auch mit der seinigen, nach einem allgemeinen äußeren Gesetze zusammen bestehen: Recht und Befugnis zu zwingen bedeuten also einerlei. (S. 336–340)

1.2.2.4. Die ethische und die positive Gesetzgebung und ihr Verhältnis zueinander

Alle Gesetzgebung also (sie mag auch in Ansehung der Handlung, die sie zur Pflicht macht, mit einer anderen übereinkommen, z. B. die Handlungen mögen in allen Fällen äußere sein) kann doch in Ansehung der Triebfedern unterschieden sein. Diejenige, welche eine

Handlung zur Pflicht, und diese Pflicht zugleich zur Triebfeder macht, ist ethisch. Diejenige aber, welche das letztere nicht im Gesetze mit einschließt, mithin auch || eine andere Triebfeder, als die Idee der Pflicht selbst, zuläßt, ist juridisch. Man sieht in Ansehung der letztern leicht ein, daß diese von der Idee der Pflicht unterschiedene Triebfeder von den pathologischen Bestimmungsgründen der Willkür der Neigungen und Abneigungen und unter diesen von denen der letzteren Art hergenommen sein müssen, weil es eine Gesetzgebung, welche nötigend, nicht eine Anlockung, die einladend ist, sein soll.

Man nennt die bloße Übereinstimmung oder Nichtübereinstimmung einer Handlung mit dem Gesetze, ohne Rücksicht auf die Triebfeder derselben, die Legalität (Gesetzmäßigkeit); diejenige aber, in welcher die Idee der Pflicht aus dem Gesetze zugleich die Triebfeder der Handlung ist, die Moralität (Sittlichkeit) derselben.

Die Pflichten nach der rechtlichen Gesetzgebung können nur äußere Pflichten sein, weil diese Gesetzgebung nicht verlangt, daß die Idee dieser Pflicht, welche innerlich ist, für sich selbst Bestimmungsgrund der Willkür des Handelnden sei, und, da sie doch einer für Gesetze schicklichen Triebfeder bedarf, nur äußere mit dem Gesetze verbinden kann. Die ethische Gesetzgebung dagegen macht zwar auch innere Handlungen zu Pflichten, aber nicht etwa mit Ausschließung der äußeren, sondern geht auf alles, was Pflicht ist, überhaupt. Aber eben darum, weil die ethische Gesetzgebung die innere Triebfeder der Handlung (die Idee der Pflicht) in ihr Gesetz mit einschließt, welche Bestimmung durch|aus nicht in die äußere Gesetzgebung einfließen muß, | so kann die ethische Gesetzgebung keine äußere (selbst nicht die eines göttlichen Willens) sein, ob sie zwar die Pflichten, die auf einer anderen, nämlich äußeren Gesetzgebung beruhen, als Pflichten, in ihre Gesetzgebung zu Triebfedern aufnimmt.

Hieraus ist zu ersehen, daß alle Pflichten bloß darum, weil sie Pflichten sind, mit zur Ethik gehören; aber ihre Gesetzgebung ist darum nicht allemal in der Ethik enthalten, sondern von vielen derselben außerhalb derselben. So gebietet die Ethik, daß ich eine in einem Vertrage getane Anheischigmachung, wenn mich der andere Teil gleich nicht dazu zwingen könnte, doch erfüllen müsse: allein sie nimmt das Gesetz (pacta sunt servanda), und die diesem korrespondierende Pflicht aus der Rechtslehre als gegeben an. Also nicht in der Ethik, sondern im Ius, liegt die Gesetzgebung, daß angenommene Versprechen gehalten werden müssen. Die Ethik lehrt hernach nur, daß, wenn die Triebfeder, welche die juridische Gesetzgebung mit jener Pflicht verbindet, nämlich der äußere Zwang, auch weggelassen wird, die Idee der Pflicht allein schon zur Triebfeder hinreichend sei. Denn wäre das nicht, und die Gesetzgebung selber nicht juridisch, mithin die aus ihr entspringende Pflicht nicht eigentliche Rechtspflicht (zum Unterschiede von der Tugendpflicht), so würde man die Leistung der Treue (gemäß seinem Versprechen in einem Vertrage) mit denen Handlungen des Wohlwollens und der Verpflichtung zu | ihnen in eine Klasse setzen, welches durchaus nicht ge|schehen muß. Es ist keine Tugendpflicht, sein Versprechen zu halten, sondern eine Rechtspflicht, zu deren Leistung man gezwungen werden kann. Aber es ist doch eine tugendhafte Handlung (Beweis der Tugend), es auch da zu tun, wo kein Zwang besorgt werden darf. Rechtslehre und Tugendlehre unterscheiden sich also nicht sowohl durch ihre verschiedene Pflichten, als vielmehr durch die Verschiedenheit der Gesetzgebung, welche die eine oder die andere Triebfeder mit dem Gesetze verbindet. (S. 324–325)

### 1.2.3. Aufgabenvorschläge

1.2.3.1. *Nennen Sie die Charakteristika eines „an sich guten Willens"!*

1.2.3.2. *Worin unterscheidet sich Kants Meinung nach eine rechtliche Verbindlichkeit von einer moralischen (Regelungsobjekt, Motive)?*

1.2.3.3. *Erläutern Sie das Begriffspaar „Legalität – Moralität" und ordnen Sie es dem Begriffspaar „Recht – Ethik" zu!*

1.2.3.4. *Welche Verbindung zwischen Recht und Ethik zeigt Kant auf?*

## 1.3. Elemente der Marx-Engelsschen Rechtslehre

Texte aus: Marx, Karl/Engels, Friedrich: Werke (abgekürzt MEW). Berlin (Ost): Dietz 1958f.

1.3.2.1. aus: Marx, Karl: Zur Kritik der politischen Ökonomie. in: MEW Bd. 13, S. 8–9.
1.3.2.2. aus: Marx, Karl/Engels, Friedrich: Manifest der Kommunistischen Partei, in MEW Bd. 4, S. 477.
1.3.2.3. aus: Marx, Karl/Engels, Friedrich: Deutsche Ideologie, in: MEW Bd. 3, S. 62–64.
1.3.2.4. aus: dies.: Deutsche Ideologie, in: MEW Bd. 3, S. 311–312.
1.3.2.5. aus: Marx, Karl: Das Kapital, in: MEW Bd. 23, S. 99–100, S. 181–183.
1.3.2.6. aus: Marx, Karl: Zur Kritik der Hegelschen Rechtsphilosophie, in: MEW Bd. 1, S. 379.
1.3.2.7. aus: Marx, Karl: Kritik des Gothaer Programms, in: MEW Bd. 19, S. 20–21.
1.3.2.8. aus: Marx, Karl/Engels, Friedrich: Deutsche Ideologie, in: MEW Bd. 3, S. 68.
1.3.2.9. aus: Engels, Friedrich: Der Ursprung der Familie, des Privateigentums und des Staats, in: MEW Bd. 21, S. 168, Zwischentitel neu, ohne Fußnoten.

### 1.3.1. Texteinleitung

Karl Marx, geboren am 5. 5. 1818 in Trier, war nach dem Studium von Philosophie und Rechtswissenschaft in Bonn und Berlin Redakteur der später verbotenen „Rheinischen Zeitung" in Köln. Er lebte dann, mehrfach ausgewiesen, in Paris, Brüssel und seit 1850 in London, wo er am 14. 3. 1883 starb. Marx hat durch seine theoretischen Schriften, weniger durch praktisch-politische oder organisatorische Tätigkeit, stärksten Einfluß auf die moderne Arbeiterbewegung ausgeübt.

Friedrich Engels, geboren am 28. 11. 1820 in Elberfeld, gestorben am 5. 8. 1895 in London, schloß 1844 eine lebenslang währende Freundschaft mit Marx. Die Übereinstimmung ihrer wissenschaftlichen und politischen Ansichten kam in einer Reihe gemeinsamer Publikationen (z.B. Manifest der Kommunistischen Partei, 1848) zum Ausdruck. Nach Marx' Tod führte Engels das Werk des Freundes fort, insbesondere auch durch popularisierende Interpretationen.

Obwohl Marx keine systematische Darstellung seiner Rechtslehre gegeben hat, ist sein Einfluß auf die moderne Rechtssoziologie und Rechtspolitik groß. Seine Rechtslehre ist in sein Gesamtsystem so verwoben, daß eine isolierende Darstellung unmöglich ist.

Für die Rechtssoziologie ist die Basis-Überbau-Theorie von entscheidender Bedeutung. Danach ist das Recht Ausdruck, Spiegelung der ökonomischen Verhältnisse der Gesellschaft. Über den „Produktionsverhältnissen" erhebt sich der durch diese Basis bestimmte juristische und politische Überbau. Das Recht hat keine Eigenbedeutung, es wandelt sich im Wechsel der sozialökonomischen Formationen. deren Aufeinanderfolge streng determiniert ist (Urkommunismus, Sklavenhaltergesellschaft, Feudalismus, Kapitalismus). Recht und Staat sind Organisationsformen zur Aufrechterhaltung der Produktionsverhältnisse: in der kapitalistischen Epoche seiner Zeit, die Marx vorwiegend analysiert, Instrumente zur Erhaltung der ungleichen Verteilung der Produktionsmittel zwischen Kapitalisten und Lohnarbeitern. Das allein der Kapitalistenklasse vorbehaltene „Eigentum" an Produktionsmitteln ist als Eigentums*recht* nur „Ausdruck" der faktischen Verteilung: Das Eigentumsrecht, das den Schutz des Staates genießt, dient nur der Sicherung dieser Verteilung, die juristische Einkleidung dient der Verschleierung der tatsächlichen Verhältnisse. Das Recht ist also nicht nur Organisationsform, sondern auch Rechtfertigungsideologie.

Unabhängig von der weitergehenden Marxschen Lehre, daß das Recht nichts anderes sei als ein Herrschaftsinstrument der herrschenden Klasse, ist seine Hypothese eine fruchtbare Ausgangsbasis für eine ideologiekritische Analyse der Begriffe des liberalistischen Rechts im Frühkapitalismus. Die angeblich Freiheit und Gleichheit gewährleistenden Institutionen des Rechts, insbesondere die Vertragsfreiheit, gewähren nach Marx eine nur formale Freiheit und Gleichheit. Denn auf Grund der unterschiedlichen ökonomischen Lage von Kapitalisten und vereinzelten Lohnarbeitern ist eine fundamentale materiale Ungleichheit gegeben, die dem Proletarier nur die „Freiheit" läßt, sich ausbeuten zu lassen. Wenn Recht und Staat Formen der Organisation der Herrschaft einer Klasse über die andere sind, dann haben sie in einer klassenlosen Gesellschaft keine Funktion mehr. Eine solche klassenlose Gesellschaft ist nach der Marxschen Lehre das Ziel der historischen Entwicklung. Daraus folgt die insbesondere von Engels und Lenin ausgeführte Theorie vom „Absterben" von Recht und Staat. Freilich haben sich marxistische Theoretiker nicht der Einsicht verschlossen, daß auch eine klassenlose Gesellschaft im Rahmen einer arbeitsteiligen Bedürfnisbefriedigung Organisationsformen benötigt, die zumindest Ähnlichkeit mit den gegenwärtigen rechtlichen und staatlichen Formen hat; nur wird für diese Organisationsformen in Anspruch genommen, daß sie nicht mehr wie in der Klassengesellschaft nur zur „Herrschaft über Menschen", sondern ausschließlich zur „Verwaltung von Sachen" dienten. Selbst derartige Organisationsformen werden überflüssig, wenn die „knechtische Unterordnung der Individuen unter die Teilung der Arbeit" (Marx) aufgehoben werden kann.

Die hier wiedergegebenen Elemente der Marxschen Rechtslehre lassen sich vom Standpunkt der modernen analytischen Wissenschaftstheorie, die freilich von Marxisten als „bürgerlich" abqualifiziert wird, vereinfacht als – untereinander zusammenhängende – sozialhistorische Hypothesen charakterisieren. Neben der Hypothese von Basis – Überbau als einem generellen gesetzmäßigen Zusammenhang steht die Hypothese von der determinierten Abfolge historischer Epochen als einem einzigen kausalen Zusammenhang. Als Hypothesen sind beide der empirischen Prüfung zugänglich und bedürftig. Insbesondere die erste These von der vollständigen Abhängigkeit des Rechts von den ökonomischen Bedingungen hat sich für die soziologische Forschung als außerordentlich fruchtbar erwiesen. Die dabei deutlich gewordenen kritischen Punkte können nur angedeutet werden. Voraussetzung der Richtigkeit von Marx' These ist, daß Recht nicht nur mit Macht identisch ist (das Recht also nicht auch faktische Kontrolle der Macht ist oder zumindest sein kann), sondern auch Macht mit ökonomischer Macht; zumindest die letztere Annahme ist zweifelhaft. Gegenüber der Marxschen Behauptung, „Eigentum" sei nur ein juristischer Ausdruck für die faktische Sachverteilung, läßt sich fragen: Ist nicht diese ungleiche Sachverteilung durch „rechtliche Macht" faktisch garantiert? Im Zusammenhang damit steht der allgemeinere Einwand, sozial-historische Vorgänge ließen sich nicht aus *einer* Ursache allein erklären (Kritik an der Marxschen monokausalen Erklärung). Berühmt geworden ist der Versuch Max Webers, religiös fundierte Alltagsethiken als Voraussetzung ökonomischer Entwicklungen, insbesondere die Calvinistische Ethik als Voraussetzung kapitalistischer Wirtschaftsformen zu erweisen; die erhebliche Bedeutung ökonomischer Faktoren und damit die heute unbezweifelte partielle Richtigkeit der Marxschen Lehre wollte jedoch Weber nicht bestreiten. Doch auch von marxistischer Seite wird ein gewisser Einfluß des Überbaus auf die Basis zugestanden – Ansätze dazu finden sich sowohl bei Marx wie insbesondere bei Engels.

Neben dem Komplex sozial-historischer Hypothesen enthält Marx' Werk eine Gerechtigkeitslehre und ein Programm für eine Gesellschaft der Zukunft: die Forderung nach realer Freiheit und Gleichheit. Marx stellt heraus, daß es beides nur geben kann, wenn der ökonomische Druck von den Menschen genommen ist. Als sozialökonomische Voraussetzungen nennt er die Aufhebung des Privateigentums und der Arbeitsteilung, damit Aufhebung der Entfremdung in der Arbeit und Ermöglichung der Selbstverwirklichung des Menschen in Arbeit und Genuß. Marx selbst faßt das „Programm" so zusammen: „Jeder (soll) nach seinen Fähigkeiten (produzieren können), jedem (soll Konsummöglichkeit) nach seinen Bedürfnissen (offen stehen)." – In ihrer Gültigkeit sind Marx' Gerechtigkeitslehre und politisches Programm unabhängig von der Wahrheit seiner sozialhistorischen Hypothesen und bedürfen daher selbständiger Diskussion.

Die hier wiedergegebene Textauswahl setzt mit Marx' eigener Darstellung des „Leitfadens seiner Studien" im Vorwort der „Kritik der politischen Oekonomie" (1859) ein (1.3.2.1.). Die folgenden Texte aus dem „Kommunistischen Manifest" (1848; 1.3.2.2.) und der „Deutschen Ideologie" (1845/46; 1.3.2.3.) erläutern die Eigenart von Recht und Staat als Organisationsformen der Klassenherrschaft. Zum Verständnis ist zu beachten, daß Marx und Engels hier mit zwei unterschiedlichen Willensbegriffen operieren: „Wille" ist einmal nichts anderes als die Befolgung des Klasseninteresses, zum anderen wird dagegen polemisiert, den „Willen" als einen gegenüber der Klassenlage selbständigen Faktor zu behaupten. Im Text aus der „Deutschen Ideologie" (1.3.2.4.) findet sich der wichtige Hinweis auf den Funktionswandel bzw. Funktionsverlust von Rechtsinstituten: Bei Änderung der ökonomischen Verhältnisse können Rechte zum nudum ius („nacktem Recht") ohne reale Bedeutung werden.

Die beiden Exzerpte aus dem „Kapital" (1867) behandeln rechtliche Verträge als Widerspiegelung ökonomischer Verhältnisse. Während im ersten Text (1.3.2.5.) der Vertrag über den Austausch von Waren analysiert wird, untersucht der zweite die Bedingungen des nur formal freien Arbeitsvertrages und gibt damit ein Beispiel der „Kritik", die Marx in der „Kritik der Hegelschen Rechtsphilosophie" (1844; 1.3.2.6.) gefordert hatte.

Die drei abschließenden Texte (1.3.2.7.–1.3.2.9.) behandeln die Zukunftsvorstellungen von Marx und Engels.

## 1.3.2. Texte

### 1.3.2.1. Der historische Prozeß und das Verhältnis von Basis und Überbau

Die erste Arbeit, unternommen zur Lösung der Zweifel, die mich bestürmten, war eine kritische Revision der Hegelschen Rechtsphilosophie, eine Arbeit, wovon die Einleitung in den 1844 in Paris herausgegebenen „Deutsch-Französischen Jahrbüchern" erschien. Meine Untersuchung mündete in dem Ergebnis, daß Rechtsverhältnisse wie Staatsformen weder aus sich selbst zu begreifen sind noch aus der sogenannten allgemeinen Entwicklung des menschlichen Geistes, sondern vielmehr in den materiellen Lebensverhältnissen wurzeln, deren Gesamtheit Hegel, nach dem Vorgang der Engländer und Franzosen des 18. Jahrhunderts, unter dem Namen „bürgerliche Gesellschaft" zusammenfaßt, daß aber die Anatomie der bürgerlichen Gesellschaft in der politischen Ökonomie zu suchen sei. Die Erforschung der letztern, die ich in Paris begann, setzte ich fort zu Brüssel, wohin ich infolge eines Ausweisungsbefehls des Herrn Guizot übergewandert war. Das allgemeine Resultat, das sich mir ergab und, einmal gewonnen, meinen Studien zum Leitfaden diente, kann kurz so formuliert werden: In der gesellschaftlichen Produktion ihres Lebens gehen die Menschen bestimmte, notwendige, von ihrem Willen unabhängige Verhältnisse ein, Produktionsverhältnisse, die einer bestimmten Entwicklungsstufe ihrer materiellen Produktivkräfte entsprechen. Die Gesamtheit dieser Produktionsverhältnisse bildet die ökonomische Struktur der Gesellschaft, die reale Basis, worauf sich ein juristischer und politischer Überbau erhebt, und welcher bestimmte gesellschaftliche Bewußtseinsformen entsprechen. Die Produktionsweise des materiellen Lebens bedingt den sozialen, politischen und geistigen Lebensprozeß überhaupt. Es ist nicht das Bewußtsein der Menschen, das ihr Sein, sondern umgekehrt ihr gesellschaftliches Sein, das ihr Bewußtsein bestimmt. Auf einer gewissen Stufe ihrer Entwicklung geraten die materiellen Produktivkräfte der Gesellschaft in Widerspruch mit den vorhandenen Produktionsverhältnissen oder, was nur ein juristischer Ausdruck dafür ist, mit den Eigentumsverhältnissen, innerhalb deren sie sich bisher bewegt hatten. Aus Entwicklungsformen der Produktivkräfte schlagen diese Verhältnisse in Fesseln derselben um. Es tritt dann eine Epoche sozialer Revolution ein. Mit der Veränderung der ökonomischen Grundlage wälzt sich der ganze ungeheure Überbau langsamer oder rascher um. In der Betrachtung solcher Umwälzungen muß man stets unterscheiden zwischen der materiellen, naturwissenschaftlich treu zu konstatierenden Umwälzung in den ökonomischen Produktionsbedingungen und den juristischen, politischen, religiösen, künstlerischen oder philosophischen, kurz, ideologischen Formen, worin sich die Menschen dieses Konflikts bewußt werden und ihn ausfechten. Sowenig man das, was ein Individuum ist, nach dem beurteilt, was es sich selbst dünkt, ebensowenig kann man eine solche Umwälzungsepoche aus ihrem Bewußtsein beurteilen, sondern muß vielmehr dies Bewußtsein aus den Widersprüchen des materiellen Lebens, aus dem vorhandenen Konflikt zwischen gesellschaftlichen Produktivkräften und Produktionsverhältnissen erklären. Eine Gesellschaftsformation geht nie unter, bevor alle Produktivkräfte entwickelt sind, für die sie weit genug ist, und neue höhere Produktionsverhältnisse treten nie an die Stelle, bevor die materiellen Existenzbedingungen derselben im Schoß der alten Gesellschaft selbst ausgebrütet worden sind. Daher stellt sich die Menschheit immer nur Aufgaben, die sie lösen kann, denn genauer betrachtet wird sich stets finden, daß die Aufgabe selbst nur entspringt, wo die materiellen Bedingungen ihrer Lösung schon vorhanden oder wenigstens im Prozeß ihres Werdens begriffen sind. In großen Umrissen können asiatische, antike, feudale und modern bürgerliche Produktionsweisen als progressive Epochen der ökonomischen Gesellschaftsformation bezeichnet werden. Die bürgerlichen Produktionsverhältnisse sind die letzte antagonistische Form des gesellschaftlichen Produktionsprozesses, antagonistisch nicht im Sinn von individuellem Antagonismus, sondern eines aus den gesellschaftlichen Lebensbedingungen der Individuen hervorwachsenden Antagonismus, aber die im Schoß der bürgerlichen Gesellschaft sich entwickelnden Produktivkräfte schaffen zugleich die materiellen Bedingungen zur Lösung dieses Antagonismus. Mit dieser Gesellschaftsformation schließt daher die Vorgeschichte der menschlichen Gesellschaft ab. (S. 8–9)

#### 1.3.2.2. Ideen als Erzeugnisse der Produktions- und Eigentumsverhältnisse

[...] Streitet nicht mit uns, indem ihr an euren bürgerlichen Vorstellungen von Freiheit, Bildung, Recht usw. die Abschaffung des bürgerlichen Eigentums meßt. Eure Ideen selbst sind Erzeugnisse der bürgerlichen Produktions- und Eigentumsverhältnisse, wie euer Recht nur der zum Gesetz erhobene Wille eurer Klasse ist, ein Wille, dessen Inhalt gegeben ist in den materiellen Lebensbedingungen eurer Klasse. (S. 477)

#### 1.3.2.3. Das Verhältnis von Recht und Staat zum Eigentum

Durch die Emanzipation des Privateigentums vom Gemeinwesen ist der Staat zu einer besonderen Existenz neben und außer der bürgerlichen Gesellschaft geworden; er ist aber weiter Nichts als die Form der Organisation, welche sich die Bourgeois sowohl nach Außen als nach innen hin zur gegenseitigen Garantie ihres Eigentums und ihrer Interessen notwendig geben. Die Selbständigkeit des Staats kommt heutzutage nur noch in solchen Ländern vor, wo die Stände sich nicht vollständig zu Klassen entwickelt haben, wo die in den fortgeschrittneren Ländern beseitigten Stände noch eine Rolle spielen und ein Gemisch existiert, in denen daher kein Teil der Bevölkerung es zur Herrschaft über die übrigen bringen kann. Dies ist namentlich in Deutschland der Fall. Das vollendetste Beispiel des modernen Staats ist Nordamerika. Die neueren französischen, englischen und amerikanischen Schriftsteller sprechen sich Alle dahin aus, daß der Staat nur um des Privateigentums willen existiere, so daß dies auch in das gewöhnliche Bewußtsein übergegangen ist.

Da der Staat die Form ist, in welcher die Individuen einer herrschenden Klasse ihre gemeinsamen Interessen geltend machen und die ganze bürgerliche Gesellschaft einer Epoche sich zusammenfaßt, so folgt, daß alle gemeinsamen Institutionen durch den Staat vermittelt werden, eine politische Form erhalten. Daher die Illusion, als ob das Gesetz auf dem Willen, und zwar auf dem von seiner realen Basis losgerissenen, dem *freien* Willen beruhe. Ebenso wird das Recht dann wieder auf das Gesetz reduziert.
[...]

Im Privatrecht werden die bestehenden Eigentumsverhältnisse als Resultat des allgemeinen Willens ausgesprochen. [...]

Diese juristische Illusion, die das Recht auf den bloßen Willen reduziert, führt in der weiteren Entwicklung der Eigentumsverhältnisse notwendig dahin, daß Jemand einen juristischen Titel auf eine Sache haben kann, ohne die Sache wirklich zu haben. Wird z. B. durch die Konkurrenz die Rente eines Grundstückes beseitigt, so hat der Eigentümer desselben zwar seinen juristischen Titel daran, samt dem jus utendi et abutendi. Aber er kann nichts damit anfangen, er besitzt nichts als Grundeigentümer, falls er nicht sonst noch Kapital genug besitzt, um seinen Boden zu bebauen. Aus derselben Illusion der Juristen erklärt es sich, daß es für sie und für jeden Kodex überhaupt zufällig ist, daß Individuen in Verhältnisse untereinander treten, z. B. Verträge, und daß ihm diese Verhältnisse für solche gelten, die man nach Belieben eingehen oder nicht eingehen [kann] und deren Inhalt ganz auf der individuellen [Will]kür der Kontrahenten [ber]uht. (S. 62–64)

### 1.3.2.4. Die juristische Illusion über „Wille" und „Gesetz"

In der wirklichen Geschichte bildeten diejenigen Theoretiker, die die *Macht* als die Grundlage des Rechts betrachteten, den direktesten Gegensatz gegen diejenigen, die den *Willen* für die Basis des Rechts ansehen. [...] Wird die Macht als die Basis des Rechts angenommen, wie es Hobbes etc. tun, so sind Recht, Gesetz pp. nur Symptom, Ausdruck *anderer* Verhältnisse, auf denen die Staatsmacht beruht. Das materielle Leben der Individuen, welches keineswegs von ihrem bloßen „Willen" abhängt, ihre Produktionsweise und die Verkehrsform, die sich wechselseitig bedingen, ist die reelle Basis des Staats und bleibt es auf allen Stufen, auf denen die Teilung der Arbeit und das Privateigentum noch nötig sind, ganz unabhängig vom *Willen* der Individuen. Diese wirklichen Verhältnisse sind keineswegs von der Staatsmacht geschaffen, sie sind vielmehr die sie schaffende Macht. Die unter diesen Verhältnissen herrschenden Individuen müssen, abgesehen davon, daß ihre Macht sich als *Staat* konstituieren muß, ihrem durch diese bestimmten Verhältnisse bedingten Willen einen allgemeinen Ausdruck als Staatswillen geben, als Gesetz – einen Ausdruck, dessen Inhalt immer durch die Verhältnisse dieser Klasse gegeben ist, wie das Privat- und Kriminalrecht aufs Klarste beweisen. So wenig es von ihrem idealistischen Willen oder Willkür abhängt, ob ihre Körper schwer sind, so wenig hängt es von ihm ab, ob sie ihren eignen Willen in der Form des Gesetzes durchsetzen und zugleich von der persönlichen Willkür jedes Einzelnen unter ihnen unabhängig setzen. Ihre persönliche Herrschaft muß sich zugleich als eine Durchschnittsherrschaft konstituieren. Ihre persönliche Macht beruht auf Lebensbedingungen, die sich als Vielen gemeinschaftliche entwickeln, deren Fortbestand sie als Herrschende gegen andere und zugleich als für Alle geltende zu behaupten haben. Der Ausdruck dieses durch ihre gemeinschaftlichen Interessen bedingten Willens ist das Gesetz. Gerade das Durchsetzen der voneinander unabhängigen Individuen und ihrer eignen Willen, das auf dieser Basis in ihrem Verhalten gegeneinander notwendig egoistisch ist, macht die Selbstverleugnung im Gesetz und Recht nötig. Selbstverleugnung im Ausnahmsfall, Selbstbehauptung ihrer Interessen im Durchschnittsfall (die daher nicht *ihnen*, sondern nur dem „mit sich einigen Egoisten" für Selbstverleugnung gilt). Dasselbe gilt von den beherrschten Klassen, von deren Willen es ebensowenig abhängt, ob Gesetz und Staat bestehen. Z. B. solange die Produktivkräfte noch nicht so weit entwickelt sind, um die Konkurrenz überflüssig zu machen, und deshalb die Konkurrenz immer wieder hervorrufen würden, solange würden die beherrschten Klassen das Unmögliche wollen, wenn sie den „Willen" hätten, die Konkurrenz und mit ihr Staat und Gesetz abzuschaffen. Übrigens entsteht dieser „Wille", ehe die Verhältnisse so weit entwickelt sind, daß sie ihn produzieren können, auch nur in der Einbildung des Ideologen. Nachdem die Verhältnisse weit genug entwickelt waren, ihn zu produzieren, kann der Ideologe diesen Willen als einen bloß willkürlichen und daher zu allen Zeiten und unter allen Umständen faßbaren sich vorstellen.

Ebensowenig wie das Recht geht das Verbrechen, d. h. der Kampf des isolierten Einzelnen gegen die herrschenden Verhältnisse, aus der reinen Willkür hervor. [...] Dieselben Visionäre, die im Recht und Gesetz die Herrschaft eines für sich selbständigen allgemeinen Willens erblicken, können im Verbrechen den bloßen Bruch des Rechts und Gesetzes sehen. Nicht der Staat besteht also durch den herrschenden Willen, sondern der aus der materiellen Lebensweise der Individuen hervorgehende Staat hat auch die Gestalt eines herrschenden Willens. Verliert dieser die Herrschaft, so hat sich nicht nur der Wille, sondern auch das materielle Dasein und Leben der Individuen, und bloß deswegen ihr Wille, verändert. Es ist möglich, daß Rechte und Gesetze sich „forterben", aber sie sind dann auch nicht mehr herrschend, sondern nominell, wovon die altrömische und englische Rechtsgeschichte eklatante Beispiele liefern. Wir sahen schon früher, wie bei den Philosophen vermittelst der Trennung der Gedanken von den ihnen zur Basis dienenden Individuen und ihren empirischen Verhältnissen eine Entwicklung und Geschichte der bloßen Gedanken entstehen konnte. Ebenso kann man hier wieder das Recht von seiner realen Basis trennen, womit man dann einen „Herrscherwillen" herausbekommt, der sich in den verschiedenen Zeiten verschieden modifiziert und in seinen Schöpfungen, den Gesetzen, eine eigne selbständige Geschichte hat. Womit sich die politische und bürgerliche Geschichte in eine Geschichte der Herrschaft von aufeinanderfolgenden Gesetzen ideologisch auflöst. Dies ist die spezifische Illusion der Juristen und Politiker, [...] (S. 311–312)

### 1.3.2.5. Der Status des Menschen im Warenverkehr – Der Austausch der Produkte – Die Arbeitskraft als besondere Ware und die Verwandlung von Geld in Kapital

Die Waren können nicht selbst zu Markte gehen und sich nicht selbst austauschen. Wir müssen uns also nach ihren Hütern umsehn, den Warenbesitzern. Die Waren sind Dinge und daher widerstandslos gegen den Menschen. Wenn sie nicht willig, kann er Gewalt brauchen, in andren Worten, sie nehmen. Um diese Dinge als Waren aufeinander zu beziehn, müssen die Warenhüter sich zueinander als Personen verhalten, deren Willen in jenen Dingen haust, so daß der eine nur mit dem Willen des andren, also jeder nur vermittelst eines, beiden gemeinsamen Willensakts sich die fremde Ware aneignet, indem er die eigne veräußert. Sie müssen sich daher wechselseitig als Privateigentümer anerkennen. Dies Rechtsverhältnis, dessen Form der Vertrag ist, ob nun legal entwickelt oder nicht, ist ein Willensverhältnis, worin sich das ökonomische Verhältnis widerspiegelt. Der Inhalt dieses Rechts- oder Willensverhältnisses ist durch das ökonomische Verhältnis selbst gegeben. Die Personen existieren hier nur füreinander als Repräsentanten von Ware und daher als Warenbesitzer. Wir werden überhaupt im Fortgang der Entwicklung finden, daß die ökonomischen Charaktermasken der Personen nur die Personifikationen der ökonomischen Verhältnisse sind, als deren Träger sie sich gegenübertreten. (S. 99–100)

Damit jedoch der Geldbesitzer die Arbeitskraft als Ware auf dem Markt vorfinde, müssen verschiedne Bedingungen erfüllt sein. Der Warenaustausch schließt an und für sich keine andren Abhängigkeitsverhältnisse ein als die aus seiner eignen Natur entspringenden. Unter dieser Voraussetzung kann die Arbeitskraft als Ware nur auf dem Markt erscheinen, sofern und weil sie von ihrem eignen Besitzer, der Person, deren Arbeitskraft sie ist, als Ware feilgeboten oder verkauft wird. Damit ihr Besitzer sie als Ware verkaufe, muß er über sie verfügen können, als freier Eigentümer seines Arbeitsvermögens, seiner Person sein. Er und der Geldbesitzer begegnen sich auf dem Markt und treten in Verhältnis zueinander als ebenbürtige Warenbesitzer, nur dadurch unterschieden, daß der eine Käufer, der andre Verkäufer, beide also juristisch gleiche Personen sind. Die Fortdauer dieses Verhältnisses erheischt, daß der Eigentümer der Arbeitskraft sie stets nur für bestimmte Zeit verkaufe, denn verkauft er sie in Bausch und Bogen, ein für allemal, so verkauft er sich selbst, verwandelt sich aus einem Freien in einen Sklaven, aus einem Warenbesitzer in eine Ware. Er als Person muß sich beständig zu seiner Arbeitskraft als seinem Eigentum und daher seiner eignen Ware verhalten, und das kann er nur, soweit er sie dem Käufer stets nur vorübergehend, für einen bestimmten Zeittermin, zur Verfügung stellt, zum Verbrauch überläßt, also durch ihre Veräußerung nicht auf sein Eigentum an ihr verzichtet.

Die zweite wesentliche Bedingung, damit der Geldbesitzer die Arbeitskraft auf dem Markt als Ware vorfinde, ist die, daß ihr Besitzer, statt Waren verkaufen zu können, worin sich seine Arbeit vergegenständlicht hat, vielmehr seine Arbeitskraft selbst, die nur in seiner lebendigen Leiblichkeit existiert, als Ware feilbieten muß.

Damit jemand von seiner Arbeitskraft unterschiedne Waren verkaufe, muß er natürlich Produktionsmittel besitzen, z. B. Rohstoffe, Arbeitsinstrumente usw. Er kann keine Stiefel machen ohne Leder. Er bedarf außerdem Lebensmittel. Niemand, selbst kein Zukunftsmusikant, kann von Produkten der Zukunft zehren, also auch nicht von Gebrauchswerten deren Produktion noch unfertig, und wie am ersten Tage seiner Erscheinung auf der Erdbühne, muß der Mensch noch jeden Tag konsumieren, bevor und während er produziert. Werden die Produkte als Waren produziert, so müssen sie verkauft werden, nachdem sie produziert sind, und können die Bedürfnisse des Produzenten erst nach dem Verkauf befriedigen. Zur Produktionszeit kommt die für den Verkauf nötige Zeit hinzu.

Zur Verwandlung von Geld in Kapital muß der Geldbesitzer also den freien Arbeiter auf dem Warenmarkt vorfinden, frei in dem Doppelsinn, daß er als freie Person über seine Arbeitskraft als seine Ware verfügt, daß er andrerseits andre Waren nicht zu verkaufen hat, los und ledig, frei ist von allen zur Verwirklichung seiner Arbeitskraft nötigen Sachen. (S. 181–183)

1.3.2.6. Die Rolle der Philosophie im Historischen Materialismus

Es ist also die *Aufgabe der Geschichte,* nachdem das *Jenseits der Wahrheit* verschwunden ist, die *Wahrheit des Diesseits* zu etablieren. Es ist zunächst die *Aufgabe der Philosophie,* die im Dienste der Geschichte steht, nachdem die *Heiligengestalt* der menschlichen Selbstentfremdung entlarvt ist, die Selbstentfremdung in ihren *unheiligen Gestalten* zu entlarven. Die Kritik des Himmels verwandelt sich damit in die Kritik der Erde, die *Kritik der Religion* in die *Kritik des Rechts,* die *Kritik der Theologie* in die *Kritik der Politik.* (S. 379)

1.3.2.7. Die Ungleichheit des Rechts und das Ziel der Geschichte

Das *gleiche Recht* ist hier daher immer noch – dem Prinzip nach – das *bürgerliche Recht,* obgleich Prinzip und Praxis sich nicht mehr in den Haaren liegen, während der Austausch von Äquivalenten beim Warenaustausch nur im *Durchschnitt,* nicht für den einzelnen Fall existiert.

Trotz dieses Fortschritts ist dieses *gleiche Recht* stets noch mit einer bürgerlichen Schranke behaftet. Das Recht der Produzenten ist ihren Arbeitslieferungen *proportionell;* die Gleichheit besteht darin, daß an *gleichem Maßstab,* der Arbeit, gemessen wird. Der eine ist aber physisch oder geistig dem andern überlegen, liefert also in derselben Zeit mehr Arbeit oder kann während mehr Zeit arbeiten; und die Arbeit, um als Maß zu dienen, muß der Ausdehnung oder der Intensität nach bestimmt werden, sonst hörte sie auf, Maßstab zu sein. Dies *gleiche* Recht ist ungleiches Recht für ungleiche Arbeit. Es erkennt keine Klassenunterschiede an, weil jeder nur Arbeiter ist wie der andre; aber es erkennt stillschweigend die ungleiche individuelle Begabung und daher Leistungsfähigkeit der Arbeiter als natürliche Privilegien an. *Es ist daher ein Recht der Ungleichheit, seinem Inhalt nach, wie alles Recht.* Das Recht kann seiner Natur nach nur in Anwendung von gleichem Maßstab bestehn; aber die ungleichen Individuen (und sie wären nicht verschiedne Individuen, wenn sie nicht ungleiche wären) sind nur an gleichem Maßstab meßbar, soweit man sie unter einen gleichen Gesichtspunkt bringt, sie nur von einer *bestimmten* Seite faßt, z. B. im gegebenen Fall sie *nur als Arbeiter* betrachtet und weiter nichts in ihnen sieht, von allem andern absieht. Ferner: Ein Arbeiter ist verheiratet, der andre nicht; einer hat mehr Kinder als der andre etc. etc. Bei gleicher Arbeitsleistung und daher gleichem Anteil an dem gesellschaftlichen Konsumtionsfonds erhält also der eine faktisch mehr als der andre, ist der eine reicher als der andre etc. Um alle diese Mißstände zu vermeiden, müßte das Recht, statt gleich, vielmehr ungleich sein.

Aber diese Mißstände sind unvermeidbar in der ersten Phase der kommunistischen Gesellschaft, wie sie eben aus der kapitalistischen Gesellschaft nach langen Geburtswehen hervorgegangen ist. Das Recht kann nie höher sein als die ökonomische Gestaltung und dadurch bedingte Kulturentwicklung der Gesellschaft.

In einer höheren Phase der kommunistischen Gesellschaft, nachdem die knechtende Unterordnung der Individuen unter die Teilung der Arbeit, damit auch der Gegensatz geistiger und körperlicher Arbeit verschwunden ist; nachdem die Arbeit nicht nur Mittel zum Leben, sondern selbst das erste Lebensbedürfnis geworden; nachdem mit der allseitigen Entwicklung der Individuen auch ihre Produktivkräfte gewachsen und alle Springquellen des genossenschaftlichen Reichtums voller fließen – erst dann kann der enge bürgerliche Rechtshorizont ganz überschritten werden und die Gesellschaft auf ihre Fahne schreiben: Jeder nach seinen Fähigkeiten, jedem nach seinen Bedürfnissen! (S. 20–21)

1.3.2.8. Die Aufhebung des Entfremdungscharakters der Arbeit

Erst auf dieser Stufe [der kommunistischen Gesellschaft; d. Hrsg.] fällt die Selbstbetätigung mit dem materiellen Leben zusammen, was der Entwicklung der Individuen zu totalen Individuen und der Abstreifung aller Naturwüchsigkeit entspricht; und dann entspricht sich die Verwandlung der Arbeit in Selbstbetätigung und die Verwandlung des bisherigen bedingten Verkehrs in den Verkehr der Individuen als solcher. Mit der Aneignung der totalen Produktivkräfte durch die vereinigten Individuen hört das Privateigentum auf. Während in der bisherigen Geschichte immer eine besondere Bedingung als zufällig erschien, ist jetzt die Absonderung der Individuen selbst, der besondre Privaterwerb eines Jeden selbst zufällig geworden. (S. 68)

1.3.2.9. Die Rolle des Staates in der bürgerlichen Gesellschaft – Theorie vom Absterben des Staates

Der Staat ist [...] nicht von Ewigkeit her. Es hat Gesellschaften gegeben, die ohne ihn fertig wurden, die von Staat und Staatsgewalt keine Ahnung hatten. Auf einer bestimmten Stufe der ökonomischen Entwicklung, die mit Spaltung der Gesellschaft in Klassen notwendig verbunden war, wurde durch diese Spaltung der Staat eine Notwendigkeit. Wir nähern uns jetzt mit raschen Schritten einer Entwicklungsstufe der Produktion, auf der das Dasein dieser Klassen nicht nur aufgehört hat, eine Notwendigkeit zu sein, sondern ein positives Hindernis der Produktion wird. Sie werden fallen, ebenso unvermeidlich, wie sie früher entstanden sind. Mit ihnen fällt unvermeidlich der Staat. Die Gesellschaft, die die Produktion auf Grundlage freier und gleicher Assoziation der Produzenten neu organisiert, versetzt die ganze Staatsmaschine dahin, wohin sie dann gehören wird: ins Museum der Altertümer, neben das Spinnrad und die bronzene Axt. (S. 168)

1.3.3. **Aufgabenvorschläge**

1.3.3.1. *Aus welchen Gründen wird, nach Marx, aus der Gleichheit aller Individuen vor dem Gesetz, einer alten Idee aus der Aufklärung und der Französischen Revolution, Ungleichheit und Unrecht?*

1.3.3.2. *Kann man heute mit Marx sagen, daß alle Richter im Dienste der Bourgeoisie stehen?*

1.3.3.3. *Läßt sich die Marxsche Gerechtigkeitslehre mit dem „materialistischen" Prinzip, daß die ökonomischen Verhältnisse den ideologischen Überbau determinieren, vereinbaren?*

1.3.3.4. *Diskutieren Sie die These vom „Absterben des Staates"! Bedenken Sie dabei die Tendenzen zur Weltgesellschaft, die (zunehmenden) Leistungen des Staates an seine Bürger und die Entwicklungen in Wissenschaft und Technik.*

# 2. NEUERE RECHTSPHILOSOPHIE

## 2.1. Die Dichotomie von Sein und Sollen

Text aus: Kelsen, Hans: Reine Rechtslehre, Wien: F. Deuticke $^{2}$1960, S. 1–5, S. 34–35, S. 196–197, S. 219, Zwischentitel neu.

### 2.1.1. Texteinleitung

Hans Kelsen, der Begründer der sog. Wiener rechtstheoretischen Schule, wurde am 11. 10. 1881 in Prag geboren. Von 1917 bis 1930 war er Professor an der Universität Wien. Als Rechtsberater der österreichischen Regierung (1919–1923) wirkte er maßgeblich bei der Ausarbeitung der österreichischen Verfassung von 1920 mit. Seit 1930 Professor in Köln, wurde er 1933 aus rassischen Gründen vertrieben. Nach mehrjähriger Tätigkeit in Genf und Prag lehrte er seit 1942 an der Universität in Berkeley (Kalifornien), wo er im März 1973 starb.

Kelsen gilt als der führende Theoretiker des neueren Rechtspositivismus, dessen Voraussetzungen und Konsequenzen er mit äußerster Schärfe durchdacht hat. Ziel der von ihm entwickelten „Reinen Rechtslehre" ist eine methodisch selbständige Wissenschaft vom Recht, die, von allen Vermengungen mit Politik, Psychologie, Soziologie und Ethik befreit, sich der Erfassung der Strukturen des positiven, staatlichen Rechts widmet.

Kelsens Ausgangspunkt bildet unter neukantianischem Einfluß die strenge Trennung von Sein und Sollen, der wissenschaftstheoretisch die Unterscheidung von Seins- und Normwissenschaften entspricht. Sein und Sollen sind nach Kelsen unserem Bewußtsein unmittelbar gegebene, nicht weiter ableitbare Kategorien. Seinswissenschaften, wie die Naturwissenschaften, wie Soziologie und Psychologie, erfassen und erklären nach dem Gesetz der Kausalität Tatsachen, z. B. das Verhalten von Menschen. Den Gegenstand der Normwissenschaften bildet dagegen das Sollen. Sollen als „Norm" bedeutet, daß etwas sein oder geschehen, insbesondere, daß sich ein Mensch in bestimmter Weise verhalten soll.

Die Besonderheit des Rechts im Verhältnis zu anderen normativen Ordnungen, wie der Moral und der Sitte, sieht Kelsen im Zwangscharakter des Rechtes. Es sucht ein menschliches Verhalten, z. B. die Respektierung fremden Lebens, dadurch zu erreichen, daß es an das Gegenteil dieses Verhaltens, z. B. die vorsätzliche oder fahrlässige Tötung eines Menschen, einen Zwangsakt knüpft, etwa eine Freiheitsstrafe verhängt.

Von anderen Zwangsordnungen, etwa dem Reglement einer Räuberbande, unterscheidet sich das Recht nicht durch die Qualität seines Inhalts, etwa seiner Gerechtigkeit. Kelsen teilt den Standpunkt des Relativismus: Wissenschaftlich läßt sich die absolute Richtigkeit von Werturteilen nicht beweisen. Die Richtigkeit ist ein „irrationales Ideal". Das schließt freilich das persönliche Engagement für ein Gerechtigkeitsideal nicht aus.

Die „Reine Rechtslehre" als wissenschaftliche Theorie beschränkt sich auf die Analyse des positiven Rechts, das sie als eine spezifische soziale Technik begreift. Sein Inhalt ist beliebig; eine Rechtsnorm gilt nicht, weil sie richtig bzw. gerecht ist, sondern weil sie in einer bestimmten Weise erzeugt worden ist. Um die Geltung von Rechtsnormen und die Einheit der Normen einer Rechtsordnung zu erklären, führt Kelsen die vieldiskutierte Hypothese einer „Grundnorm" ein (2.1.2.7.). Die Grundnorm enthält die Einsetzung einer verfassunggebenden Autorität und die Regel, daß man sich so verhalten solle, wie es die nach einer Verfassung zustande gekommenen Normen vorschreiben. Nach dem Verständnis der „Reinen Rechtslehre" kann es sich bei der Grundnorm nicht um eine positive, von einer höheren Autorität gesetzte Norm handeln, sondern nur um eine logische Voraussetzung, die gemacht werden muß, wenn man eine tatsächliche Herrschaftsordnung als Rechtsordnung begreifen will. Man hat die Grundnorm daher Verfassung im rechtslogischen Sinne genannt.

Die Grundnorm kann aber nur vorausgesetzt werden, wenn es sich – so Kelsen – um eine im großen und ganzen wirksame Zwangsordnung handelt, d. h. wenn das tatsächliche Verhalten der Menschen in einem sozialen Verband im allgemeinen den Sollensnormen entspricht.
Damit aber wird die strikte Trennung von Sein und Sollen, von der Kelsen ausgegangen war, letztlich nicht durchgehalten. Das oberste Prinzip der normativen Sollensordnung wird durch das soziale Faktum der allgemeinen Wirksamkeit bestimmt. Das geltende Recht kann nicht rein normativ erfaßt werden. Bleibendes Verdienst der „Reinen Rechtslehre" ist aber, die entscheidende Bedeutung des „Normativen", des Sollenselementes für das Recht gegenüber den rein soziologischen und naturalistischen Rechtstheorien wieder herausgearbeitet zu haben.

### 2.1.2. Texte

#### 2.1.2.1. Die „Reinheit" der Rechtslehre

Die Reine Rechtslehre ist eine Theorie des positiven Rechts; des positiven Rechts schlechthin, nicht einer speziellen Rechtsordnung. Sie ist allgemeine Rechtslehre, nicht Interpretation besonderer nationaler oder internationaler Rechtsnormen. Aber sie gibt eine Theorie der Interpretation.

Als Theorie will sie ausschließlich und allein ihren Gegenstand erkennen. Sie versucht, die Frage zu beantworten, was und wie das Recht ist, nicht aber die Frage, wie es sein oder gemacht werden soll. Sie ist Rechtswissenschaft, nicht aber Rechtspolitik.

Wenn sie sich als eine „reine" Lehre vom Recht bezeichnet, so darum, weil sie nur eine auf das Recht gerichtete Erkenntnis sicherstellen und weil sie aus dieser Erkenntnis alles ausscheiden möchte, was nicht zu dem exakt als Recht bestimmten Gegenstande gehört. Das heißt: sie will die Rechtswissenschaft von allen ihr fremden Elementen befreien. Das ist ihr methodisches Grundprinzip. Es scheint eine Selbstverständlichkeit zu sein. Aber ein Blick auf die traditionelle Rechtswissenschaft, so wie sie sich im Laufe des 19. und 20. Jahrhunderts entwickelt hat, zeigt deutlich, wie weit diese davon entfernt ist, der Forderung der Reinheit zu entsprechen. In völlig kritikloser Weise hat sich Jurisprudenz mit Psychologie und Soziologie, mit Ethik und politischer Theorie vermengt. Diese Vermengung mag sich daraus erklären, daß diese Wissenschaften sich auf Gegenstände beziehen, die zweifellos mit dem Recht in engem Zusammenhang stehen. Wenn die Reine Rechtslehre die Erkenntnis des Rechts gegen diese Disziplinen abzugrenzen unternimmt, so nicht etwa darum, weil sie den Zusammenhang ignoriert oder gar leugnet, sondern darum, weil sie einen Methodensynkretismus zu vermeiden sucht, der das Wesen der Rechtswissenschaft verdunkelt und die Schranken verwischt, die ihr durch die Natur ihres Gegenstandes gezogen sind. (S. 1)

#### 2.1.2.2. Die rechtliche Handlung und ihre Bedeutung

Analysiert man [. . .] irgendeinen der als Recht gedeuteten oder mit dem Recht in irgend einem Zusammenhang stehenden Tatbestände, wie etwa einen Parlamentsbeschluß, einen Verwaltungsakt, ein richterliches Urteil, ein Rechtsgeschäft, ein Delikt, so kann man zwei Elemente unterscheiden: das eine ist ein in Zeit und Raum vor sich gehender, sinnlich wahrnehmbarer Akt, oder eine Reihe solcher Akte, ein äußerer Vorgang menschlichen Verhaltens: das andere seine rechtliche Bedeutung, das heißt die Bedeutung, die der Akt von Rechts wegen hat. In einem Saal kommen Menschen zusammen, halten Reden, die einen erheben ihre Hände, die anderen nicht; das ist der äußere Vorgang. Seine Bedeutung: daß ein Gesetz beschlossen, daß Recht erzeugt wird. Hier liegt die dem Juristen durchaus geläufige Unterscheidung zwischen dem Gesetzgebungsverfahren und seinem Produkt, dem Gesetz, vor. Ein anderes Beispiel: Ein Mann, mit einem Talar bekleidet, spricht von einem erhöhten Platz aus zu einem vor ihm stehenden Menschen bestimmte Worte. Dieser äußere Vorgang bedeutet rechtlich: daß ein richterliches Urteil gefällt wurde. Ein Kaufmann schreibt einem anderen einen Brief bestimmten Inhalts, der andere antwortet mit einem Gegen-Brief; das bedeutet: sie haben von Rechts wegen einen Vertrag geschlossen. Jemand bewirkt durch irgendeine Handlung den Tod eines anderen; das bedeutet rechtlich: Mord (S. 2)

#### 2.1.2.3. Der subjektive und der objektive Sinn der rechtlichen Handlung

Diese rechtliche Bedeutung kann man dem Akt, als einem äußerlichen Tatbestand, nicht ohne weiteres ansehen oder anhören, so wie man etwa die natürlichen Eigenschaften eines Gegenstandes wie Farbe, Härte, Gewicht wahrnimmt. Zwar, der vernunftmäßig handelnde, den Akt setzende Mensch verbindet mit seinem Akt einen bestimmten Sinn, der sich in irgendeiner Weise ausdrückt und von anderen verstanden wird. Dieser subjektive Sinn kann, muß aber nicht, mit der objektiven Bedeutung zusammenfallen, die der Akt von Rechts wegen hat. Jemand verfügt schriftlich für den Fall seines Ablebens über sein Vermögen. Der subjektive Sinn dieses Aktes ist ein Testament. Objektiv, von Rechts wegen, ist er es aber – gewisser Formfehler wegen – nicht.

#### 2.1.2.4. Der Regelungszweck von Normen

Auf die Normen nun, die den Charakter von Rechtsnormen haben und gewissen Tatbeständen den Charakter von Rechts- (oder Unrechts-)Akten verleihen, ist die Rechtserkenntnis gerichtet. Denn das Recht, das den Gegenstand dieser Erkenntnis bildet, ist eine normative Ordnung menschlichen Verhaltens, und das heißt, ein System von menschliches Verhalten regelnden Normen. Mit ,,Norm" bezeichnet man: daß etwas sein oder geschehen, insbesondere daß sich ein Mensch in bestimmter Weise verhalten *soll.* Das ist der Sinn, den gewisse menschliche Akte haben, die intentional auf das Verhalten anderer gerichtet sind. Sie sind intentional auf das Verhalten anderer gerichtet, wenn sie, ihrem Sinne nach, dieses Verhalten gebieten (befehlen), aber auch, wenn sie es erlauben und insbesondere, wenn sie es ermächtigen, das heißt: wenn dem anderen eine gewisse Macht verliehen wird, insbesondere die Macht, selbst Normen zu setzen. (S. 4)

#### 2.1.2.5. Das Recht: Eine Zwangsordnung

Ein anderes, den als Recht bezeichneten Gesellschaftsordnungen gemeinsames Merkmal ist, daß sie Zwangsordnungen in dem Sinne sind, daß sie auf bestimmte für unerwünscht, weil sozial schädlich angesehene Umstände, insbesondere auf menschliches Verhalten dieser Art, mit einem Zwangsakt, das heißt mit einem Übel – wie Entziehung von Leben, Gesundheit, Freiheit, wirtschaftlichen und anderen Gütern – reagieren, einem Übel, das dem davon Betroffenen auch gegen seinen Willen, wenn nötig unter Anwendung physischer Gewalt, also zwangsweise zuzufügen ist [...] Von dem als Sanktion fungierenden Zwangsakt kann angenommen werden, daß er normalerweise von dem davon Betroffenen als Übel empfunden wird. In diesem Sinne sind die als Recht bezeichneten Gesellschaftsordnungen Zwangsordnungen menschlichen Verhaltens. Sie gebieten ein bestimmtes menschliches Verhalten, indem sie an das entgegengesetzte Verhalten einen Zwangsakt knüpfen, der gegen den sich so verhaltenden Menschen (oder seinen Angehörigen) gerichtet ist. Das heißt: daß sie ein bestimmtes Individuum ermächtigen, gegen ein anderes Individuum einen Zwangsakt als Sanktion zu richten. Die von einer Rechtsordnung statuierten Sanktionen sind – zum Unterschied von transzendenten – gesellschaftlich immanente und – zum Unterschied von in bloßer Billigung und Mißbilligung bestehenden – gesellschaftlich organisierte Sanktionen. (S. 34–35)

2.1.2.6. Sinn der Frage nach dem Geltungsgrund

Ist das Recht als normative Ordnung, als ein System von Normen, begriffen, die das Verhalten von Menschen regeln, entsteht die Frage: Was begründet die Einheit einer Vielheit von Normen, warum gehört eine bestimmte Norm zu einer bestimmten Ordnung? Und diese Frage steht in einem engen Zusammenhang mit der Frage: Warum gilt eine Norm, was ist ihr Geltungsgrund?

Daß eine sich auf das Verhalten eines Menschen beziehende Norm „gilt“, bedeutet, daß sie verbindlich ist, daß sich der Mensch in der von der Norm bestimmten Weise verhalten soll. Schon in einem früheren Zusammenhang wurde ausgeführt, daß die Frage, warum die Norm gilt, das heißt: warum sich der Mensch so verhalten soll, nicht mit der Feststellung einer Seinstatsache beantwortet werden, daß der Geltungsgrund einer Norm nicht eine solche Tatsache sein kann. Daraus, daß etwas *ist*, kann nicht folgen, daß etwas sein *soll;* sowie daraus, daß etwas sein *soll*, nicht folgen kann, daß etwas *ist*. Der Geltungsgrund einer Norm kann nur die Geltung einer anderen Norm sein. Eine Norm, die den Geltungsgrund einer anderen Norm darstellt, wird figürlich als die höhere Norm im Verhältnis zu einer niederen Norm bezeichnet. Zwar scheint es, daß man die Geltung einer Norm mit der Tatsache begründen könne, daß sie von irgendeiner Autorität, einem menschlichen oder übermenschlichen Wesen, gesetzt ist; so wenn man die Geltung der Zehn Gebote mit der Tatsache begründet, daß Gott Jehova sie auf dem Berge Sinai gegeben habe; oder wenn man sagt, daß man seine Feinde lieben soll, weil Jesus, der Sohn Gottes, dies in seiner Bergpredigt befohlen habe. In beiden Fällen ist der zwar nicht ausgesprochene, aber vorausgesetzte Geltungsgrund nicht die Tatsache, daß Gott oder der Sohn Gottes zu einer bestimmten Zeit an einem bestimmten Ort eine bestimmte Norm gesetzt hat, sondern eine Norm: die Norm, daß man den Geboten Gottes, und die Norm, daß man den Geboten seines Sohnes gehorchen soll. Allerdings bildet in dem Syllogismus, dessen Obersatz der die höhere Norm aussagende Soll-Satz ist: man soll den Geboten Gottes (oder den Geboten seines Sohnes) gehorchen, und dessen Schlußsatz der die niedere Norm aussagende Soll-Satz ist: man soll den Zehn Geboten (oder dem Gebot, seine Feinde zu lieben) gehorchen, der eine Seins-Tatsache feststellende Satz: Gott hat die Zehn Gebote erlassen (oder der Sohn Gottes hat befohlen, die Feinde zu lieben) als Untersatz ein wesentliches Glied. Obersatz und Untersatz sind beide Bedingungen des Schlußsatzes. Aber nur der Obersatz, der ein Soll-Satz ist, ist *conditio per quam* im Verhältnis zum Schlußsatz, der auch ein Soll-Satz ist; das heißt, die im Obersatz ausgesagte Norm ist der Geltungsgrund der im Schlußsatz ausgesagten Norm. Der als Untersatz fungierende Seins-Satz ist nur *conditio sine qua non* im Verhältnis zum Schlußsatz; das heißt: die im Untersatz festgestellte Seins-Tatsache ist nicht der Geltungsgrund der im Schlußsatz ausgesagten Norm.

Die im Obersatz ausgesagte Norm: daß man den Geboten Gottes (oder seines Sohnes) gehorchen soll, ist in der Voraussetzung inbegriffen, daß die Normen, deren Geltungsgrund in Frage steht, von einer Autorität ausgehen, das heißt: von jemandem, der fähig, das heißt kompetent ist, gültige Normen zu setzen; diese Norm verleiht der normsetzenden Persönlichkeit die „Autorität", Normen zu setzen. Die Tatsache, daß irgend jemand irgend etwas befiehlt, ist kein Grund, den Befehl als gültige, das heißt für den Normadressaten verbindliche Norm anzusehen. Nur eine kompetente Autorität kann gültige Normen setzen; und nur auf einer zur Normsetzung ermächtigenden Norm kann solche Kompetenz beruhen. Dieser Norm ist die zur Normsetzung ermächtigte Autorität ebenso unterworfen wie die zum Gehorsam gegenüber den von ihr gesetzten Normen verpflichteten Individuen.

Wie erwähnt, ist die Norm, die den Geltungsgrund einer anderen Norm darstellt, dieser gegenüber eine höhere Norm. Aber die Suche nach dem Geltungsgrund einer Norm kann nicht, wie die Suche nach der Ursache einer Wirkung, ins Endlose gehen. Sie muß bei einer Norm enden, die als letzte, höchste vorausgesetzt wird. Als höchste Norm muß sie *vorausgesetzt* sein, da sie nicht von einer Autorität *gesetzt* sein kann, deren Kompetenz auf einer noch höheren Norm beruhen müßte. Ihre Geltung kann nicht mehr von einer höheren Norm abgeleitet, der Grund ihrer Geltung nicht mehr in Frage gestellt werden. Eine solche als höchste vorausgesetzte Norm wird hier als Grundnorm bezeichnet. [...] Alle Normen, deren Geltung auf eine und dieselbe Grundnorm zurückgeführt werden kann, bilden ein System von Normen, eine normative Ordnung. Die Grundnorm ist die gemeinsame Quelle für die Geltung aller zu einer und derselben Ordnung gehörigen Normen, ihr gemeinsamer Geltungsgrund. Daß eine bestimmte Norm zu einer bestimmten Ordnung gehört, beruht darauf, daß ihr letzter Geltungsgrund die Grundnorm dieser Ordnung ist. Diese Grundnorm ist es, die die Einheit einer Vielheit von Normen konstituiert, indem sie den Grund für die Geltung aller zu dieser Ordnung gehörigen Normen darstellt. (S. 196–197)

### 2.1.2.7. Die Wirksamkeit als Geltungsgrund

Grund der Geltung, das ist die Antwort auf die Frage, warum die Normen dieser Rechtsordnung befolgt und angewendet werden sollen, ist die vorausgesetzte Grundnorm, derzufolge man einer tatsächlich gesetzten, im großen und ganzen wirksamen Verfassung und daher den gemäß dieser Verfassung tatsächlich gesetzten, im großen und ganzen wirksamen Normen entsprechen soll. [...]

In dem die Geltung einer Rechtsordnung begründenden normativen Syllogismus bildet der die Grundnorm aussagende Soll-Satz: Man soll sich der tatsächlich gesetzten und wirksamen Verfassung gemäß verhalten, den Obersatz; der die Tatsache aussagende Seins-Satz: die Verfassung wurde tatsächlich gesetzt und ist wirksam, das heißt: die ihr gemäß gesetzten Normen werden im großen und ganzen angewendet und befolgt, den Untersatz; und der Soll-Satz: man soll sich der Rechtsordnung gemäß verhalten, das heißt: die Rechtsordnung gilt, den Schlußsatz. Die Normen einer positiven Rechtsordnung gelten, *weil* die die Grundregel ihrer Erzeugung bildende Grundnorm als gültig vorausgesetzt wird, nicht weil sie wirksam sind; aber sie gelten nur, *wenn,* das heißt nur solange als diese Rechtsordnung wirksam ist. Sobald die Verfassung, und das heißt die auf ihrer Grundlage gesetzte Rechtsordnung als Ganzes ihre Wirksamkeit verliert, verlieren die Rechtsordnung und damit jede einzelne ihrer Normen ihre Geltung.

[...] Eine Rechtsordnung wird als gültig angesehen, wenn ihre Normen *im großen und ganzen* wirksam sind, das heißt tatsächlich befolgt und angewendet werden. (S. 219)

### 2.1.3. Aufgabenvorschläge

2.1.3.1. *Erläutern Sie die verschiedenen Bedeutungen, die das Wort „Norm" im allgemeinen Sprachgebrauch besitzt! In welcher dieser Bedeutungen wird der Begriff bei Kelsen verwandt?*

2.1.3.2. *Stellt das Bonner Grundgesetz die Grundnorm im Sinne Kelsens für die Bundesrepublik Deutschland dar?*

2.1.3.3. *Wäre der von einem Diktator erlassene, von Heer und Verwaltung durchgeführte Befehl, alle über 50 Jahre alten männlichen Einwohner eines Staates zu töten, geltendes Recht im Sinne der „Reinen Rechtslehre"?*

## 2.2. Rechtsphilosophischer Relativismus

Text aus: Radbruch, Gustav: Rechtsphilosophie. Stuttgart: K. F. Koehler [8]1973 S. 96–100, S. 143–148, S. 164–166, S. 175–176, S. 177–179, S. 344–346, Zwischentitel neu, ohne Fußnoten (außer 2.2.2.2.).

### 2.2.1. Texteinleitung

Gustav Radbruch wurde am 21. 11. 1878 in Lübeck geboren. Seine Interessen galten nicht nur der Rechtswissenschaft, sondern auch künstlerischen und politischen Fragen. Als Schüler des bedeutenden Strafrechtlers Franz von Liszt 1903 in Heidelberg habilitiert, lehrte er später an den Universitäten Königsberg und Kiel, seit 1926 wieder in Heidelberg Strafrecht und Rechtsphilosophie. 1920 wurde er als Abgeordneter der SPD in den Reichstag gewählt und war 1921/22 und nochmals 1923 in den Kabinetten Wirth und Stresemann Reichsjustizminister. In diesem Amt hat er den im Jahre 1922 vorgelegten amtlichen Entwurf für ein neues Strafgesetzbuch entscheidend beeinflußt. Im Jahre 1933 wurde er wegen „politischer Unzuverlässigkeit" aus seinem Heidelberger Lehramt entlassen, in das er 1945 wieder zurückkehren konnte. Am 23. 11. 1949 starb er in Heidelberg.

Die Texte geben zunächst in knapper Zusammenfassung die Grundgedanken der im wesentlichen schon vor dem Ersten Weltkrieg entwickelten Lehren Radbruchs wieder. Ihre methodischen Prinzipien sind unter neukantianischem Einfluß der Dualismus von Sein und Sollen sowie der Relativismus (Hans Kelsen, 2.1. und Max Weber, 3.1.).

Das Recht gehört danach weder allein zur Sphäre des realen Seins noch zu der des Sollens. Es ist vielmehr eine Erscheinung der Kultur, die ein „Zwischengebilde" zwischen realer Gegebenheit und Wert, zwischen Natur und Idee darstellt. Recht ist wertbezogene Wirklichkeit, und zwar diejenige Wirklichkeit, die den Sinn hat, der Rechtsidee zu dienen. Als Elemente dieser Rechtsidee nennt Radbruch neben der Gerechtigkeit die Zweckmäßigkeit und die Rechtssicherheit.

Nach relativistischer Auffassung, die Radbruch in Anlehnung vor allem an Max Weber entwickelt, sind die letzten Werturteile wissenschaftlichem Beweis nicht zugänglich, sondern haben Bekenntnischarakter. Die Entscheidung zwischen rivalisierenden Rechtsauffassungen vermag daher die wissenschaftliche Rechtsphilosophie nicht zu treffen. Sie kann nur eine „Topik der möglichen Rechtsauffassungen" entwickeln. Radbruch unterscheidet je nachdem, ob man die Einzelpersönlichkeit, Gesamtpersönlichkeiten oder menschliche Werke für den höchsten Wert hält, drei verschiedene Rechtsauffassungen: die individualistische, die überindividualistische und die transpersonale. Als deren jeweils letzte Ziele nennt er schlagwortartig zusammengefaßt: Freiheit, Nation und Kultur.

Über das Element der Zweckmäßigkeit, das Radbruch nicht nur als instrumentales, sondern den sachlichen Rechtsinhalt bestimmendes Prinzip versteht, finden sie Eingang in die Rechtsidee. Ihre Richtigkeit für alle verbindlich zu beurteilen, ist nach relativistischer Ansicht unmöglich. Da die Ordnung des menschlichen Zusammenlebens aber nicht der relativistischen Bescheidung und damit den verschiedenen Ansichten der einzelnen überlassen bleiben kann, müssen im Interesse der Rechtssicherheit, die damit unter den Bestandteilen der Rechtsidee an die erste Stelle rückt, Wille und Macht es übernehmen, festzusetzen, was als Recht gelten soll. Damit scheint der Relativismus das Recht an die Macht auszuliefern. Die Kritik hat ihm eine Verklärung der Gewalt vorgeworfen.

Radbruch sucht (2.2.2.7.) dieses Ergebnis in einem – wie er selbst in ähnlichem Zusammenhang gesagt hat – ,,vielgewundenen Gedankengang" zu korrigieren. Der Vorrang der Rechtssicherheit und damit der Macht dürfe nicht das letzte Wort der Rechtsphilosophie bleiben. Die restlose Geltung allen gesetzten Rechts sei jedem einzelnen gegenüber nicht zu erweisen. Der Richter freilich soll – offenbar auch in seinem Gewissen – ganz an den ,,autoritativen Rechtsbefehl" gebunden sein und, wie später in der Auseinandersetzung mit dem Positivismus viel zitiert, nur fragen, was Rechtens ist und niemals, ob es auch gerecht sei.

Unter dem Eindruck des ,,gesetzlichen Unrechts" während des NS-Regimes hat Radbruch seine Ansichten modifiziert (2.2.2.8.). Radbruch bekennt sich zur Unverzichtbarkeit eines überpositiven Rechtes. Die Rechtssicherheit ist nicht mehr der allein ausschlaggebende Wert. Eine Grenze liegt dort, wo der Widerspruch des positiven Gesetzes zur Gerechtigkeit ein unerträgliches Maß erreicht. Die von Radbruch zur Umschreibung dieser Grenze entwickelten Formeln haben auch Eingang in die Rechtsprechung der Gerichte während der Nachkriegszeit gefunden.

### 2.2.2. Texte

#### 2.2.2.1. Die Aufgabe der Rechtsphilosophie

Sollenssätze sind nur durch andere Sollenssätze begründbar und beweisbar. Eben deshalb sind die letzten Sollenssätze unbeweisbar, axiomatisch, nicht der Erkenntnis, sondern nur des Bekenntnisses fähig. Wo also entgegengesetzte Behauptungen über die letzten Sollenssätze, entgegengesetzte Wert- und Weltanschauungen einander streitend gegenübertreten, kann zwischen ihnen nicht mehr mit wissenschaftlicher Eindeutigkeit entschieden werden. Die wissenschaftliche Wertbetrachtung – so hat man gesagt – vermag zwar zu lehren, was man kann und was man will, nicht aber, was man soll. Wissenschaft kann auf dem Gebiete des Sollens, genauer gesprochen, ein Dreifaches leisten:

Erstens kann sie die zur Verwirklichung des gesollten Ziels notwendigen Mittel ermitteln. Freilich nennen wir die Anleitung zur Wahl der richtigen Mittel für ein rechtliches Ziel nicht Rechtsphilosophie, sondern Rechtspolitik. Die Erwägung der durch ein Rechtsziel bedingten Mittel kann aber nicht nur solcherart sein, daß nach der Weise der Rechtspolitik vom Ziele her ausgeblickt wird auf die Mittel, sondern daß umgekehrt von den Mitteln her zurückgeblickt wird auf das Ziel, d. h. die Tragweite des Ziels durch die Aufzeigung der dafür unerläßlichen Mittel und der mit ihnen unvermeidlich verbundenen Nebenwirkungen erst voll in das Bewußtsein erhoben wird. Solche Erwägung der Mittel zum Zwecke der Klärung des durch sie zu verwirklichenden rechtlichen Ziels aber ist Rechtsphilosophie.

Es ist zweitens Aufgabe der Rechtsphilosophie, das rechtliche Werturteil nicht nur bis in die fernsten Mittel seiner Verwirklichung hinab zu durchdenken, sondern es auch in entgegengesetzter Richtung klarzulegen bis zu seinen letzten weltanschaulichen Voraussetzungen hinauf. Die Rechtsphilosophie stellt die kantisch formulierte Frage: Wie ist dieses einzelne rechtliche Werturteil möglich, d. h. welche Voraussetzungen anzuerkennen ist man genötigt, um folgerichtig dieses Werturteil fällen zu dürfen? Wie der Paläontologe aus einem Knochenrest das ganze Knochengerüst eines vorzeitlichen Lebewesens zu rekonstruieren sucht, so hat der Rechtsphilosoph aus einer einzelnen rechtlichen Wertung das ganze Wertsystem zu entwickeln, durch das sie bedingt ist. Wie jene Erwägung nicht um der Mittel, so wird aber auch diese nicht um der Voraussetzungen willen vollzogen, sondern um der rechtlichen Wertung willen, die durch sie bedingt wird. Es soll dem Wertenden ins Bewußtsein erhoben werden, daß er, indem er ein bestimmtes rechtliches Sollensziel billigt, nicht nur die mit kausaler Notwendigkeit damit verbundenen Mittel, sondern auch die mit logischer Notwendigkeit damit verbundenen allgemeineren Wertungen nicht abzulehnen vermag; es soll ihm nach beiden Richtungen die volle Einsicht in die Tragweite jenes Ziels verschafft werden.

Eben dadurch ergibt sich schließlich die Möglichkeit, die überhaupt denkmöglichen letzten Voraussetzungen und damit alle Ausgangspunkte rechtlicher Wertung systematisch zu entwickeln, die Systeme rechtlicher Wertung in ihrem Gegensatz und in ihrer Verwandtschaft erschöpfend darzustellen, im Rahmen einer Topik der überhaupt möglichen Weltanschauungen eine Topik der möglichen Rechtsauffassungen zu entwerfen und so zwar nicht *das* System der Rechtsphilosophie, aber die vollständige Systematik ihrer möglichen Systeme zu geben. (S. 96–97)

### 2.2.2.2. Relativistische Rechtsphilosophie

Freilich, die Wahl zwischen den aus den entgegengesetzten letzten Voraussetzungen systematisch entwickelten Rechtsauffassungen vermag die relativistische Rechtsphilosophie dem einzelnen nicht abzunehmen. Sie beschränkt sich darauf, ihm die Möglichkeiten der Stellungnahme erschöpfend vorzulegen, überläßt aber seine Stellungnahme selbst seinem aus der Tiefe der Persönlichkeit geschöpften Entschlusse – keineswegs also seinem Belieben, vielmehr seinem Gewissen. Sie übt diese Selbstbeschränkung, weil sie in bezug auf die letzten Werturteile ein Ignorabimus sprechen zu müssen glaubt. Aber auch wenn nur ein Ignoramus geboten wäre, würde sie bei ihrer Methode verharren in der Meinung, dem Genius, der einstmals mit wissenschaftlicher Eindeutigkeit zwischen den möglichen Weltanschauungen zu entscheiden fähig wäre, durch deren systematische Entwicklung wenigstens nützliche Vorarbeit geleistet zu haben.

Die hier dargelegte Methode nennt sich *Relativismus,* weil sie die Richtigkeit jedes Werturteils nur in Beziehung zu einem bestimmten obersten Werturteil, nur im Rahmen einer bestimmten Wert- und Weltanschauung, nicht aber die Richtigkeit dieses Werturteils, dieser Wert- und Weltanschauung selbst festzustellen sich zur Aufgabe macht[1].

---

[1] Die bedeutendsten Vertreter des Relativismus sind *Georg Jellinek* (Allgemeine Staatslehre, 3. Auflage 5. Neudruck, 1929); *Max Weber* (Ges. Aufsätze zur Wissenschaftslehre 1922; vgl. auch *Marianne Weber*, M. Weber, 1926, S. 328ff) und *Hans Kelsen* (Allgemeine Staatslehre, 1925, S. 38f., 369ff.). Dem Verfasser ist diese seine Grundanschauung im Gedankenaustausch mit dem Manne erwachsen, dem dieses Buch gewidmet ist; vgl. neben vielfältigen anderweitigen Äußerungen *Kantorowicz*, Zur Lehre vom richtigen Recht 1909.

Der Relativismus gehört aber der theoretischen, nicht der praktischen Vernunft an. Er bedeutet Verzicht auf die wissenschaftliche Begründung letzter Stellungnahmen, nicht Verzicht auf die Stellungnahme selbst. (S. 98–100)

### 2.2.2.3. Werkwert und Individualwert

Es gibt im ganzen Bereich der Erfahrungswelt nur drei Arten von Gegenständen, die absoluter Werthaftigkeit fähig sind: menschliche Einzelpersönlichkeiten, menschliche Gesamtpersönlichkeiten, menschliche Werke. Wir können nach Maßgabe dieser ihrer Substrate drei Arten von Werten unterscheiden: *Individualwerte, Kollektivwerte* und *Werkwerte*. Individualwert ist die ethische Persönlichkeit. Ethischer Art ist aber auch der Wert, dessen Gesamtpersönlichkeiten fähig sind, falls man solche anerkennt. Der ästhetische und der logische Wert offenbaren sich in den Werken der Wissenschaft und der Kunst als Werkwerte.

Daß man nun allen diesen Werten gleichermaßen zu dienen nicht in der Lage ist, läßt sich leicht zeigen. „Persönlichkeit auf wissenschaftlichem Gebiet hat nur der, der rein der Sache dient. Und nicht nur auf wissenschaftlichem Gebiete ist es so. Wir kennen keinen großen Künstler, der je etwas anderes getan hätte als seiner Sache und nur ihr zu dienen." *Die Werkwerte fordern also das Gegenteil dessen, was die Individualwerte verlangen:* nicht Persönlichkeit, sondern Sachlichkeit. Im Bereiche des Individualwerts der sittlichen Persönlichkeit gilt eine „Gesinnungsethik", z.B. Wahrheit um jeden Preis, im Bereiche der Kollektivwerte eine „Verantwortungsethik", z.B. diplomatische Lüge um des Allgemeinwohls willen. *Die Kollektivwerte fordern also das Gegenteil dessen, was die Individualwerte verlangen.* [...] Schließlich bestehen zwischen gesamtpersönlichem Machtzweck und dem Kulturzweck kaum lösbare Spannungen. [...]

Es heißt also sich entscheiden, ob man den Individual-, den Kollektiv- oder den Werkwerten in der Rangordnung der Werte die erste Stelle einräumen will. Je nach der Entscheidung, je nach der Abzielung der Lebensanschauung und insbesondere der Rechts- und Staatsauffassung auf die eine oder die andere dieser Wertgruppen unterscheiden wir *individualistische, überindividualistische* und gänzlich *transpersonale* Auffassungen. (S. 143–145)

### 2.2.2.4. Individualistische Rechtsphilosophie und Vertragstheorie

Für die individualistische Auffassung stehen Werkwerte und Kollektivwerte im Dienste der Persönlichkeitswerte. Kultur ist nur Mittel persönlicher Bildung. Staat und Recht sind nur Einrichtungen zur Sicherung und Förderung der einzelnen.

Für die überindividualistische Auffassung stehen Persönlichkeitswerte und Werkwerte im Dienste der Kollektivwerte, Sittlichkeit und Kultur im Dienste von Staat und Recht.

Für die transpersonale Auffassung stehen Persönlichkeitswerte und Kollektivwerte im Dienste der Werkwerte, stehen Sittlichkeit wie Recht und Staat im Dienste der Kultur.

Die letzten Ziele sind, schlagwortmäßig zusammengefaßt, für die individualistische Auffassung: *Freiheit*, für die überindividualistische Auffassung: *Nation*, für die transpersonale Auffassung: *Kultur*.

Recht und Staat sind für die individualistische Auffassung Beziehungen zwischen den einzelnen, für die überindividualistische Auffassung ein Ganzes über den einzelnen, für die transpersonale Auffassung gemeinschaftliche Beziehungen der einzelnen zu etwas außerhalb ihrer selbst, zu ihrer gemeinsamen Arbeit, ihrem gemeinsamen Werk.

Die überindividualistische Lehre veranschaulicht ihre Auffassung von Staat und Rechtsgemeinschaft mit dem Bilde des *Organismus*: wie im menschlichen Leibe so sei auch in einem guten Staate nicht das Ganze um der Glieder willen da, sondern die Glieder um des Ganzen willen.

Die individualistische Auffassung bedient sich zu ihrer Veranschaulichung des Bildes vom *Vertrage*. Wie die Lehre vom Organismus, so gilt die Lehre vom Vertrage nicht dem wirklichen Staat. Sie will nicht behaupten, daß die *wirklichen* Staaten im Wege des Vertrages zweckbewußt geschaffen seien, vielmehr nur, daß ein *richtiger* Staat sich als durch einen Vertrag seiner Mitglieder entstanden denken lassen muß. Der Vertrag „ist keineswegs als ein Faktum vorauszusetzen nötig", „sondern er ist eine bloße Idee der Vernunft, die aber ihre unbezweifelte praktische Realität hat, nämlich jeden Gesetzgeber zu verbinden, daß er seine Gesetze so gebe, als sie aus dem vereinigten Willen eines ganzen Volkes haben entspringen *können*, und jeden Untertan, sofern er Bürger sein will, so anzusehen, *als ob* er zu einem solchen Willen mit zugestimmt habe. Denn das ist der Probierstein der Rechtmäßigkeit eines jeden öffentlichen Gesetzes" (Kant). Die Vertragstheorie erklärt also den Staat für gerechtfertigt nicht *weil*, sondern *wenn* er sich als durch Vertrag entstanden denken läßt, *weil* er nämlich nur dann als im Interesse jedes seiner Mitglieder gelegen angesehen werden kann. Man muß deshalb überall, wo die Vertragstheorie den Ausdruck „Wille" gebraucht, den dadurch verbildlichten Ausdruck „Interesse" einsetzen, wenn man die Vertragstheorie richtig verstehen will.

Die transpersonale Auffassung schließlich braucht nicht selten das Gleichnis eines *Baus*, in dem die Bauleute weder durch ein Ganzes, das sie umfaßt, noch durch unmittelbare Beziehungen, die sie verknüpfen, verbunden sind, sondern durch die gemeinsame Arbeit, die sie tun, und das gemeinsame Werk, das daraus entstehen soll. (S. 147–148)

### 2.2.2.5. Gerechtigkeit und Rechtssicherheit

Die Rechtsidee fanden wir in der *Gerechtigkeit* und bestimmten das Wesen der Gerechtigkeit, der austeilenden Gerechtigkeit, als Gleichheit, gleiche Behandlung gleicher, entsprechend ungleiche Behandlung verschiedener Menschen und Verhältnisse. An der Gerechtigkeit vermochten wir zwar den Rechtsbegriff zu orientieren, aber nicht den erschöpfenden Leitgedanken für die Ableitung des Rechtsinhalts zu gewinnen. Denn Gerechtigkeit weist uns zwar an, Gleiche gleich, Ungleiche ungleich zu behandeln, sagt uns aber nichts über den Gesichtspunkt, unter dem sie zunächst einmal als gleich oder ungleich zu kennzeichnen seien; sie bestimmt ferner nur das Verhältnis, aber nicht die Art der Behandlung. Beide Fragen können nur aus dem Zwecke des Rechts beantwortet werden. Neben die Gerechtigkeit trat damit als zweiter Bestandteil der Rechtsidee die *Zweckmäßigkeit*. Nun ließ sich aber die Frage nach Zweck und Zweckmäßigkeit nicht eindeutig beantworten, sondern nur relativistisch durch die systematische Entwicklung der verschiedenen Rechts- und Staats-, der verschiedenen Parteiauffassungen. Dieser Relativismus kann aber nicht das letzte Wort der Rechtsphilosophie bleiben. Das Recht als Ordnung des Zusammenlebens kann nicht den Meinungsverschiedenheiten der einzelnen überlassen bleiben, es muß *eine* Ordnung über allen sein.

Damit tritt uns eine dritte ebenbürtige Forderung an das Recht, ein dritter Bestandteil der Rechtsidee entgegen, die *Rechtssicherheit*. Die Sicherheit des Rechts fordert Positivität des Rechts: wenn nicht festgestellt werden kann, was gerecht ist, so muß fest*gesetzt* werden, was Rechtens sein soll, und zwar von einer Stelle, die, was sie festsetzt, auch *durch*zusetzen in der Lage ist. Die Positivität des Rechts wird damit in höchst merkwürdiger Weise selbst zur Voraussetzung seiner Richtigkeit: es gehört ebensosehr zum Begriffe des richtigen Rechts, positiv zu sein, wie es Aufgabe des positiven Rechts ist, inhaltlich richtig zu sein.

Von den drei Bestandteilen der Rechtsidee gilt für die zweite, die Zweckmäßigkeit, die relativistische Selbstbescheidung. Die andern beiden aber, Gerechtigkeit wie Rechtssicherheit, stehen über den Gegensätzen der Rechts- und Staatsauffassungen, über dem Kampfe der Parteien. *Daß* dem Streite der Rechtsansichten ein Ende gesetzt werde, ist wichtiger, als daß ihm ein *gerechtes* und *zweckmäßiges* Ende gesetzt werde, das Dasein einer Rechtsordnung wichtiger als ihre Gerechtigkeit und Zweckmäßigkeit, diese die zweite große Aufgabe des Rechts, die erste von allen gleichermaßen gebilligte aber die Rechtssicherheit, d. h. die Ordnung, der Friede. Auch der Forderung der Gerechtigkeit unterstellen sich alle gleichermaßen. Der gesamte politische Tageskampf stellt sich als eine endlose Diskussion über die Gerechtigkeit dar. Anderen vorzuenthalten, was er selbst beansprucht, anderen gewähren zu müssen, was er selbst sich nimmt, für sich nicht fordern zu dürfen, was sonst auch ein anderer fordern könnte: das ist die Art der Vorwürfe, Forderungen und Widerlegungen, die zwischen dem Politiker und seinem politischen Gegenüber wie Federbälle unaufhörlich hin und wider fliegen; die stillschweigende Voraussetzung davon aber bei allen streitenden Teilen, daß, was dem einen recht ist, dem andern billig sein müsse – d. h. aber die Idee der Gerechtigkeit. Die Idee der Gerechtigkeit ist absolut, zwar formal, aber dafür allgemeingültig. Wie die Rechtssicherheit ist sie eine überparteiliche Forderung – aber von der Staats- und Rechtsauffassung, von der Parteistellung abhängig ist es, inwieweit diese Forderungen den andern Forderungen an das Recht voranzugehen oder nachzustehen haben, inwieweit die Zweckmäßigkeit oder Gerechtigkeit des Rechts der Rechtssicherheit oder umgekehrt die Rechtssicherheit ihnen aufzuopfern sei. Allgemeingültige Elemente der Rechtsidee sind Gerechtigkeit und Rechtssicherheit, relativistisches Element aber nicht nur die Zweckmäßigkeit selbst, sondern auch das Rangverhältnis der drei Elemente zueinander. (S. 164–166)

### 2.2.2.6. Recht und Macht

Die Ordnung des Zusammenlebens kann den Rechtsanschauungen der zusammenlebenden einzelnen nicht überlassen bleiben, da diese verschiedenen Menschen möglicherweise entgegengesetzte Weisungen erteilen, muß vielmehr durch eine überindividuelle Stelle eindeutig geregelt werden. Da aber nach relativistischer Ansicht Vernunft und Wissenschaft diese Aufgabe zu erfüllen außerstande sind, so muß der Wille und die Macht sie übernehmen. Vermag niemand festzustellen, was gerecht ist, so muß jemand festsetzen, was Rechtens sein soll, und soll das gesetzte Recht der Aufgabe genügen, den Widerstreit entgegengesetzter Rechtsanschauungen durch einen autoritativen Machtspruch zu beenden, so muß die Setzung des Rechts einem Willen zustehen, dem auch eine Durchsetzung gegenüber jeder widerstrebenden Rechtsanschauung möglich ist. Wer Recht durchzusetzen vermag, beweist damit, daß er Recht zu setzen berufen ist. Umgekehrt: Wer nicht Macht genug hat, einen jeden im Volke gegen den andern zu schützen, hat auch nicht das Recht, ihm zu befehlen (Kant). (S. 175–176)

### 2.2.2.7. Recht und Rechtsgeltung

Aber das darf nicht das letzte Wort der Rechtsphilosophie über die Geltungsfrage bleiben. Dargetan ist nur, daß auch Rechtssicherheit ein Wert ist und daß die durch das positive Recht gewährte Rechtssicherheit auch die Geltung ungerechten und unzweckmäßigen Rechts rechtfertigen kann. Nicht dargetan ist der unbedingte Vorrang der durch jedes positive Recht erfüllten Forderung der Rechtssicherheit vor den von ihm vielleicht unerfüllt gelassenen Forderungen der Gerechtigkeit und der Zweckmäßigkeit. Die drei Seiten der Rechtsidee sind gleichwertig, und in Fällen eines Widerstreits gibt es zwischen ihnen keine Entscheidung als die des Einzelgewissens. Die restlose Geltung alles positiven Rechts ist also jedem einzelnen gegenüber nicht zu erweisen.
[...]

Der *Richter*, der Auslegung und dem Dienste der positiven Rechtsordnung untertan, hat keine andere als die juristische Geltungslehre zu kennen, die den Geltungssinn, den Geltungsanspruch des Gesetzes der wirklichen Geltung gleich achtet. Für den Richter ist es Berufspflicht, den Geltungswillen des Gesetzes zur Geltung zu bringen, das eigene Rechtsgefühl dem autoritativen Rechtsbefehl zu opfern, nur zu fragen, was Rechtens ist, und niemals, ob es auch gerecht sei. Man möchte freilich fragen, ob diese Richterpflicht selbst, dieses sacrificium intellectus, diese Blankohingabe der eigenen Persönlichkeit an eine Rechtsordnung, deren künftige Wandlungen man nicht einmal ahnen kann, sittlich möglich sei. Aber wie ungerecht immer das Recht seinem Inhalt nach sich gestalten möge – es hat sich gezeigt, daß es *einen* Zweck stets, schon durch sein Dasein, erfüllt, den der Rechtssicherheit. Der Richter, indem er sich dem Gesetze ohne Rücksicht auf seine Gerechtigkeit dienstbar macht, wird also trotzdem nicht bloß zufälligen Zwecken der Willkür dienstbar. Auch wenn er, weil das Gesetz es so will, aufhört, Diener der Gerechtigkeit zu sein, bleibt er noch immer Diener der Rechtssicherheit. Wir verachten den Pfarrer, der gegen seine Überzeugung predigt, aber wir verehren den Richter, der sich durch sein widerstrebendes Rechtsgefühl in seiner Gesetzestreue nicht beirren läßt; denn das Dogma hat nur als Ausdruck des Glaubens, das Gesetz aber nicht nur als Niederschlag der Gerechtigkeit seinen Wert, sondern auch als Bürgschaft der Rechtssicherheit, und vornehmlich als solches ist es in die Hand des Richters gegeben. Ein gerechter Mann gilt mehr als ein nur rechtlicher, nur gesetzestreuer Mann, von „rechtlichen" Richtern aber pflegen wir nicht zu reden, sondern nur von „gerechten Richtern", denn ein rechtlicher Richter ist eben dadurch und nur dadurch auch schon ein gerechter Richter.

Aber dem Richter, der im Gewissen gebunden ist, alles gesetzte Recht als geltend zu betrachten, kann ein Angeklagter gegenüberstehen, den sein Gewissen bindet, ungerechtes oder unzweckmäßiges Recht als ungültig zu betrachten, obgleich es gesetzt ist. Das Recht kann ihm gegenüber seine Macht bewähren, aber seine Geltung niemals beweisen. (S. 177–179)

#### 2.2.2.8. Gesetz und Gerechtigkeit

Der Positivismus hat in der Tat mit seiner Überzeugung „Gesetz ist Gesetz“ den deutschen Juristenstand wehrlos gemacht gegen Gesetze willkürlichen und verbrecherischen Inhalts. Dabei ist der Positivismus gar nicht in der Lage, aus eigener Kraft die Geltung von Gesetzen zu begründen. Er glaubt, die Geltung eines Gesetzes schon damit erwiesen zu haben, daß es die Macht besessen hat, sich durchzusetzen. Aber auf Macht läßt sich vielleicht ein Müssen, aber niemals ein Sollen und Gelten gründen. Dieses läßt sich vielmehr nur gründen auf einen Wert, der dem Gesetz innewohnt. Freilich: *einen* Wert führt schon jedes positive Gesetz ohne Rücksicht auf seinen Inhalt mit sich: es ist immer noch besser als kein Gesetz, weil es zum mindesten Rechtssicherheit schafft. Aber Rechtssicherheit ist nicht der einzige und nicht der entscheidende Wert, den das Recht zu verwirklichen hat. Neben die Rechtssicherheit treten vielmehr zwei andere Werte: Zweckmäßigkeit und Gerechtigkeit. In der Rangordnung dieser Werte haben wir die Zweckmäßigkeit des Rechts für das Gemeinwohl an die letzte Stelle zu setzen. Keineswegs ist Recht alles das, „was dem Volke nützt“, sondern dem Volke nützt letzten Endes nur, was Recht ist, was Rechtssicherheit schafft und Gerechtigkeit erstrebt. Die Rechtssicherheit, die jedem positiven Gesetz schon wegen seiner Positivität eignet, nimmt eine merkwürdige Mittelstellung zwischen Zweckmäßigkeit und Gerechtigkeit ein: sie ist einerseits vom Gemeinwohl gefordert, andererseits aber auch von der Gerechtigkeit. Daß das Recht sicher sei, daß es nicht heute und hier so, morgen und dort anders ausgelegt und angewandt werde, ist zugleich eine Forderung der Gerechtigkeit. Wo ein Widerstreit zwischen Rechtssicherheit und Gerechtigkeit, zwischen einem inhaltlich anfechtbaren, aber positiven Gesetz und zwischen einem gerechten, aber nicht in Gesetzesform gegossenen Recht entsteht, liegt in Wahrheit ein Konflikt der Gerechtigkeit mit sich selbst, ein Konflikt zwischen scheinbarer und wirklicher Gerechtigkeit vor. Diesen Konflikt bringt großartig das Evangelium zum Ausdruck, indem es einerseits befiehlt: „Seid untertan der Obrigkeit, die Gewalt über euch hat“, und doch andererseits gebietet, „Gott mehr zu gehorchen als den Menschen“. Der Konflikt zwischen der Gerechtigkeit und der Rechtssicherheit dürfte dahin zu lösen sein, daß das positive, durch Satzung und Macht gesicherte Recht auch dann den Vorrang hat, wenn es inhaltlich ungerecht und unzweckmäßig ist, es sei denn, daß der Widerspruch des positiven Gesetzes zur Gerechtigkeit ein so unerträgliches Maß erreicht, daß das Gesetz als „unrichtiges Recht“ der Gerechtigkeit zu weichen hat. Es ist unmöglich, eine schärfere Linie zu ziehen zwischen den Fällen des gesetzlichen Unrechts und den trotz unrichtigen Inhalts dennoch geltenden Gesetzen, eine andere Grenzziehung aber kann mit aller Schärfe vorgenommen werden: Wo Gerechtigkeit nicht einmal erstrebt wird, wo die Gleichheit, die den Kern der Gerechtigkeit ausmacht, bei der Setzung positiven Rechts bewußt verleugnet wurde, da ist das Gesetz nicht etwa nur „unrichtiges Recht“, vielmehr entbehrt es überhaupt der Rechtsnatur. Denn man kann Recht, auch positives Recht, gar nicht anders definieren denn als eine Ordnung und Satzung, die ihrem Sinn nach bestimmt ist, der Gerechtigkeit zu dienen. (S. 344–346)

### 2.2.3. Aufgabenvorschläge

2.2.3.1. *Erklären Sie, welche Aufgaben die Rechtsphilosophie hat und welche Beziehungen dazwischen bestehen.*

2.2.3.2. *Was versteht Radbruch unter Relativismus in der Rechtsphilosophie?*

2.2.3.3. *Welchen Wert hat für Radbruch die Rechtssicherheit? Vergleichen Sie dazu die verschiedenen Texte und zeigen Sie die Entwicklung seiner Bewertung auf.*

## 2.3. Materiale Wertethik in der Rechtsphilosophie

Text aus: Coing, Helmut: Rechtsphilosophie. Berlin: de Gruyter 1950, S. 147–148, S. 165–167, S. 170–172, S. 176–177, S. 184–185, Zwischentitel neu, ohne Fußnoten.

### 2.3.1. Texteinleitung

Helmut Coing, am 28. 2. 1912 in Celle geboren, ist seit 1948 Professor in Frankfurt und Direktor des Max-Planck-Instituts für Europäische Rechtsgeschichte. Sein Hauptarbeitsgebiet bildet die zivilrechtliche Dogmatik auf der Grundlage historischer und rechtsphilosophischer Betrachtung.

Coing hat nach dem zweiten Weltkrieg die Wiederbegründung eines Naturrechts als einer Summe oberster Rechtsgrundsätze versucht.

Er geht von einer überempirischen Vernunftordnung aus, von der verpflichtenden Idee des Guten. Die Rechtsidee ist ein Teil von ihr; sie ist die Summe der sittlichen Gehalte, die wesensgemäß mit dem Recht verbunden sind.

Zwar gibt es für den Menschen keine vollständige Einsicht in sittliche Zusammenhänge, doch sind nach Coing über bloß Formales hinaus Einsichten möglich, die bestimmte materielle Inhalte des Rechts als sittlich notwendig erweisen. Das Kernstück des Naturrechts sieht Coing in den Menschenrechten, die in der Würde des Menschen als sittlicher Person wurzeln.

Die einzelnen Ableitungen, die Coing vornimmt, führen im wesentlichen zum Sachgehalt der Grundrechte, wie sie sich historisch in den Verfassungen der letzten 150 Jahre entwickelt haben. Es sind wie bei allen naturrechtlichen Ableitungen offenbar auch hier keine zeitlosen Einsichten in die Natur des Menschen, sondern durchaus akzeptable oder jedenfalls diskutable, konkrete rechtspolitische Postulate. Bemerkenswert erscheint unter ihnen vor allem der Gesichtspunkt der sog. ,,justitia protectiva": unbeschränkte Macht widerspricht der Idee des Rechtes. Alle Macht von Menschen über Menschen muß begrenzt sein.

Die folgenden Texte sind der ersten Auflage der ,,Grundzüge der Rechtsphilosophie" aus dem Jahre 1950 entnommen. In einer zweiten Auflage dieses Buches (1969) hat Coing im wesentlichen an seinen Thesen festgehalten, die zunächst vorhandene enge Anlehnung an die materiale Wertethik Max Schelers und Nicolai Hartmanns tritt aber nicht mehr so deutlich hervor.

### 2.3.2. Texte

#### 2.3.2.1. Die Erkennbarkeit der Rechtsidee

Die Rechtsidee ist [...]die Summe der sittlichen Gehalte (Werte), die wesensgemäß mit der Ausbildung des Rechts verbunden sind. Im Mittelpunkt stehen Gerechtigkeit und Personwürde des Menschen. Die Gerechtigkeit verweist uns auf die Natur der Sache. Dadurch geht die Seinsordnung, soweit sie dem Menschen erkennbar ist, in gewissem Sinn in die Rechtsidee ein. Die Natur der Sache wird zur Norm. Auch die sittlichen Werte des Miteinanderumgehens: Zuverlässigkeit, Treue, Vertrauen und Wahrhaftigkeit sind auf die gleiche Weise mit ihr verbunden.

Unser Wissen um die so verstandene Rechtsidee ist fragmentarisch. An bestimmten Stellen schließt sich unsere Erkenntnis nicht; die Rechtsidee bleibt offen. Diese Lücke, die die Erkenntnis nicht schließen kann, muß wagendes Handeln ausfüllen, damit eine geschlossene Ordnung entstehen kann. Nur einen Rat sozusagen kann das Erkennen dem Handelnden mitgeben; es ist das „Postulat der Freiheit“: da, wo nicht mit einiger Sicherheit gerecht entschieden werden kann, die Dinge möglichst freiheitlich zu ordnen, da Freiheit der Menschenwürde eher entspricht als eine notwendig willkürliche Regelung.

Gewisse evidente Einsichten in das Wesen der Rechtsidee sind uns aber möglich. Sie geben uns die Möglichkeit, über formale Sätze hinaus bestimmte materielle Inhalte als sittlich notwendigen Inhalt des Rechts zu erweisen. Unser Wissen geht weit genug, um uns vor uferlosem Relativismus zu bewahren. Obwohl fragmentarisch, gibt es uns einen festen Anhalt. Es ist hier nicht anders als mit dem Wissen auf anderen Gebieten auch. Weder volle Erkenntnis noch gänzliches Nichtwissen ist unser Teil. (S. 147–148)

#### 2.3.2.2. Inhalt und Funktion des Naturrechts

Das Naturrecht ist als eine Summe oberster Rechtsgrundsätze zu verstehen, welche die Grundlage des positiven Kulturrechts bilden. Diese Grundsätze sind aus dem sittlichen Gehalt der Rechtsidee im Hinblick auf bestimmte, wiederkehrende Grundsituationen und Grundsachverhalte des sozialen Lebens abgeleitet. In ihren ethischen Grundlagen a priorisch, enthalten sie empirische Momente, insoweit sie auf bestimmte Situationen bezogen sind und von bestimmten Gegebenheiten der menschlichen Natur oder der Natur der Sache ausgehen. Sie gehören der Welt des Menschen an; auf sie beschränkt sich ihre Geltung. Sie bilden für uns kein geschlossenes System und keine geschlossene Ordnung, da uns die Rechtsidee nicht voll erkennbar ist.

In den Naturrechtssätzen erkennen und formulieren wir einen eigenartigen Sachzusammenhang in der Welt des Menschen, der uns bei dem Versuch, eine gerechte soziale Ordnung zu schaffen, entgegentritt. Wir formulieren in ihnen bestimmte ethische Gehalte und Gegebenheiten des sozialen Lebens, die in der Sozialordnung zur Auswirkung kommen. Das Naturrecht bildet insofern – neben der Ethik – einen selbständigen, eigenartigen Bereich des idealen Seins. Er liegt – bildlich gesprochen – zwischen den ethischen Inhalten der Rechtsidee und den Gesetzlichkeiten des sozialen Lebens. Ähnlich wie das Reich des Ethischen hat sich auch die Welt des Naturrechts als des eigentlich Rechtlichen der menschlichen Erkenntnis erst allmählich – und wie gezeigt noch nicht endgültig – erschlossen. Die Erforschung dieses Bereichs ist nur zum geringeren Teil das Werk der Naturrechtslehre oder der Rechtsphilosophie gewesen. Die eigentlichen Erforscher dieser Region sind die Praktiker, die Gesetzgeber und Richter, die seit Jahrtausenden immer von neuem versucht haben, zu erkennen, was – im Einzelfall oder im allgemeinen – gerecht und sachgemäß wäre. Jedes gelungene, d. h. an der Gerechtigkeit orientierte Gesetz, jedes sachgemäße Urteil ist zugleich ein Stück erkanntes und positiviertes Naturrecht. Die Naturrechtslehre hat aus ihren Erkenntnissen im großen und ganzen nur die Summe gezogen. Das ist ein durchaus legitimes Verfahren. Die Naturrechtslehre wird immer in Rechnung ziehen müssen, was, sei es das positive Recht, sei es die philosophisch-ethische Forschung bereits an Naturrecht erkannt hat. Insofern ist die Naturrechtslehre notwendig rückwärts gewandt und an der Vergangenheit orientiert. Ihre Aufgabe ist vor allem, diese gesammelte Erkenntnis auf ihren bleibenden Gehalt zu prüfen, indem sie ihn mit den Forderungen der Rechtsidee vergleicht, und die Einzelerkenntnisse zusammenzuschließen. Damit ist zugleich gesagt, daß sie diesen Bereich nicht erschöpfend darstellen kann.

Als Sachzusammenhang im Bereich des Geistigen gehört das Naturrecht in die Welt des (idealen) Seins. Als ethisch bestimmter Sachverhalt bedeutet es zugleich eine Norm. Es ist uns aufgegeben; wir sollen es in der sozialen Ordnung verwirklichen; es ist eine sittliche Aufgabe. Insofern sind die Naturrechtssätze regulative Prinzipien für den Gesetzgeber, den Richter und jeden, der berufen ist, an der sozialen Ordnung mitzuarbeiten. Die positive Rechtsordnung soll nach ihrem Inhalt gestaltet werden. Insofern ist Naturrechtslehre zugleich Rechtspolitik und in die Zukunft gewandt.

Ihre Grundsätze sind im positiven Recht selbst lebendig. Sie bilden seine Grundlage, soweit es an der Rechtsidee orientiert ist. Sie erscheinen unmittelbar im Rahmen des positiven Rechtes, wo dieses auf sittliche Werte im besonderen (bona fides!) oder allgemeinen („gute Sitten") Bezug nimmt. Sie werden von der Rechtsprechung unter mancherlei Namen eingeführt: Billigkeit, Parteiwille, Natur der Sache. Sie dienen als allgemeine Rechtsgrundsätze zur Ausfüllung von Lücken des positiven Rechtes.[...]

Die Regeln des Naturrechts sind ein Maßstab dafür, wieweit eine historische Rechtsordnung den Anforderungen der Rechtsidee entspricht. Insofern sind sie Grenzbestimmungen. Sie lassen für die technische Ausgestaltung im einzelnen weiten Spielraum. Aber wo sie nicht beachtet werden, ist die Rechtsidee verletzt und der Verdacht der Willkür gegeben. Ein Recht, das ihnen widerspricht, hat die Rechtsidee nicht für sich; es muß überwunden werden, und wo die Verletzung willentlich geschieht, bekämpft werden.

Autorität und Geltung der Regeln des Naturrechts sind moralischer Art. Ihre Geltung reicht so weit wie die Geltung der sittlichen Werte, von denen sie abgeleitet sind. Die Macht des Staates steht ihnen nicht zur Seite. Sie können nur an das Gewissen appellieren. Insofern richten sie sich aber an jeden einzelnen. Die Sanktion des Naturrechts ist nicht staatlicher Zwang, sondern moralischer Aufruf zum Widerstand aktiver oder passiver Natur. Das naturrechtswidrige Gesetz ist moralisch unverbindlich. (S. 165–167)

### 2.3.2.3. Die Menschenrechte als Kern des Naturrechts

Das Kernstück der modernen Naturrechtslehre sind die Menschenrechte. Sie gründen sich auf die sittliche Forderung, die Würde des Menschen als sittlicher Person zu achten, welche in der Rechtsidee enthalten ist. Der Anspruch auf Achtung, der sich daraus an die Rechtsgemeinschaft und ihre Ordnung ergibt, macht das allgemeine Persönlichkeitsrecht aus und ist die Grundlage der Notwendigkeit, subjektive Rechte zuzuerkennen, überhaupt. Denn mit der Anerkennung subjektiver Rechte erkennt die Gemeinschaft an, daß es eine Lebenssphäre und daß es Güter gibt, in denen der einzelne geschützt wird und über die er nach eigener Zwecksetzung verfügen kann, ohne von der Gemeinschaft dirigiert zu werden. Sie sind Ausdruck dafür, daß die Rechtsordnung das Selbstbestimmungsrecht des einzelnen anerkennt. Indem sie subjektive Rechte anerkennt und schützt, entspricht die Rechtsordnung also dem Gebot der Rechtsidee, den Menschen als Person zu achten.

Das allgemeine Persönlichkeitsrecht fundiert eine Reihe allgemeiner rechtlicher Fähigkeiten und besonderer subjektiver Rechte. In der ersten Beziehung lassen sich folgende Sätze aufstellen:

Alle Menschen sind rechtsfähig.
Alle Menschen sind handlungsfähig.
Alle Menschen sind für ihr Tun nur dann rechtlich verantwortlich, wenn man es ihnen vorwerfen kann, sie also schuldhaft gehandelt haben.
[...]

An erster Stelle steht[...] der Schutz des Menschen in seiner körperlichen Existenz, in Leib und Leben. Leben und Gesundheit des Menschen müssen gegen Verletzungen von seiten gleichgeordneter Mitbürger wie von seiten des Staates und seiner Organe geschützt werden. Die Form des Schutzes ist eine technische Frage und kann sehr verschieden sein. Strafandrohungen für Verletzungen, Bußansprüche oder Schadenersatzansprüche kommen in Betracht.

Ein zweites elementares Grundrecht ist das Recht auf Eigentum. Es ist in diesem Zusammenhang nicht im engeren, privatrechtlichen Sinn des Sacheigentums zu verstehen, sondern im weiteren Sinn des Verfassungsrechtes, also als die allgemeine Befugnis, ökonomische Güter zu eigener Verfügung und eigenem Gebrauch unter dem Schutz der Rechtsordnung zu besitzen. Recht zu umfassendem Gebrauch und Nutzung und freie Verfügungsgewalt machen das Wesen des Eigentums aus. Die Encyclica Rerum Novarum begründet das Recht auf Eigentum mit Recht aus der vernünftigen, vorsorgenden Natur des Menschen, welche ihn vom Tier unterscheidet. Der Mensch lebt – im Gegensatz zum Tier – nicht nur im Augenblick; er lebt in die Zukunft und will für sie Vorsorge treffen. Dazu bedarf er auch der Verfügungsgewalt über materielle Mittel, die ihm das Eigentum gewährt. Daß er selbst bestimmen kann, wie und wann er die ihm gehörenden Güter nutzt und wie und wann er darüber verfügt, daran beweist sich die Achtung vor der Fähigkeit zur Selbstgestaltung des Lebens, die in der Personwürde umschlossen liegt. Ohne Eigentum ist der Mensch in seinem privatesten Bereich unfrei und abhängig. Das gilt zunächst in einem ganz elementaren Sinne. Der Zustand eines Gefangenen, der ißt, was ihm zugeteilt wird und wann es ihm befohlen ist, sich mit dem kleidet, was man ihm zuweist, ist nicht menschenwürdig.[1] Aber es gilt auch in einem weiteren Sinn. Eigentumslosigkeit bedeutet Abhängigkeit. „Wess' Brot ich ess', dess' Lied ich sing." Wieviel gekrümmtes, verdorbenes Menschentum, wieviel stille Gesinnungslosigkeit hat ihre Wurzel in materieller Abhängigkeit! Wieviel Menschen fügten sich dem Schlimmsten aus Sorge um die materielle Not ihrer Familie. Es ist eine Erfahrung der Geschichte: Wo die Völker verarmen oder wo das Eigentum nicht mehr respektiert wird, gedeihen Aufrichtigkeit und offenes Eintreten für die Überzeugung nicht mehr. Die menschliche Schwachheit und Unvollkommenheit zeigt sich hier deutlich. (S. 170–172)

### 2.3.2.4. Grundrechte als Teilhaberechte

Das letzte der klassischen Grundrechte aus der Überlieferung des 18. Jahrhunderts ist die Gleichheit (equality, égalité). Sie bedeutet in diesem Zusammenhang, daß die Grundrechte allen Menschen in gleicher Weise zukommen, daß niemand von ihnen ausgeschlossen sein darf. Das positive Recht, das sie gewährt, muß für alle gleich sein. Das entspricht der moralischen Grundtatsache der gleichmäßigen, sittlichen Berufung und Verantwortung aller Menschen. –

Moderne Grundrechtskataloge haben diesen klassischen Grundrechten eine Reihe weiterer hinzugefügt: das Recht auf Arbeit, das Recht auf Erziehung, die Freiheit von Not. Sie stehen systematisch an der Stelle, wo die alten Grundrechtskataloge von dem Recht der

---

[1] Diese Tatsache stellt den sozialen Zuständen unserer Zeit ein schlimmes Zeugnis aus. Wann gab es je so viele Gefangene auf der Erde?

„Pursuit of Happiness" sprechen. Aber sie sind etwas wesenhaft anderes. Das Recht der Pursuit of Happiness war negativ; es war ein Freiheitsrecht; niemand, auch der Staat nicht, sollte das Recht haben, jemand zu hindern, sein Glück zu suchen und zu finden. Es entsprach dem Charakter der Rechtsordnung als einer Abgrenzung der Lebenssphären. Das Recht auf Arbeit, auf Freiheit von Not und auf Erziehung aber, soweit sie nicht nur die Chance, Arbeit und Verdienst zu finden, erzogen zu werden, betreffen (also das Verbot von Vorrechten auf diesen Gebieten), ist positiv; es legt positive Ansprüche auf positive Leistungen der staatlichen Gemeinschaft fest. Es kann daher nicht durch Rechtsgestaltung allein, sondern muß durch die Verwaltung erfüllt werden. Wenn der Staat ein Recht auf Arbeit gewährt, so kann er das nur erfüllen, wenn er eine entsprechende Arbeitsverwaltung errichtet und die Wirtschaftsverwaltung selbst übernimmt: bei einer freien Marktwirtschaft kann er gar kein Recht auf den Arbeitsplatz garantieren. Diese „Grundrechte" zielen also auf bestimmte Wohlfahrtsleistungen der staatlichen Verwaltung, nicht auf eine bestimmte Gestaltung des staatlichen Rechts. Schon das zeigt, wie verschieden sie von den klassischen Grundrechten sind. Sie sind Ansprüche an die Verwaltung, nicht Forderungen an die Rechtsordnung.

Ein zweiter Gesichtspunkt kommt hinzu. Diese Rechte gründen sich auf den Gedanken der Gemeinschaft. Sie sind Grundansprüche des Menschen auf positive Förderung durch die Gemeinschaft. Solche Ansprüche gibt es. Ihre Erfüllung hängt naturgemäß weitgehend von der Leistungsfähigkeit der betreffenden Gemeinschaft ab; darum läßt sich über ihren Inhalt im einzelnen a priori nichts ausmachen. Man wird nur sagen können, daß sie im Rahmen des Möglichen, nach Maßgabe des erreichten Standards, erfüllt werden müssen. Hierher gehört erstens das Recht jedes Menschen auf die Erhaltung seiner Existenz; die Gemeinschaft, sei es die Familie, sei es die staatliche Gemeinschaft, darf niemand verhungern lassen. (S. 176–177)

### 2.3.2.5. Die Grenzen der Macht

Das Unterwerfungsverhältnis steht seiner Struktur nach im Widerspruch zur Rechtsidee. Macht geht auf vollkommene Unterwerfung; die Rechtsidee geht auf gegenseitige Achtung; sie kann weder erzwungene noch freiwillige Selbstaufgabe dulden. Daher muß das Machtverhältnis verändert werden, wenn es der Rechtsidee unterworfen wird. Der oberste Satz der iustitia protectiva lautet deshalb: Alle Macht von Menschen über Menschen muß begrenzt sein. Unbeschränkte Macht widerspricht dem Recht. Diesem Satz liegt die Erfahrung über den Menschen zugrunde, daß unbeschränkte Macht die Gefahr des Mißbrauches in sich trägt; ihre klassische Formulierung ist der Satz Montesquieus: C'est une expérience éternelle, que tout homme qui a du pouvoir est porté à en abuser; il va jusqu'à ce qu'il trouve des limites. Das Recht rechnet auch hier nicht mit dem Heiligen, sondern mit dem Durchschnittsmenschen und seinen Schwächen. Darum sieht es hinter der Macht die Willkür. Es ist an und für sich richtig, daß die Macht nicht böse sein muß. Es kommt auf die Gesinnung an, in der sie ausgeübt wird. Aber sie ist gefährlich. Sie unbegrenzt lassen, bedeutet die Kontrolle aufgeben. Das widerspricht dem Rechtsgedanken. Er sichert Achtung durch Begrenzung; auf andere Weise vermag er es überhaupt nicht.

Wo liegen aber die Grenzen der Macht? Es sind zwei Gesichtspunkte, die hier eingreifen. Der erste ist der der Natur der Sache. Keine Macht darf weiter gehen, als es der Natur der Sache entspricht, d. h. dem spezifischen Zweck, dem das konkrete Machtverhältnis im sozialen Leben zu dienen bestimmt ist. Der Vater braucht weitgehendere Macht über das Kind als der Lehrer in der Schule; der Offizier über die Soldaten mehr als der Kaufmann über seinen Angestellten usw. Keiner aber darf mehr Macht haben, als der soziale Zweck der betreffenden Institution es erfordert. Es kommt so zu einer gewissen Selbstbegrenzung [...] der Macht aus ihrer Zweckgebundenheit; der soziale Zweck begrenzt die Macht. Der Dienstvorgesetzte kann „im Dienst" Befehle geben; über das Privatleben seines Untergebenen hat er nicht zu befinden. (S. 184–185)

### 2.3.3. Aufgabenvorschläge

2.3.3.1. *Nach welchen Maßstäben wird das positiv geltende Recht von Coing beurteilt? Welche Bedeutung hat bei Coing die „Natur der Sache"?*

2.3.3.2. *Vergleichen Sie die Ausführungen Coings über das Recht auf Eigentum mit den Thesen von Marx und Engels (1.3.2.).*

## 2.4. Rechtsphilosophischer Skeptizismus

Text aus: Engisch, Karl: Auf der Suche nach Gerechtigkeit. Hauptthemen der Rechtsphilosophie. München: Piper 1971, S. 279–286 (Auszüge), Zwischentitel neu.

### 2.4.1. Texteinleitung

Karl Engisch, Strafrechtslehrer und Rechtsphilosoph, ist am 15. 3. 1899 in Gießen geboren, wo er sich 1929 habilitiert hat. Seit 1934 war er Professor in Heidelberg, 1953 ging er nach München, wo er bis zu seiner Emeritierung im Jahre 1967 gelehrt hat.

Engisch steht in der Tradition des neukantianischen Relativismus (2.2.). Er gehört zu den Kritikern der Naturrechts-Renaissance in Deutschland nach dem zweiten Weltkrieg. Nach seiner Ansicht gibt es keinen Weg zu einem absolut richtigen Recht hinter den Relativismus zurück. Engisch sucht nach Anhaltspunkten, den Konsequenzen dieses Relativismus, der Auslieferung des Rechtes an die Macht, zu entgehen. Alle Berufung auf Menschenrechte und die vorherrschenden fundamentalen sittlichen Überzeugungen der Mehrheit kann den Zweifel an der Allgemeinverbindlichkeit des Rechts nicht überwinden. Eine Grenze sieht Engisch aber dort, wo entsprechend herkömmlichen Wertungen ein sprachlicher Brauch sich dahin gebildet hat, daß von „Recht" nicht mehr gesprochen werden kann, wenn eine Ordnung mit bloßer Gewalt, Mord, Willkür und Terror hergestellt und erhalten wird. Engisch vertritt einen „maßvollen" Relativismus, er steht unter dem Eindruck der Erfahrungen mit den totalitären Regimen der jüngeren Vergangenheit. Nach allgemeiner, überlieferter Wertung soll eine Ordnung nur als Rechtsordnung bezeichnet werden können, wenn sie auf eine friedliche Gemeinschaft innerhalb eines sozialen Kreises abzielt.

Der folgende Text zeigt eindringlich das Dilemma der heutigen Rechtstheorie, die keine absoluten Kriterien zur Unterscheidung von Recht und Unrecht besitzt. Sie kann weder zu naturrechtlichen Gewißheiten greifen noch angesichts des erlebten Phänomens eines „Unrechts in Gesetzesgestalt" Recht und sich durchsetzende Macht gleichsetzen.

### 2.4.2. Texte

#### 2.4.2.1. Die existentielle Aufgabe der Menschenrechte

Wenn aber weder die Natur der Sache noch die Natur des Menschen, noch formale Rechtsgrundsätze von der Art der goldenen Regel zureichen, um den Relativismus aus dem Felde zu schlagen, um also den Weg zu einem – wenn auch nur hic et nunc – absolut richtigen Recht zu weisen, wo finden wir den Rückhalt, um der grausamen Schlußfolgerung zu entgehen, daß am Ende jede Brutalität, auch der Völkermord, die Beseitigung und Drangsalierung politischer Gegner, die Versklavung schwacher Bevölkerungsschichten, Rechtens sein kann, wenn man nur irgendeinen (politischen?) Wertgesichtspunkt findet, unter dem man dergleichen rechtfertigen zu können glaubt? Letztlich sind es doch [...] einfach sittliche, insbesondere dem Sozialethos angehörige Normen, die sich solchen Schlußfolgerungen entgegenstellen. [...]

Angesichts des früher hervorgehobenen „Pluralismus" der Moralen kann es sich jetzt allerdings wirklich nur um solche fundamentalen sittlichen Grundsätze, Wertungen und Anschauungen handeln, an denen wir für unser heutiges Recht allgemein oder ganz überwiegend festhalten wollen, auf die wir keinesfalls verzichten wollen, die also Geschehnisse wie den Rassenmord und die Missetaten in den Konzentrationslagern unter Hitler unbedingt verurteilen. Wir denken demgemäß in erster Linie an jene Menschenrechte, die wir recht eigentlich als „existentiell" ansehen: an die Rechte auf Leben, Freiheit und menschenwürdige Behandlung, während wir sittliche Postulate, die Gegenstand von ernsthaften Kontroversen sind, an dieser Stelle aus dem Spiele lassen müssen.

Wie aber läßt sich relativistischer Anzweiflung gegenüber auch nur diese Fundierung des „richtigen Rechts" auf gleichsam übermächtige sittliche Ansichten überzeugend machen? Nach dem, was früher über die dürftige Beweiskraft bloßer faktischer Wertungen gesagt wurde [...], ist der Relativismus mit dem Hinweis auf sittliche Forderungen der Allgemeinheit oder gar nur einer Mehrheit noch nicht aus dem Felde geschlagen. Von theologischer und metaphysischen Begründungen, die Glaubens- oder Weltanschauungssache sind, müssen wir absehen. Zu ihnen wäre wohl auch die Erwägung zu zählen, daß faktische Übereinstimmung im sittlichen Werten, die nur bestimmte rechtliche Regeln für richtig gelten läßt, andere Regelungen als „absolut unrichtig", als „verbrecherisch" von sich weist, wenigstens eine Art historischer Legitimation für das Richtige liefert. Nur für den Gläubigen ist die Geschichte Heilsgeschichte, und nur für den Hegelianer ist das Wirkliche schon vernünftig. Andererseits wird auch ein gemäßigter Relativismus nicht das Gewicht bestreiten, das nun einmal herrschende Wertungen für das richtige Recht haben. Läßt sich aber nicht noch etwas mehr für die Verknüpfung von richtigem Recht und Sittlichkeit, wie wir sie zuvor bestimmt haben, geltend machen?

Am ehesten läßt sich wohl mit einiger Vorsicht noch sagen, daß die zu allen Zeiten dem Rechte zukommende Funktion, eine dauerhafte friedliche Gemeinschaft zwischen den Rechtsgenossen, den sozialen Gruppen, am Ende aber auch den Völkern und Staaten zu begründen und aufrechtzuerhalten, ein Recht richtig macht, das eben diese Funktion erfüllt, und ein Recht unrichtig macht, das den fundamentalen existentiellen sittlichen Forderungen widerstreitet. (S. 279–281)

### 2.4.2.2. Die Befriedungsfunktion des Rechts

Daß friedliche Gemeinschaft unter Menschen sein soll, ist natürlich Voraussetzung, und zwar eine Voraussetzung, die wieder Inhalt einer nur relativ gültigen Wertung sein kann. Aber vielleicht läßt sich mit Bezug auf das Recht noch folgendes hinzufügen: Es ist die dem Recht zukommende *typische Aufgabe,* eine friedliche Gemeinschaft innerhalb eines bestimmten sozialen Kreises zu ermöglichen, mag man nun diese Aufgabe als „Merkmal" in den Begriff des Rechts aufnehmen (und insoweit die Rechtsidee mit dem Rechtsbegriff verknüpfen) oder nicht. Nominalistisch gewendet: Wir *sprechen* von „Recht" nur dort, wo diese Aufgabe besteht, wo sie wahrgenommen wird, und insoweit also erfüllt wird. Wie [...] von „Gerechtigkeit" nicht mehr gesprochen werden kann, wo Parteilichkeit und Willkür die Bestimmungsgründe des Verhaltens sind, so kann auch von „Recht" nicht mehr die Rede sein, wo eine Ordnung durch nackte Gewalt, Mord und Totschlag, Angst und Terror, Willkür und Anarchie hergestellt wird, wo also das [...] „Köpfeeinschlagen" zum Prinzip wird. Dabei ist natürlich nicht ausgeschlossen, daß unter solchen Umständen eine äußere Ordnung (die bekannte „Kirchhofsruhe") besteht, daß sich nämlich die Menschen der Gewalt beugen und der Furcht nachgeben, sich so zu verhalten, wie es von ihnen verlangt wird. Nur heißt ein solcher Zustand nicht mehr „Rechtszustand". Es kann auch sein, daß ein solcher Zustand, der nicht Rechtszustand zu nennen ist, *politisch* diesem oder jenem genehm ist und also insoweit mit relativer Gültigkeit positiv bewertet wird. Der Politiker mag sich auf die These Max Horkheimers berufen, daß es „wissenschaftlich nicht verifizierbar ist, daß Gerechtigkeit und Freiheit an sich besser sind als Ungerechtigkeit und Unterdrückung" [...]. Aber das politisch Erwünschte ist darum noch nicht als „Recht" legitimiert. Mord bleibt Mord, auch wenn er zuweilen den „Königen gefällt". Die Maxime „Recht ist, was dem Volke nützt" stößt zum mindesten insofern auf Grenzen, als das Recht eine Eigenbedeutung hat, dank deren nicht einfach alles, was einem Machthaber als „nützlich" erscheint, darum schon Recht ist. Das zeigt sich auch darin, daß gewisse formale Kriterien darüber entscheiden, ob etwas der Rechtsordnung zugehört oder außerhalb ihrer liegt, wie z. B. die Vernichtung lebensunwerten Lebens und die Konzentrationslagermorde unter Hitler; ein Gesetz wie das vom 3. Juli 1934 zur nachträglichen Legalisierung der „Röhm-Morde" kann nur als Bestätigung dessen gewürdigt werden.

Allerdings kann man einwenden, [...] sei eine sprachliche Übung (jetzt: die Übung, nur einen auf friedliche Gemeinschaft zielenden Zustand „Recht" zu nennen) nur die Bewahrung traditioneller Wertungen, deren absolute Gültigkeit damit noch nicht bewiesen sei. Nun gut! Das läßt sich nicht bestreiten. Immerhin haben sich hier herkömmliche Wertungen derart gefestigt, daß sich ein Sprachgebrauch herausbilden konnte, auf Grund dessen wir – wenn auch ohne (hier einfach nicht mögliche) scharfe Abgrenzung – einen bestimmten Sach- und Situationsbereich als „Recht" von einem Bereich unterscheiden, der nicht mehr „Recht" heißt, in welchem Gewalt, Willkür, Anarchie die Oberhand gewinnen und sich austoben – unter welchen politischen Vorzeichen und mit welchen Rechtfertigungen immer! Der Rechtsphilosoph zumal darf die Funktion des Rechts als „menschenwürdige Friedensordnung" insofern getrost in seine Rechnung einstellen, als das, was beim besten Willen und selbst großzügiger Betrachtung nicht mehr „Recht" genannt werden kann, außerhalb dessen liegt, womit er sich befaßt, was Gegenstand seines Nachdenkens ist. Rechtsphilosophie ist nicht Machiavellismus. (S. 282–283)

### 2.4.2.3. Relativität der ethischen Entscheidungen

Mehr als diese, vielleicht für viele nicht sehr tröstliche Einsicht läßt sich m. E. nicht gewinnen, wenn es gilt, die schrecklichen vermeintlichen Konsequenzen des Relativismus fernzuhalten. Im übrigen wird man sich mit der Erkenntnis abfinden müssen, daß wir bei der Diskussion von Problemen des richtigen Rechts immer wieder an den Punkt gelangen, wo gegensätzliche Stellungnahmen möglich sind und kein Stein der Weisen zur Verfügung

steht, um die „allein richtige" Entscheidung und Zweckwahl zu gewährleisten. Hier bleibt ein „Erdenrest zu tragen peinlich"! Um noch einmal konkret zu werden: Wenn es im Strafrecht um die Strafbarkeit oder Straflosigkeit der Homosexualität des Ehebruchs, der Blutschande, der Gotteslästerung, der echten Euthanasie, der Abtreibung (in den Schranken dieser oder jener Indikation), der freiwilligen Sterilisation geht, wenn die Grenzen zwischen rechtmäßiger Ausübung der Staatsgewalt und rechtmäßigem Widerstand gegen die Staatsgewalt zu bestimmen sind oder im Eherecht Verschuldens- und Zerrüttungsprinzip um den Vorrang streiten, wenn das Erbrecht unehelicher Kinder in Frage kommt, wenn Privateigentum und Erbrecht grundsätzlich zur Diskussion gestellt werden, kann die rationale Erörterung und die wissenschaftliche Argumentation wohl in verschiedenen Dimensionen vorgetrieben werden: Man kann zum Beispiel die empirisch beweisbaren oder als wahrscheinlich zu erwartenden Konsequenzen dieser oder jener Problemlösung aufweisen oder die im einen oder anderen Falle zugrunde gelegten allgemeinen Wertungen und Zwecksetzungen ans Licht ziehen. Welche Wertungen und welche Zwecksetzungen aber letztlich den Ausschlag geben sollen, bleibt Sache persönlichkeitsgebundener Entscheidung des einzelnen und seiner Gesinnungsgenossen. [...]
[...]

Wir dürfen die „Wahrheit" nicht nach unseren Sehnsüchten und Glaubenspostulaten ausrichten, sondern müssen sie, auch wenn sie bitter schmeckt, hinnehmen. „Das verlangt die Ehrlichkeit und der Ernst einer wissenschaftlichen Einsicht gegenüber Wünschen und Illusionen" (V. Kraft, Die Grundlagen einer wissenschaftlichen Wertlehre, 1937, S. 221). Darum: Soweit der Wertrelativismus wissenschaftlich und insbesondere rechtsphilosophisch gesehen „Wahrheit" ist, womöglich schreckliche Wahrheit, müssen wir den Anblick dieses Gorgonenhauptes ertragen! (S. 283–286)

### 2.4.3. Aufgabenvorschläge

2.4.3.1. *Wo sieht Engisch Grenzen für die Gleichsetzung von Recht und Macht?*

2.4.3.2. *Inwiefern unterscheiden sich die Standpunkte Radbruchs (2.2.), Engischs und Welzels (2.5.)?*

2.4.3.3. *Können Sie sich vorstellen, daß die sprachliche Verwendung des Ausdrucks „Recht" auch eine andere sein kann, als Engisch meint?*

## 2.5. Das Bleibende der naturrechtlichen Fragestellung

Text aus: Welzel, Hans: Naturrecht und materiale Gerechtigkeit. Göttingen: Vandenhoeck & Ruprecht [4]1962, S. 237–246, Zwischentitel neu, ohne Fußnoten.

### 2.5.1. Texteinleitung

Hans Welzel, am 25. 3. 1904 in Artern/Thüringen geboren, lehrte an den Universitäten Göttingen und Bonn als Professor für Strafrecht und Rechtsphilosophie. Er starb am 5. 5. 1977 in Andernach.

Er gehört zu den bedeutendsten deutschen Rechtsgelehrten der Gegenwart. Wie kaum ein anderer zeitgenössischer Jurist hat Welzel die Reflexion der konkreten juristischen Einzelprobleme zu den Grundfragen des Rechtes weitergetrieben. Als Rechtsphilosoph ist er vom Neukantianismus ausgegangen, dessen Gedanken vor allem auch seine späteren Schriften bestimmen. Auf der Basis umfassender historischer Studien ist er als einer der ersten der unter dem Eindruck der nationalsozialistischen Gewaltherrschaft und des Krieges entstandenen unkritischen Naturrechtsrenaissance entgegengetreten.

Die Texte stammen aus dem Schlußkapitel der Welzelschen problemgeschichtlichen Arbeit über das Naturrecht. In ihnen zieht er die Summe der zweieinhalbtausendjährigen wechselvollen Geschichte des Naturrechtsdenkens. Der Ableitung der Rechtsinhalte aus der ,,Natur" liegt ein Zirkelschluß zugrunde. Was die Naturrechtslehrer an ,,Natürlichem" oder ,,Unnatürlichem" aus den Dingen ableiten, das haben sie vorher als Wertvorstellungen in sie hineingelegt. Welzel hält am kantischen Dualismus von Sein und Sollen grundsätzlich fest. Er bekennt sich aber im Gegensatz zum konsequenten Relativismus zum Axiom eines daseinstranszendenten, absoluten Sollens.

Dessen Bestand kann zwar nicht bewiesen, die Konsequenzen seiner Verneinung können aber deutlich gemacht werden. Der Mensch ist sinnvoll nur als ein auf Transzendenz angelegtes Wesen zu begreifen, dem seine Verhaltensregeln nicht angeboren, sondern verpflichtend aufgegeben sind. Alle Aussagen über den Inhalt des Sollens, das sozialethisch Richtige und Verbindliche sind aber nur ,,Sinnentwürfe", menschliche Deutungsversuche in den wechselnden geschichtlichen Situationen. Mit dem verpflichtenden Sollen sieht Welzel als Korrelat die verantwortliche Person verknüpft. In ihrer Anerkennung findet er die Mindestvoraussetzung, die eine Sozialordnung aufweisen muß, wenn sie sich als Rechtsordnung von der bloßen Macht unterscheiden will.

Die praktischen Konsequenzen dieser axiomatischen Annahmen für die Gestaltung der Rechtsordnung werden in den letzten wiedergegebenen Abschnitten (2.5.2.3.) angedeutet. Welzel wendet sich hier u. a. gegen die von Radbruch und Kelsen vorgenommene Rückführung des Gedankens der Demokratie auf den Relativismus.

### 2.5.2. Texte

#### 2.5.2.1. Transzendenz und Naturrecht

Was bleibt von den zweieinhalb Jahrtausende währenden, mehrfach verlöschenden und immer wieder neu einsetzenden Anstrengungen der Naturrechtslehre um einen Einblick in die materiale Gerechtigkeit? Geht es nur um ein geschichtliches Phänomen, das die sozialethischen Ideale einer Epoche bald revolutionär heraufgeführt, bald verteidigend bewahrt hat? Oder enthält es einen zeitlosen Bestandteil, der mitgedacht wird, wenn immer vom Recht die Rede ist? Überblickt man mit dieser Frage die wechselvolle Geschichte des Naturrechts, so wird man das Bleibende nicht im ersten, sondern im zweiten Bestandteil seines Namens suchen müssen. Der erste Namensteil, die ,,Natur", hat sich als der gemeinsame Titel höchst verschiedenartiger Inhalte erwiesen. Unter der trügerischen Gleichheit der Bezeichnung verbirgt sich das Unterschiedliche, Gegensätzliche und Wechselnde. Das allen Gemeinsame und Bleibende ist allein der *Rechts*gedanke, der im zweiten Teil des Wortes zum Ausdruck kommt. ,,Naturrecht": Das ist die *Rechts*frage an das Recht, d. h. an eine faktisch bestehende Sozialordnung. Mag man unter Naturrecht verstanden haben, was man wolle – stets schwingt in ihm der Gedanke mit, daß das Recht nicht einfach identisch ist mit dem Befehl einer bestehenden Macht. [...]

In der Gegenüberstellung eines natürlichen und eines positiven Rechtes spricht sich am eindrucksvollsten und nachhaltigsten in der Geschichte die Überzeugung aus, daß es in den menschlichen Sozialverhältnissen nicht bloß etwas gibt, das durch seine überlegene Macht zwingt oder von uns infolge einer eingewurzelten Gewohnheit tatsächlich geübt wird, etwas, das mehr besitzt als bloß faktische Realität, vielmehr etwas, das – unabhängig von einem Befehl oder einer Gewohnheit – uns in unserem innersten Sein zu bestimmtem

Handeln *verpflichtet.* Der Gedanke des unbedingten *Verpflichtet-Seins* ist der Kern und der bleibende Wahrheitsgehalt des Naturrechts. Dieser Gedanke bezieht sich auf ein Moment, das alle bloß daseiende Realität, alle Faktizität übersteigt und einer anderen Sphäre angehört. Diesem Moment gegenüber erscheint der wirkliche Befehl, mag er noch so *wirksam* sein, als bloße Sollens*anmaßung,* nicht aber als verpflichtendes *Sollen.*

Die Naturrechtslehren gehen von diesem daseinstranszendenten verpflichtenden Sollen wie von einem Axiom aus. Sie sind im Grunde nichts anderes als der geschichtliche Ort, an dem dieses Sollen dem Menschen zum Bewußtsein gekommen ist. Daß sie es axiomatisch handhaben, ist nicht verwunderlich; denn es ist in der Tat eine letzte Gegebenheit, von der aus zwar Beweis geführt, die aber selbst nicht mehr bewiesen werden kann. Immerhin können Phänomene aufgezeigt werden, die es nahelegen und seinen objektiven Bestand wahrscheinlich machen. Dazu gehört in erster Linie der Gewissensruf. Wohl hat man auch ihn als etwas bloß Faktisches wegzuerklären versucht, etwa tiefenpsychologisch als Über-Ich oder als Kollektiv-Unbewußtes oder soziologisch als gesellschaftlichen Anspruch mit Tabu-Charakter und dergleichen. Dabei verwechselte man meist seine Inhalte mit ihm selbst und seinem verpflichtenden Ruf. [...] Der Gewissensruf ist das Innewerden der Transzendenz in der Immanenz. Wohl könnte auch das eine Täuschung sein, da wir nun einmal des Transzendenten nirgend anders als im Immanenten innewerden können. Daß aber das Transzendente nicht bloßer Schein ist, dafür spricht weiter, daß der Mensch nur als ein auf Transzendenz angelegtes Wesen sinnvoll verstanden werden kann: Ihm sind seine Verhaltensregeln nicht biologisch eingeboren, sondern verpflichtend aufgegeben. Der Mensch ist das Verantwortung tragende Wesen, Verantwortung vor einer an ihn von außen herantretenden „Instanz".

In der Rechtsfrage wird der Mensch vor diese Alternative zwischen Immanenz und Transzendenz so unmittelbar und so unausweichlich gestellt, daß er für ihre Entscheidung mit seiner ganzen körperlichen und geistigen Existenz einstehen muß: Gäbe es keine Transzendenz, d. h. wären das Verpflichtetsein und das daseinstranszendente Sollen nur die illusionäre Projektion psychologischer oder soziologischer Fakten, dann wäre der Mensch ohne jeden Rest mit Leib und Seele der überlegenen Macht ausgeliefert. Dann mögen Schranken seines Verfallenseins so lange bestehen, wie sich mehrere Machtblöcke gegenseitig die Waage halten; wo aber *eine* Macht grenzenlos wird, da fiele er ihr restlos, nicht nur physisch, sondern auch geistig, anheim. Diese im wahrsten Sinne „existentielle" Bedeutung der Rechtsfrage hat der Naturrechtsgedanke zu allen Zeiten zum Bewußtsein gebracht; er hat offenbar gemacht, daß der Bestand eines daseinstranszendenten, verpflichtenden Sollens die Möglichkeitsvoraussetzung *sinnvoller* menschlicher Existenz ist.

Damit war nicht nur der oberste Pol aufgefunden, an dem alle Rechtstheorie hängt, sondern auch *implicite* das Korrelat des verpflichtenden Sollens, die *verantwortliche Person,* mitentdeckt. Denn während der Zwang den Menschen zum bloßen Objekt kausaler Machteinwirkung, zur Sache unter Sachen macht, legt ihm die Verpflichtung die *Verantwortung* für die sinnhafte Ordnung seines Lebens auf und macht ihn zum *Subjekt* seiner Daseinsgestaltung. Darum war in dem Augenblick, als gegenüber dem Zwang der überlegenen *Macht* der *Verpflichtungs*charakter des Rechtes entdeckt war, auch die *Personalität* des verpflichteten Subjekts – wenigstens im Keim – mitentdeckt. [...] *Verpflichtung* und *verantwortliche Person* gehören untrennbar zusammen. In jeder Verpflichtung wird der von ihr Betroffene als *verantwortliche Person* erfaßt. Darum muß jeder Befehl, der als *Rechts*norm einen Menschen *verpflichten* will, ihn als *Person* anerkennen. *Die Anerkennung des Menschen als verantwortliche Person ist die Mindestvoraussetzung, die eine Sozialordnung aufweisen muß, wenn sie nicht lediglich durch ihre Macht zwingen, sondern als Recht verpflichten will.* Dieser materiale Gehalt ist im obersten Axiom des Naturrechts, daß es Verpflichtung oder daseinstranszendentes Sollen gibt, notwendig enthalten. (S. 237–240)

2.5.2.2. Die Ableitung des Rechts aus der ,,Natur"

Eine weitere bleibende Erkenntnis der Naturrechtslehren enthält der Gedanke der Gesetzmäßigkeit oder – besser gesagt – der Geordnetheit des sozialethischen (d. h. sittlichen und rechtlichen) Handelns. In diesem Punkte besteht in gewissem Umfang eine Parallele zur Naturgesetzlichkeit. Wie ,,Gesetzmäßigkeit" die Möglichkeitsvoraussetzung zwar nicht der Existenz, wohl aber der Begreiflichkeit des Naturgeschehens ist, so ist die ,,Geordnetheit" die Möglichkeitsvoraussetzung des sozialethischen Handelns – jedoch nicht nur seiner Begreiflichkeit, sondern sogar seiner Existenz. Planvolles Gestalten der Zukunft, also Handeln, wäre nicht möglich, wenn die Umstände, in die es hineinwirken soll, unvergleichbar und unwiederholbar – einmalig, schlechthin individuell, wären. Eine *absolute* Situationsethik ist darum ein unvollziehbarer Gedanke. Aber nicht nur die *Umstände* des Handelns dürfen nicht schlechthin einmalig sein, sondern auch dessen direktive Regeln, Ordnungen und Normen müssen in einem inneren Zusammenhang miteinander stehen, wenn ein sinnvoll-einheitliches Leben möglich sein soll. Es muß eine ,,Konkordanz" der sozialethischen Ordnungen bestehen, sonst wäre ein sinnvoll geordnetes Leben unmöglich. Diese ,,Konkordanz" der sozialethischen Ordnungen schließt Spannungen, Gegensätze, ja sogar Widersprüche nicht aus, wenn sie nur in einer *höheren Einheit* zusammenkommen oder wenigstens in ihr ausgeglichen werden können. [...]

Alle diese Elemente – das unbedingte Sollen, das verantwortliche Subjekt, die Geordnetheit des sozialethischen Handelns und die Konkordanz der sozialethischen Ordnungen – gehören zu den überzeitlichen Einsichten der Naturrechtslehre, weil sie die Möglichkeitsvoraussetzung für jede sozialethische Ordnung darstellen und darum unabhängig von den Inhalten solcher Ordnungen sind.

Die Sollens*inhalte* glaubte nun die Naturrechtslehre – und hier tritt der erste Bestandteil ihres Namens in seine Funktion –, aus der ,,Natur" nehmen zu können. Die Methode, in der die Ableitung der Sollensinhalte aus der Natur vor sich gehen soll, hat Aristoteles für alle Zeiten maßgeblich umschrieben: Das Naturgemäße müsse man von den Dingen ablesen, die sich in ihrem besten (,,naturgemäßen") Zustand befinden, nicht von denen, die verderbt sind. Der Zirkelschluß in diesem Verfahren liegt offen zutage: Wir müssen erst wissen, was der beste oder der verderbte Zustand eines Dinges ist, ehe wir feststellen können, was das ,,Naturgemäße" oder das ,,Naturwidrige" ist, und können darum das ,,Gute" oder das ,,Schlechte" nicht aus dem ,,Naturgemäßen" oder dem ,,Naturwidrigen" gewinnen. In Wahrheit ist es umgekehrt: Was die Naturrechtler an Wertvorstellungen in die Dinge hineingelegt haben, das holen sie hinterher als das ,,Natürliche" oder das ,,Unnatürliche" aus ihnen wieder heraus. Diesen Zirkel hat noch keine Naturrechtslehre durchbrechen können, auch nicht durch die – heute so beliebte – Berufung auf die ,,rationale Natur" des Menschen. Das einzige, was man als ,,rationale Natur" des Menschen ansehen könnte, ist das personale Korrelat des unbedingten Sollens, also das verantwortliche Subjekt. Aber schon der Schritt von diesem verantwortlichen *Subjekt* zum *Menschen* geht über die *„rationale* Natur" hinaus in die *empirische* Existenz hinein. [...]

Jeder Berufung auf das „Naturgemäße" und jeder Verwerfung des „Naturwidrigen" geht eine ursprüngliche und unableitbare Wertentscheidung voraus. Angaben über Sollensinhalte wurzeln in ursprünglichen *„Sinnentwürfen",* in denen der Mensch den Sinn seines Daseins zu deuten versucht und in verpflichtenden Handlungszielen auseinanderlegt. Diese Sinnentwürfe sind Deutungsversuche des transzendenten Sollens im Jetzt und Hier der geschichtlichen Situation, in der sein Leben zu gestalten dem Menschen aufgegeben ist – Deutungsversuche, die mehr oder minder glücken oder mißglücken können. Der Mensch kann nie absolut gewiß sein, daß der Sinnentwurf, den er aus sich herausstellt oder zu dem er sich bekennt, in einer geschichtlichen Situation der alleinrichtige ist. Des Transzendenten kann der Mensch immer nur in der Immanenz seines Gewissens und seiner Vernunft innewerden. Denn keiner von uns Menschen hat im Rate der Götter gesessen, wo über die Tafeln des Rechten und Gerechten beschlossen wurde. Auch die naturrechtlichen Aussagen über das sozialethisch Richtige und Verbindliche sind solche ursprunghaft-deutenden Sinnentwürfe in der Zeit, wie andere Sinnentwürfe im Ablauf der menschlichen Geschichte auch, die sich dabei nicht auf die „Natur" als ihre Ursprungsquelle stützen. [...]

Die Berufung auf die Natur ist ein *Kampfmittel,* eine *Waffe* zum Angriff oder zur Verteidigung. Sie fügt einem sozialethischen Daseinsentwurf keine neue *sachliche* Begründung hinzu, sondern will als Kampfparole die Siegeszuversicht in den eigenen Reihen stärken und den Widerstandswillen des Gegners erschüttern. *Insoweit* sind alle Naturrechtslehren „ideologisch". Das bedeutet keineswegs, daß darum auch ihr Inhalt falsch wäre, wohl aber, daß ihre *Begründung* übersteigert ist, d. h. daß sie sich eine Geltungskraft anmaßen, die sie nicht besitzen. [...]

Die Sollensinhalte als *Versuche* der Sinndeutung des Daseins charakterisieren heißt ja nicht, sie ins „Belieben" des einzelnen stellen oder sie der „Willkür" von Menschengruppen überantworten, heißt auch nicht [...] behaupten, daß sie von Menschen „erfunden" oder „gemacht" werden. Hiergegen spricht in erster Linie, daß sie Deutungsversuche des transzendenten *Sollens* sind, daß also das *Sollen* es ist, das den Menschen zum Sinnentwurf seines Daseins in *Anspruch* nimmt, so daß er sich ihm gar nicht entziehen *kann.* Dieser im Gewissen zum Bewußtsein kommende Anruf des Sollens schließt jeden Gedanken an ein freischwebendes Belieben bei der Sinndeutung des Daseins von vornherein aus. (S. 240–243)

### 2.5.2.3. Rechtsrelativismus und Demokratie

Bei der Lösung der dem Menschen je und je gestellten Aufgabe, das transzendente Sollen unter den Voraussetzungen und den wechselnden Bedingungen seiner geschichtlichen Existenz in sinndeutenden Sozialentwürfen zum Ausdruck zu bringen, gibt es keine Sicherung gegen Irrtum und Mißlingen. Die Korrektur von Fehlern ist weder durch den Vorgriff ins Absolute noch durch den Rückgriff auf die Macht, sondern allein in der geistigen Auseinandersetzung möglich.

Diese Einsicht hat nicht nur eine theoretische, sondern vor allem eine praktische Bedeutung. Sie besagt zunächst und in erster Linie, daß jede wirkliche, herrschaftliche Sozialverfassung so beschaffen sein muß, daß sie die stetige Möglichkeit ihrer eigenen Korrektur in sich trägt. *Faktisch möglich* ist diese Selbstkorrektur in den verschiedenartigsten Staatsformen; *gesichert* ist sie nur da, wo sie *rechtlich institutionalisiert* ist, d. h. in Staaten, in denen der Wechsel zwischen Regierung und Opposition verfassungsmäßig garantiert ist, in denen damit rechtlich sichergestellt ist, daß der Kampf um den richtigen Sozialentwurf eine *geistige* Auseinandersetzung bleibt. Staatsverfassungen dieser Art nennt man herkömmlich ,,Demokratie". [...]

Wenn, wie wir sahen, die Institutionalisierung des Wechsels von Regierung und Opposition sich aus der Einsicht ergibt, daß alle Sozialentwürfe nur *Versuche* sind, das transzendente Sollen unter den wechselnden Bedingungen der geschichtlichen Situation zum Ausdruck zu bringen, so steht dieser Gedanke gleichermaßen über Regierung *und* Opposition. Grundgedanke der Demokratie ist darum die Sicherung der Bereitschaft *aller* um die Regierungsgewalt ringenden Gruppen, den Kampf um die richtige Sozialordnung als *geistigen* Kampf zu führen und nicht den Andersgesinnten als *Feind* zu vernichten, sobald man selbst die Mehrheit und die Macht hat. In der Demokratie hat jeder die Freiheit, seine Überzeugung zu sagen, soweit er selbst bereit ist, die von ihm abweichende Überzeugung zu *hören.* Demokratie beruht auf dem Grundgedanken der *gegenseitigen,* nicht der einseitigen Toleranz, und auch das Mehrheitsprinzip ist jenem Grundgedanken untergeordnet. Demokratie ist insofern eine société ouverte [...]. Zu ihr gehört die Sicherung der Freiheit vor solchen Gruppen, die die Toleranz dazu benutzen wollen, sie aufzuheben.

Im Gegensatz dazu ist seit den Tagen des Protagoras immer wieder versucht worden, die Demokratie aus dem Gedanken des Relativismus zu rechtfertigen. In unserer Zeit haben das vor allem *Kelsen* und *Radbruch* getan: ,,Der Relativismus", so schrieb Radbruch im Vorwort seiner 1932 erschienenen Rechtsphilosophie, ,,ist die gedankliche Voraussetzung der Demokratie: sie lehnt es ab, sich mit einer bestimmten politischen Auffassung zu identifizieren, ist vielmehr bereit, jeder politischen Auffassung, die sich die Mehrheit verschaffen konnte, die Führung im Staate zu überlassen, weil sie ein eindeutiges Kriterium für die Richtigkeit politischer Anschauungen nicht kennt, die Möglichkeit eines Standpunkts über den Parteien nicht anerkennt."

Wie der Relativismus sich aufhebt, wenn er sich auf sich selbst anwendet, so hebt sich auch die Demokratie auf, wenn sie sich relativistisch als Toleranz *jedes* Standpunkts versteht, d.h. wenn sie bereit ist, ,,*jeder* politischen Auffassung, die sich die *Mehrheit* verschaffen konnte, die Führung im Staate zu überlassen". Das Schicksal der Weimarer Republik gibt hierfür ein eindrucksvolles Beispiel. Und wie der Zweifel, ob der einzelne Satz wahr ist, nie dazu führen kann und darf, die Wahrheit selbst anzuzweifeln, weil sie die Voraussetzung dafür ist, einen Satz als sinnvolle Aussage überhaupt aufzustellen, so kann und darf der Zweifel, ob der einzelne Sozialentwurf gerecht ist, nie dazu führen, die Gerechtigkeit selbst anzuzweifeln, weil sie die Voraussetzung dafür ist, das Sozialleben sinnvoll zu ordnen. Der Relativismus, der das tut, bedeutet die Auslieferung des geistigen Ringens um Wahrheit und Gerechtigkeit an die Macht.

Eine Sozialordnung ist nur dann Recht, wenn sie mehr ist als die Manifestation einer jeweiligen Machtposition, wenn sie vielmehr den Versuch enthält, das sozial Richtige und Gerechte unter den Voraussetzungen und Bedingungen ihrer Zeit zu verwirklichen. Nur dann vermag sie dem einzelnen nicht lediglich mit Zwang, sondern mit dem Anspruch gegenüberzutreten, ihn im Gewissen zu *verpflichten.* (S. 244–246)

### 2.5.3. Aufgabenvorschläge

2.5.3.1. *Worin besteht nach Welzel der typisch naturrechtliche Zirkelschluß?*

2.5.3.2. *Welche Gründe führt Welzel für den Bestand eines absoluten, daseinstranszendenten Sollens an?*

2.5.3.3. *Ergeben sich aus der axiomatischen Annahme dieses Sollens Konsequenzen für den Inhalt des Rechtes? Sind Welzels Kriterien geeignet, positive Gesetze in bestimmten Fällen als unwirksam anzusehen?*

## 2.6. Eine empirische Version des Naturrechts

Text aus: Hart, Herbert Lionel Adolphus: Eine empirische Version der Naturrechtslehre, in: Hoerster, N. (Hrsg.): Recht und Moral, Texte zur Rechtsphilosophie (übers. von P. Frellesen und H. Kliemt). München: dtv 1977, S. 94–110, Zwischenüberschriften 2.6.2.1. und 2.6.2.2. neu.
(Original: The Concept of Law, Oxford 1961, dt.: Der Begriff des Rechts. Übers. von A. v. Baeyer. Frankfurt/M.: Suhrkamp 1973, hier: Gesetze und Sitten, S. 255–292.)

### 2.6.1. Texteinleitung

Herbert Lionel Adolphus Hart wurde am 18. 7. 1907 geboren. Er lehrte als Professor für Rechtsphilosophie in Oxford. Hart, seit 1968 emeritiert, gilt gegenwärtig als prominentester Vertreter der englischen Rechtstheorie.
Hart hat sich in seinem Hauptwerk „The Concept of Law" (1961) die Aufgabe gestellt, ein begriffliches Instrumentarium zur Analyse aller modernen Rechtsordnungen zu schaffen. Seine Hauptthese ist, daß das Recht aus zwei verschiedenen Regelarten besteht. Die primären Rechtsregeln lassen sich als Befehle an die Rechtsgenossen verstehen. Die sekundären Regeln, die „Regeln über Regeln", haben dagegen drei verschiedene Funktionen. Der erste Typ legt fest, welche primären Regeln (und mit welchem Inhalt) für die Rechtsgenossen rechtlich verbindlich sind („rule of recognition"). Die Regel, die erkennen läßt, welche Regeln zu einem Rechtssystem gehören, die zweite Art von „Regeln über Regeln", bestimmt Zuständigkeit und Verfahren für die Änderung von primären Regeln und ermöglicht damit gesellschaftliche Entwicklung durch Rechtsänderung, ohne daß der Vorteil der Rechtssicherheit verloren geht (Radbruch, 2.2.), der aus der relativen Eindeutigkeit, nämlich welche Regeln und mit welchem Inhalt gelten, resultiert. Der dritte Typ von „Regeln über Regeln" institutionalisiert einen Sanktionsapparat, der zu entscheiden hat, ob eine primäre Regel gebrochen ist und gegebenenfalls Sanktionen gegen den Rechtsbrecher verhängt und durchsetzt.
Man kann Harts Ansatz so verstehen – dafür gibt es ausdrückliche Anhaltspunkte in seinem Werk –, daß er neben einer primär begrifflich-analytischen auch einer deskriptiv soziologischen Erfassung unterschiedlichster Rechtsordnungen dienen soll (s. dazu 3.: Weber, Ehrlich, Geiger). Dieser Ansatz wird im nachfolgenden Text überschritten und erweitert. Hier kritisiert Hart das traditionelle (normative) Naturrecht (s. Aristoteles, 1.1.) und stellt diesem ein seiner Meinung nach auch heute tragfähiges „Minimalnaturrecht" entgegen. Die Prinzipien dieses Minimalnaturrechts lassen sich in dem Grundsatz der individuellen und kollektiven Selbsterhaltung zusammenfassen („Vernachlässigung des Selbstmörderclubs").

### 2.6.2. Texte

#### 2.6.2.1. Kritik der traditionellen Naturrechtslehre

In dem philosophischen Streit, der seit Platon immer wieder um die naturrechtliche These, der Mensch könne die Prinzipien richtigen Verhaltens durch den Gebrauch seiner Vernunft erkennen, geführt wird, scheinen die einen zu behaupten, nur Blinde könnten die Wahrheit dieser These verkennen, während die anderen darauf mit dem Vorwurf der Träumerei antworten. Das liegt daran, daß die Behauptung, es gebe gültige, rational erkennbare Maßstäbe richtigen Verhaltens, gewöhnlich nicht isoliert aufgestellt wurde. Sie war ursprünglich vielmehr Bestandteil einer einheitlichen Sichtweise der belebten und unbelebten Natur und wurde lange Zeit in diesem Sinne verteidigt. Diese Sichtweise widerspricht in vielem dem allgemeinen Naturverständnis, welches das Fundament des modernen säkularisierten Denkens bildet. So kommt es, daß die Naturrechtstheorie ihren Kritikern als Ergebnis uralter Irrtümer erscheint, die das moderne Denken siegreich überwunden hat, während die Anhänger des Naturrechts glauben, daß die Naturrechtskritiker bloß auf oberflächlichen Selbstverständlichkeiten herumreiten und sich tieferen Einsichten verschließen.

Dieser Sachlage entsprechend haben viele moderne Naturrechtskritiker geglaubt, die Behauptung, Gesetze richtigen menschlichen Verhaltens könnten durch die Vernunft erkannt werden, beruhe auf einer leicht durchschaubaren Doppeldeutigkeit des Wortes „Gesetz", und die Aufdeckung dieser Doppeldeutigkeit werde der Naturrechtslehre den Todesstoß versetzen. [...] Gesetze der ersten Art können durch Beobachtung und Vernunft entdeckt werden. Man kann sie als „deskriptiv" bezeichnen, und ihre Entdeckung ist Aufgabe der Wissenschaft. Gesetze der zweiten Art kann man nicht auf diese Weise erkennen; denn sie sind keine Beschreibungen oder Feststellungen von Tatsachen, sondern „Vorschriften" oder Forderungen, daß sich die Menschen in bestimmter Weise verhalten sollen. [...] Präskriptive oder vorschreibende Gesetze können gebrochen werden und bleiben dennoch Gesetze, da ein Verstoß gegen sie lediglich bedeutet, daß Menschen bestimmte Anweisungen nicht befolgen. Im Gegensatz dazu ist es sinnlos, von den wissenschaftlich erkannten Naturgesetzen zu sagen, sie würden befolgt oder nicht befolgt. Wenn die Bewegungen der Sterne nicht den naturwissenschaftlichen Gesetzen entsprechen, die die Regelmäßigkeiten der Sternbewegungen beschreiben wollen, dann werden diese Gesetze nicht „gebrochen", sondern sie verlieren das Recht, als „Gesetze" bezeichnet zu werden, und müssen modifiziert werden. Diesen verschiedenen Bedeutungen des Begriffes „Gesetz" entsprechen systematische Bedeutungsunterschiede im Bereich solcher damit zusammenhängender Ausdrücke wie „müssen", „sollen" oder „gezwungen sein". Aus dieser Sicht läßt sich also der Glaube an das Naturrecht auf einen sehr einfachen Fehler zurückführen, der darauf beruht, daß die ganz unterschiedlichen Bedeutungen von Ausdrükken aus dem Umfeld des Begriffes „Gesetz" nicht auseinandergehalten werden. Es ist, als ob der Naturrechtsgläubige die völlig verschiedenen Bedeutungen des Wortes „müssen" etwa in den folgenden Sätzen nicht verstehen würde: „Du mußt dich zum Wehrdienst melden" und „Wenn der Wind auf Nord dreht, muß es bald kalt werden".
[...]

Das moderne säkulare Denken sieht die unbelebte Welt, aber auch die belebte Welt der Tiere und Menschen als eine Abfolge wiederkehrender Ereignisse und Veränderungen an, die bestimmte Regelmäßigkeiten aufweist. Zumindest einige dieser Regelmäßigkeiten haben die Menschen erkannt und als Naturgesetze formuliert. [...]

Die Naturrechtsdoktrin ist Teil eines älteren Naturverständnisses, demzufolge die beobachtbare Welt nicht nur ein Schauplatz von Regelmäßigkeiten und die Erkenntnis der Natur nicht auf die Erkenntnis solcher Regelmäßigkeiten beschränkt ist. Für diese ältere Auffassung strebt jedes existierende Ding – sei es ein Mensch oder irgendein Teil der belebten oder der unbelebten Natur – nicht nur nach Selbsterhaltung; es entwickelt sich auf einen artspezifischen Zustand der Vollkommenheit hin, der sein höchstes Gut oder Ziel (telos, finis) ist.

Dies ist die teleologische Konzeption der Natur, die davon ausgeht, daß es für alle Dinge in der Natur selbst Verwirklichungsgrade der Vollkommenheit gibt. Die Entwicklungsstadien, die jedes Ding einer bestimmten Art durchlaufen muß, um zu seinem spezifischen oder arteigenen Ziel zu gelangen, folgen einander in einer bestimmten Ordnung, über die sich allgemeine Aussagen gewinnen lassen, welche die jeweils typische Weise von Veränderung, Verhalten oder Entwicklung des Dinges beschreiben. Insoweit bestehen Gemeinsamkeiten zwischen der teleologischen und der modernen Naturauffassung. Sie unterscheiden sich jedoch darin, daß im Rahmen der teleologischen Auffassung das, was mit den Dingen regelmäßig geschieht, nicht *nur* als regelmäßiges Geschehen angesehen wird, und daß die Frage, ob bestimmte Ereignisse *faktisch* regelmäßig eintreten, nicht von der Frage getrennt wird, ob diese Ereignisse eintreten *sollen* oder ob es *gut* ist, daß sie eintreten. Abgesehen von einigen seltenen Extremfällen, für die der ,,Zufall" verantwortlich gemacht wird, kann für die Anhänger der teleologischen Auffassung das, was regelmäßig geschieht, *dadurch* zugleich erklärt und – als etwas, das gut ist oder geschehen sollte – bewertet werden, daß man es als Schritt des betreffenden Dinges auf dem Weg zu seiner eigentlichen Bestimmung oder Zielsetzung interpretiert. Von den Entwicklungsgesetzen eines Dinges wird also erwartet, daß sie zweierlei zeigen: wie sich das Ding regelmäßig verhält und entwickelt und wie es sich verhalten und entwickeln soll.

In der Theorie wirkt diese Art der Naturbetrachtung befremdlich. Dieser Eindruck dürfte jedoch abnehmen, wenn wir uns vergegenwärtigen, wie wir auch heute noch in bestimmten Kontexten zumindest über die belebte Natur sprechen; denn in der Art, wie wir umgangssprachlich die Entwicklung der betreffenden Dinge beschreiben, kommt immer noch eine teleologische Sichtweise zum Vorschein. Das läßt sich etwa am Beispiel einer Eiche zeigen. Wir betrachten nämlich das Heranwachsen einer Eiche im Gegensatz zu ihrem Absterben nicht als einen bloß naturgesetzlichen Prozeß. Wenn eine Eichel zu einer Eiche herangewachsen ist, hat sie für uns ihre höchste Entwicklungsstufe und damit ihr ,,Ziel" erreicht. Im Hinblick auf diesen Zustand der Vollkommenheit wird die Entwicklung heranwachsender Eichen von uns erklärt und als gut oder schlecht beurteilt. Und von diesem Ziel her bestimmen wir auch, welche ,,Funktion" den verschiedenen Bestandteilen und Wachstumsphasen der Eiche zukommt. [...]

In der Tat wird das Verständnis der teleologischen Naturauffassung auch dadurch erschwert, daß sie außer dem Unterschied zwischen deskriptiven und präskriptiven Aussagen auch den für das moderne Denken so wichtigen Unterschied verwischt zwischen Menschen, die selbstgesetzte Zwecke bewußt verfolgen, und anderen belebten oder unbelebten Dingen. Denn in der teleologischen Weltsicht strebt der Mensch, wie alle anderen Dinge auch, einem bestimmten arteigenen Vollendungszustand oder Ziel zu, und die Tatsache, daß er dies im Gegensatz zu anderen Dingen bewußt zu tun vermag, wird nicht als grundsätzlicher Unterschied zwischen ihm und der übrigen Natur aufgefaßt. Dieser spezifisch menschliche Ziel- oder Vollendungszustand ist zum einen – wie bei anderen Lebewesen auch – ein Zustand biologischer Reife und vollentwickelter physischer Kräfte; doch er umfaßt auch, als das spezifisch menschliche Element, eine in Denken und Handeln zum Ausdruck kommende Entwicklung und Vollkommenheit von Intellekt und Charakter. Im Gegensatz zu anderen Dingen vermag der Mensch durch Überlegung und Reflexion herauszufinden, was zur Vervollkommnung von Intellekt und Charakter beiträgt, und danach zu streben. Trotzdem ist nach dieser teleologischen Sichtweise der Zustand der Vollkommenheit nicht deshalb als Ziel oder Wert für den Menschen anzusehen, weil er ihn erstrebt; der Mensch erstrebt diesen Zustand vielmehr, weil er ihm bereits als natürliches Ziel vorgegeben ist.

In unserer Vorstellungs- und Redeweise vom Menschen hat sich viel von der teleologischen Naturauffassung erhalten. Wenn wir bestimmte Motive als menschliche *Bedürfnisse* und ihre Befriedigung als *gut* bezeichnen, oder wenn wir etwas, das einem Menschen angetan oder von ihm erlitten wird, als *Schädigung* oder *Verletzung* ansehen, so ist das eine verschlüsselte Form der teleologischen Sichtweise. So halten wir das menschliche Verlangen nach Nahrung und Schlaf trotz der Tatsache, daß einige Menschen Nahrung und Schlaf verweigern, um zu sterben, nicht bloß für einen regelmäßig auftretenden Umstand, der auch anders sein könnte. Es handelt sich bei Nahrung und Schlaf um menschliche Bedürfnisse, selbst wenn einige Menschen diese Bedürfnisse, wenn sie auftreten, nicht befriedigen. Wir beschränken uns also nicht darauf zu sagen, es sei natürlich, zu essen und zu schlafen, sondern wir sagen auch, daß jedermann von Zeit zu Zeit essen und schlafen sollte, oder daß es von Natur aus gut sei, dies zu tun. In solchen Urteilen dient der Ausdruck „von Natur aus" dazu, eine Abgrenzung von anderen Urteilen über menschliches Verhalten vorzunehmen: zum einen von Urteilen über reine Konventionen oder von Menschen gesetzte Verhaltensvorschriften, deren Inhalt sich nicht durch Reflexion ermitteln läßt (etwa „du solltest deinen Hut abnehmen"); zum anderen von Urteilen, die lediglich feststellen, was zur Erreichung irgendeines Zieles zu tun ist, das irgend jemand irgendwann zufällig haben mag. Die teleologische Sichtweise zeigt sich auch in unserer Auffassung von den *Funktionen* körperlicher Organe und darin, daß wir zwischen Funktionen und bloßen Kausalzusammenhängen unterscheiden. Wir sagen, es sei die Funktion des Herzens, den Kreislauf in Gang zu halten, aber wir sagen nicht, krebsartige Wucherungen hätten die Funktion, den Tod herbeizuführen.

Diese einfachen Beispiele wurden ausgewählt, um teleologische Einflüsse, die in unserem alltäglichen Denken über menschliches Verhalten immer noch vorhanden sind, zu veranschaulichen; sie wurden der biologischen Sphäre entnommen, die Mensch und Tier gemeinsam ist. Man wird mit Recht sagen, daß diese Art zu denken und zu reden offensichtlich unter einer stillschweigenden Voraussetzung steht: daß das rechte Ziel menschlicher Aktivität das Überleben ist. Und dies wiederum läßt sich auf die einfache und kontingente Tatsache zurückführen, daß die meisten Menschen die meiste Zeit den Wunsch haben, weiterzuleben. Die Handlungen, die wir als „von Natur aus gut" bezeichnen, sind die zum Überleben notwendigen. Auch die Vorstellungen von menschlichen Bedürfnissen, von Schäden und von der Funktion körperlicher Organe oder Veränderungen beruht auf derselben einfachen Voraussetzung. Wenn man über sie nicht hinausgeht, gelangt man selbstverständlich nur zu einer sehr bescheidenen Version von Naturrecht. Denn die klassischen Vertreter der naturrechtlichen Sichtweise begriffen das Überleben (perseverare in esse suo) im Rahmen ihres weitaus komplexeren und sehr viel problematischeren Ansatzes nur als unterste Ebene dessen, was der Zweck oder das höchste Gut des Menschen sei. Aristoteles etwa bezog die als Selbstzweck betriebene Ausbildung des menschlichen Geistes mit ein und Thomas von Aquin die Erkenntnis Gottes – beides Werte, deren Berechtigung man in Zweifel ziehen kann und auch tatsächlich in Zweifel gezogen hat. Andere Denker wie Hobbes und Hume waren weniger ambitioniert. Sie sahen in dem bescheidenen Ziel des Überlebens den zentralen und unbestreitbaren Faktor, der die Naturrechtsterminologie empirisch sinnvoll erscheinen läßt. ,,Es liegt in der Natur des Menschen, daß er nur im Zusammenschluß mit anderen Menschen überleben kann. Und ein solcher Zusammenschluß wäre unmöglich, wenn die Gesetze der Billigkeit und Gerechtigkeit keine Beachtung fänden.“ (Hume)

Dieser einfache Gedanke, der in der Tat mit den wesentlichen Merkmalen von Recht und Moral eng zusammenhängt, läßt sich von den problematischeren Bestandteilen der allgemeinen teleologischen Sichtweise trennen, die als Zweck oder höchstes Gut für den Menschen eine ganz bestimmte Art der Lebensführung ansieht, über die man in Wirklichkeit jedoch höchst unterschiedlicher Meinung sein kann. Außerdem benötigen wir im Fall des Überlebens nicht die dem modernen Denken zu metaphysisch erscheinende Annahme, daß der Mensch das Überleben notwendig anstrebt, weil es ihm als eigentliches Ziel oder als wahrer Zweck gesetzt sei. Statt dessen können wir den Überlebenswillen des Menschen als bloß kontingente Tatsache ansehen, mit der es sich auch anders verhalten könnte; und mit der Rede vom Überleben als einer menschlichen Ziel- oder Zwecksetzung brauchen wir nur zu meinen, daß die Menschen faktisch überleben wollen.

Doch selbst wenn wir das Überlebensziel in dieser theoretisch unbelasteten Weise verstehen, so spielt es doch immer noch eine besondere Rolle für das menschliche Verhalten und unsere Vorstellungen darüber. Diese Sonderstellung entspricht der großen Bedeutung und der Notwendigkeit, die dem Überlebensziel in den überkommenen Naturrechtslehren zugeschrieben werden. Denn es ist nicht nur so, daß eine überwältigende Mehrheit der Menschen überleben will, selbst um den Preis größten Elends. Diese Tatsache kommt auch in ganzen Bereichen unseres Denkens und Redens über die Welt und uns selbst deutlich zum Ausdruck. Ohne die Voraussetzung eines allgemeinen Willens zum Überleben würden Begriffe wie Gefahr und Sicherheit, Schaden und Nutzen, Bedürfnis und Funktion, Krankheit und Heilung einen Teil ihrer Bedeutung einbüßen. Denn mit diesen Begriffen werden Dinge zugleich beschrieben und – im Hinblick auf ihren Beitrag zu dem anerkannten Ziel des Überlebens – bewertet.

Es gibt jedoch einfachere und weniger philosophische Überlegungen, die zeigen, daß das Überleben notwendig als Ziel anerkannt werden muß, und zwar im Sinne einer unmittelbaren Relevanz für die Diskussion menschlicher Rechts- und Moralordnungen. Das Überlebensziel ergibt sich aus den Voraussetzungen, unter denen wir diskutieren; denn unser Interesse gilt den sozialen Bedingungen für eine gesicherte Existenz, nicht denen für einen Verein von Selbstmördern. Wir möchten wissen, ob es unter diesen Bedingungen solche gibt, die sinnvoll als durch die Vernunft erkennbare Naturrechtsnormen charakterisiert werden können, und in welcher Beziehung sie zur menschlichen Rechts- und Moralordnung stehen. Um diese oder irgendeine andere Frage danach, *wie* Menschen miteinander leben sollen, stellen zu können, müssen wir voraussetzen, *daß* sie – allgemein gesprochen – leben wollen. Von diesem Punkt aus sind die weiteren Überlegungen einfach. Die Reflexion über einige offenkundige allgemeine Wahrheiten, ja Selbstverständlichkeiten über Natur und Umwelt des Menschen zeigt, daß jede Form sozialer Organisation, um lebensfähig zu sein, bestimmte Verhaltensregeln vorsehen muß, solange jene Wahrheiten gelten. Derartige Regeln bilden tatsächlich einen gemeinsamen Bestandteil in den Rechts- und Moralvorstellungen aller Gesellschaften, die eine Entwicklungsstufe erreicht haben, auf der Recht und Moral als unterschiedliche Arten sozialer Kontrolle anerkannt sind. Daneben gibt es in Recht und Moral dieser Gesellschaften viele Normen, die für die jeweilige Gesellschaft charakteristisch sind, sowie viele, die als willkürlich oder beliebig erscheinen können. Jene universal anerkannten Verhaltensnormen, die in grundlegenden Wahrheiten über den Menschen, seine natürliche Umwelt und seine Ziele verankert sind, kann man als den *Minimalgehalt* des Naturrechts betrachten, im Unterschied zu den anspruchsvolleren und auch anfechtbareren Systemen, die in der Vergangenheit häufig als Naturrecht auftraten. Im folgenden sollen anhand von fünf selbstverständlichen Wahrheiten jene typischen Eigenschaften der menschlichen Natur untersucht werden, auf denen dieser bescheidene, aber bedeutsame Minimalgehalt beruht.

Für das Verständnis der im folgenden genannten selbstverständlichen Wahrheiten und ihrer Beziehungen zu Recht und Moral ist die Feststellung wichtig, daß die betreffenden Tatsachen, sofern man das Überleben als Ziel unterstellt, jeweils einen *Vernunftgrund* dafür darstellen, daß Recht und Moral bestimmte Verhaltensnormen enthalten müssen. Die Argumentation läuft stets darauf hinaus, daß Recht und Moral ohne solche Verhaltensnormen menschliches Überleben, das den Mindestzweck aller sozialen Zusammenschlüsse bildet, nicht sichern könnten. Wo diese Mindesterfordernisse nicht erfüllt sind, gibt es für den Menschen, so wie er ist, keinen guten Grund, *irgendwelchen* Normen freiwillig zu gehorchen. Ein Mindestmaß an freiwilliger Normbefolgung seitens derjenigen, die erkennen, daß es in ihrem Interesse liegt, die Normenordnung aufrechtzuerhalten und sich ihr zu unterwerfen, ist aber Voraussetzung dafür, daß gegenüber jenen, die die Normen nicht freiwillig befolgen, Zwang ausgeübt werden kann. Es muß betont werden, daß es in diesem Ansatz um eine rein vernunftmäßige Beziehung zwischen natürlichen Tatsachen und gewissen Inhalten von Recht und Moral geht; denn es ist möglich und wichtig, auch Untersuchungen über ganz andere Arten der Beziehung zwischen Recht und Moral einerseits und natürlichen Tatsachen andererseits anzustellen. So mag es sein, daß die noch jungen Wissenschaften der Soziologie und Psychologie die Entdeckung machen werden oder sogar schon gemacht haben, daß nur unter bestimmten physikalischen, psychologischen oder ökonomischen Bedingungen (zum Beispiel nur dann, wenn Kleinkinder in bestimmter Weise in der Familie ernährt und erzogen werden) ein Rechtssystem oder ein Moralkodex errichtet werden kann, oder daß nur Rechtsnormen eines bestimmten Typs die gewünschte Wirkung haben können. Solche soziologischen oder psychologischen Einflüsse auf Normensysteme beruhen nicht auf Vernunftgründen. Denn sie wirken unabhängig von den bewußten Zielen oder Zwecken jener Menschen, für die sie gelten. Daß Kinder in bestimmter Weise ernährt werden, kann sich durchaus als notwendige Bedingung oder gar als *Ursache*, nicht jedoch als Rechtfertigung oder *Vernunftgrund* dafür erweisen, daß eine Bevölkerung ein Rechts- oder Moralsystem entwickelt oder aufrechterhält. Solche Kausalbeziehungen sind selbstverständlich nicht unvereinbar mit Beziehungen, die auf Zwecken oder bewußten Zielsetzungen beruhen. Man mag jene Beziehungen sogar für wichtiger oder grundlegender halten als diese, da sie möglicherweise die Erklärung bieten, warum die Menschen die bewußten Zielsetzungen oder Zwecke überhaupt haben, welche die Naturrechtsargumentation zum Ausgangspunkt nimmt. Kausalerklärungen jener Art beruhen weder auf selbstverständlichen Wahrheiten noch auf bewußten Zielsetzungen oder Zwekken: Sie müssen in der Soziologie oder Psychologie ähnlich wie sonst in der Wissenschaft mit den Methoden der Verallgemeinerung und Theoriebildung, durch Beobachtung und (soweit möglich) Experiment aufgestellt werden. Kausalbeziehungen sind somit von anderer Art als jene Vernunftgründe, die den Inhalt bestimmter Rechts- und Moralnormen durch die nun folgenden selbstverständlichen Tatsachen zu rechtfertigen suchen. (S. 94–104)

#### 2.6.2.2. Der Minimalinhalt des Naturrechts

##### 2.6.2.2.1. Der Mensch ist verwundbar

Für das soziale Leben sind jene Verbote die wichtigsten, die den Gebrauch von Gewalt zum Zwecke der Tötung oder Körperverletzung untersagen. Man kann sich den grundlegenden Charakter solcher Normen durch eine Frage klarmachen. Angenommen, es gäbe diese Normen nicht: Welchen Sinn könnte es dann für Wesen unserer Beschaffenheit besitzen, überhaupt irgendwelche Normen zu haben? [...] Wenn die Menschen nicht durch ihresgleichen verwundbar wären, entfiele ein offensichtlicher Grund für die typischste aller rechtlichen Normen: Du sollst nicht töten. (S. 104)

##### 2.6.2.2.2. Die Menschen sind annähernd gleich

Die Menschen unterscheiden sich voneinander in ihren physischen Kräften, in ihrer körperlichen Gewandtheit und besonders in ihren geistigen Fähigkeiten. Das ändert jedoch nichts an einer für das Verständnis unterschiedlicher Formen von Recht und Moral sehr bedeutsamen Tatsache: Kein Individuum ist soviel stärker als die anderen, daß es diese ohne Unterstützung längere Zeit beherrschen oder unterdrücken könnte. Selbst der Stärkste muß zeitweilig schlafen und verliert dadurch vorübergehend seine Überlegenheit. Diese Tatsache annähernder Gleichheit verdeutlicht mehr als irgendeine andere die Notwendigkeit eines Systems wechselseitiger Selbstbeschränkungen und Kompromisse, das jeder rechtlichen und moralischen Verpflichtung als Grundlage dient. (S. 105)

##### 2.6.2.2.3. Der Altruismus des Menschen ist begrenzt

So wenig wie die Menschen Teufel sind, so wenig sind sie Engel. Gerade die Tatsache, daß sie sich zwischen diesen beiden Extremen bewegen, läßt ein System wechselseitiger Selbstbeschränkung notwendig und möglich werden. Für Engel, die niemals versucht sind, andere zu verletzen, wären Normen, die Beschränkung fordern, nicht notwendig. Für Teufel, die ohne Rücksicht auf eigene Verluste nur auf Zerstörung aus sind, wären sie nicht möglich. Wie die Dinge beim Menschen liegen, angesichts eines beschränkten und zeitweise aussetzenden Altruismus, ist die Neigung zu Gewalttätigkeiten verbreitet genug, um ein geordnetes Zusammenleben ohne Kontrolle unmöglich zu machen. (S. 106)

##### 2.6.2.2.4. Die Menge der Güter ist begrenzt

Es ist eine bloß kontingente Tatsache, daß die Menschen Nahrung, Kleidung und Unterkunft benötigen, und daß diese Güter nicht in grenzenlosem Überfluß verfügbar, sondern knapp sind und auf natürliche oder künstliche Weise erzeugt werden müssen. Diese Tatsache allein macht eine Minimalform institutionalisierten Eigentums (obgleich nicht unbedingt des Privateigentums) einschließlich der spezifischen Normen zu seinem Schutz notwendig. [...]

Die Normen, die wir bislang untersucht haben, sind insofern *statisch*, als die Individuen selbst keinen Einfluß darauf haben, ob aus diesen Normen für sie Pflichten entstehen und welchen Inhalt diese haben. Die Arbeitsteilung jedoch, die jede Gemeinschaft mit Ausnahme kleinster Gruppen zur angemessenen Bedarfsdeckung entwickeln muß, erfordert Normen, die insofern *dynamisch* sind, als sie Individuen in die Lage versetzen, durch eigene Initiative Verpflichtungen entstehen zu lassen und zu verändern. Dazu gehören Normen, die es uns ermöglichen, die Produkte unserer Arbeit zu übertragen, zu tauschen oder zu verkaufen; denn diese Transaktionen setzen voraus, daß der Träger jener ursprünglichen Rechte und Pflichten, die die einfachste Form des Eigentums ausmachen, wechseln kann.

Die Notwendigkeit der Arbeitsteilung und das zeitlose Bedürfnis nach Zusammenarbeit machen noch andere Arten dynamischer oder verpflichtungserzeugender Normen für das Zusammenleben erforderlich. Durch sie wird erreicht, daß ein Versprechen auch zu einer Verpflichtung führt. Die Institution des Versprechens ermöglicht es den Individuen, sich schriftlich oder mündlich für *den* Fall einer Sanktion zu unterwerfen, daß sie sich nicht in der vereinbarten Weise verhalten. Angesichts des beschränkten Altruismus muß es ein feststehendes Verfahren für solche Selbstverpflichtungen geben, da nur so ein Mindestmaß an Vertrauen in das zukünftige Verhalten anderer Menschen geschaffen und das für eine Zusammenarbeit notwendige Maß an Voraussehbarkeit fremden Verhaltens gesichert werden kann. Die Notwendigkeit solcher Verfahren tritt immer dort besonders deutlich hervor, wo es um den Austausch oder die gemeinsame Absprache von Dienstleistungen geht, oder wo die Güter beim Tausch oder Kauf nicht gleichzeitig oder nicht sofort verfügbar sind. (S. 106–107)

2.6.2.2.5. Einsichtsfähigkeit und Willensstärke des Menschen sind begrenzt

Die Tatsachen, die im menschlichen Zusammenleben Regelungen über Personenschutz, Eigentum und Versprechen erforderlich machen, sind einfach; und der von ihnen ausgehende allseitige Nutzen liegt auf der Hand. Die meisten Menschen sind klug genug, dies einzusehen und ihre unmittelbaren, kurzfristigen Interessen zu opfern, wenn die Befolgung jener Normen es verlangt. Es gibt für die Normbefolgung des Individuums ganz verschiedene Motive: Bei einigen ist es die rationale Erwägung, daß sich die Opfer um der Vorteile willen lohnen; bei anderen ist es ein selbstloses Interesse an der Wohlfahrt der Mitmenschen; und wiederum andere halten die Normen als solche für respektheischend und sehen ihr Ideal darin, ihnen zu dienen.

Allerdings entwickeln nicht alle Menschen den gleichen Grad an Einsicht in ihre langfristigen Interessen, und Willensstärke und Wohlwollen, von denen die Wirksamkeit jener Motive ebenfalls abhängt, sind nicht bei allen Menschen in gleicher Weise vorhanden. Jedermann ist zeitweilig versucht, seinen eigenen unmittelbaren Interessen den Vorzug zu geben, und viele würden dieser Versuchung erliegen, wenn es keine spezielle Organisation zur Entdeckung und Bestrafung von Normverstößen gäbe. Zweifellos sind die Vorteile gegenseitiger Selbstbeschränkung so greifbar, daß diejenigen, die freiwillig im Rahmen einer

Zwangsordnung zusammenarbeiten würden, im Normalfall jeder möglichen Vereinigung von Übeltätern an Zahl und Stärke überlegen sein werden. Doch außer in sehr kleinen, in sich geschlossenen Gesellschaften wäre es töricht, sich einem System von Beschränkungen zu unterwerfen, wenn es keine Organisation mit Zwangsbefugnissen gegenüber denjenigen gäbe, die unter dieser Voraussetzung versuchen würden, die Vorteile des Systems zu genießen, ohne seine Pflichten auf sich zu nehmen. Sanktionen sind daher nicht deshalb erforderlich, weil es ohne sie im allgemeinen kein Motiv zum Rechtsgehorsam gäbe, sondern als *Garantie* dafür, daß die Interessen derjenigen, die freiwillig gehorchen würden, nicht den Interessen derer geopfert werden, die die Normen ohne Zwang *nicht* befolgen würden. Ohne ein Sanktionssystem wäre Normgehorsam mit dem Risiko verbunden, übervorteilt zu werden. Angesichts dieser Gefahr verlangt die Vernunft die *freiwillige* Zusammenarbeit im Rahmen einer *Zwangs*ordnung.

Es verdient Beachtung, daß die natürliche Tatsache annähernder Gleichheit der Menschen auch entscheidende Bedeutung für die Wirksamkeit eines Systems von Sanktionen besitzt. Wären einige Menschen weitaus stärker als andere und daher nicht darauf angewiesen, daß diese sich Beschränkungen auferlegen, so könnten die Rechtsbrecher unter Umständen den Verteidigern von Recht und Ordnung an Macht überlegen sein. Wenn solche Ungleichheiten bestünden, würde die Vollstreckung von Sanktionen scheitern und Gefahren mit sich bringen, die zumindest ebenso groß wären wie jene, denen die Sanktionen eigentlich begegnen sollen.

Unter solchen Umständen würde das soziale Leben nicht auf einem System wechselseitiger Selbstbeschränkung, in dem Gewalt nur ab und zu gegenüber einer Minderheit von Rechtsbrechern angewendet wird, beruhen. Einzig gangbar wäre vielmehr eine Lösung, bei der die Schwachen sich zu möglichst günstigen Bedingungen den Starken unterwerfen und unter ihrem ,,Schutz" leben. Infolge der Güterknappheit entstünden dann verschiedene miteinander konkurrierende Machtzentren, die sich jeweils um ihren ,,starken Mann" gruppieren würden: Es wäre denkbar, daß diese sich von Zeit zu Zeit bekämpften, aber auch, daß die natürliche und nicht zu unterschätzende Sanktion einer möglichen Niederlage zur Grundlage eines unsicheren Friedens würde. In dieser Lage könnten dann die verschiedenen Machtzentren gewisse Normen zur Regelung jener Fragen vereinbaren, um derentwillen sie sich nicht bekämpfen wollen.

Um die einfache Logik annähernder Gleichheit und ihre Bedeutung für das Recht zu erfassen, brauchen wir uns auch hier nicht der Phantasievorstellung einer Welt von Pygmäen und Riesen zu bedienen. Das internationale Zusammenleben, in dem es seit jeher große Machtunterschiede zwischen den Staaten gibt, bietet genügend Anschauungsmaterial. Über Jahrhunderte hinweg hat das Ungleichgewicht zwischen den Nationen einen Zustand aufrecht erhalten, in dem ein rechtlich organisiertes Sanktionssystem unmöglich und das Recht auf die Regelung solcher Fragen beschränkt war, die keine ,,lebenswichtigen" Interessen berühren. Inwieweit Nuklearwaffen, sollten sie einmal allen zugänglich sein, das Übergewicht einzelner Mächte aufheben können und neue Formen der Kontrolle, die stärker dem innerstaatlichen Strafrecht ähneln, mit sich bringen werden, bleibt abzuwarten.

Die einfachen, selbstverständlichen Wahrheiten, die wir diskutiert haben, enthalten nicht nur den sinnvollen Kern der Naturrechtsdoktrin, sondern sind auch von entscheidender Bedeutung für das Verständnis von Recht und Moral und erklären, warum sich eine rein formale Definition von Recht und Moral, die nicht bestimmte Inhalte oder soziale Bedürfnisse berücksichtigt, als so unbefriedigend erwiesen hat. Für die Rechtsphilosophie besteht vielleicht der bedeutsamste Nutzen dieser Betrachtungsweise darin, daß sie gewissen irreführenden Dichotomien entgehen kann, die häufig Unklarheit in die Diskussion der Wesensmerkmale des Rechts bringen. So läßt sich zum Beispiel die traditionelle Frage, ob jede Rechtsordnung Sanktionen vorsehen *muß*, in einem neuen und klareren Licht darstellen, wenn man die Probleme aus der Perspektive unserer weniger anspruchsvollen Naturrechtstheorie sieht. Wir brauchen nicht mehr zwischen den beiden folgenden unangemessenen Alternativen zu wählen, die häufig für erschöpfend gehalten werden: einerseits der Behauptung, die Begriffe ,,Recht" oder ,,Rechtssystem" enthielten den Begriff der ,,Sanktion" als Bedeutungskomponente, und andererseits der These, es sei ein ,,bloßes Faktum", daß die meisten Rechtssysteme Sanktionen vorsehen. Beide Alternativen sind unbefriedigend. Es gibt keine anerkannten Kriterien, die es verbieten, das Wort ,,Recht" auf Systeme anzuwenden, die kein zentral organisiertes Sanktionssystem kennen, und es gibt gute Gründe (wenngleich keine zwingenden), den Ausdruck ,,Völkerrecht" in der Tat auf ein solches System anzuwenden. Andererseits ist es unbedingt erforderlich, daß wir deutlich sehen, welchen Stellenwert Sanktionen im innerstaatlichen Recht haben müssen, wenn dieses den Mindestzielen von Wesen unserer Beschaffenheit dienen soll.

Man darf durchaus behaupten, daß im Rahmen der (oben aufgeführten) natürlichen Tatsachen und Ziele, auf Grund derer Sanktionen im innerstaatlichen Recht möglich und auch erforderlich sind, eine *natürliche Notwendigkeit* für ein Sanktionssystem besteht. Und man wird eine ähnliche Formulierung gebrauchen müssen, wenn man den Stellenwert anderer ebenso unverzichtbarer Elemente des staatlichen Rechts, nämlich bestimmter Grundformen des Schutzes von Personen, Eigentum und Versprechen, angemessen zum Ausdruck bringen will. Dies ist die Form, in der man auf die positivistische Behauptung, eine Rechtsordnung könne jeden beliebigen Inhalt haben, antworten sollte. Denn es ist eine ziemlich wichtige Erkenntnis, daß zur angemessenen Beschreibung nicht nur des Rechts, sondern auch vieler anderer sozialer Institutionen neben Definitionen und gewöhnlichen Tatsachenbehauptungen noch eine dritte Kategorie von Aussagen herangezogen werden muß: Aussagen, deren Wahrheit davon abhängt, daß Natur und Umwelt des Menschen die sie charakterisierenden Eigenschaften behalten. (S. 107–110)

### 2.6.3. Aufgabenvorschläge

2.6.3.1. *Kann das Naturrecht nach Hart*
*a) die Grundrechte,*
*b) das Staatsorganisationsrecht,*
*c) das Vertragsrecht,*
*d) das Völkerrecht legitimieren?*

2.6.3.2. *Vergleichen Sie die Naturrechtskonzeptionen bei Welzel (2.5.) und Hart.*

2.6.3.3. *Welche Umstände könnten nach Hart ein Widerstandsrecht gegen die Inhaber staatlicher Gewalt begründen?*

## 2.7. **Moderne Gerechtigkeitstheorien**

Text aus: Rawls, John: Eine Theorie der Gerechtigkeit (Übers. von H. Vetter). Frankfurt/M.: Suhrkamp 1975, S. 27–31, S. 81–83, S. 175–176, Zwischentitel 2.7.2.3. neu, ohne Fußnoten.

### 2.7.1. Texteinleitung

John Rawls wurde am 21. 2. 1921 in Baltimore geboren. In seiner „Theorie der Gerechtigkeit" knüpft er an die Lehre vom Gesellschaftsvertrag an, die in der Rechtsphilosophie der Aufklärung von Hobbes bis Kant eine zentrale Rolle gespielt hatte. Schon in der traditionellen Fassung dieser Lehre – spätestens bei Kant – wird der Gesellschaftsvertrag nicht als ein historisches Faktum verstanden, sondern als gedankliche Konstruktion zur Gewinnung von Kriterien für eine gerechte Gesellschaftsordnung; so versteht auch Rawls die Berufung auf den Gesellschaftsvertrag. Entscheidend für die Rawlssche Fassung dieser Lehre ist die Ausgangsposition, der „Urzustand", in dem die Menschen diesen fiktiven Gesellschaftsvertrag über die Grundstruktur der Gesellschaft schließen. Rawls fingiert, daß die Vertragschließenden weder ihre natürlichen Gaben noch ihre soziale Stellung noch ihre persönlichen und gesellschaftlichen Ideale kennen. Rawls bezeichnet diese Voraussetzung als „Schleier des Nichtwissens" („veil of ignorance").

Der Sinn dieser Argumentationsweise kann darin gesehen werden, die elementaren, fundamentalen Bedürfnisse der Menschen im gesellschaftlichen Zusammenleben herauszustellen. Ein Konsens über diese Bedürfnisse hat aber folgende Voraussetzung: Da jeder damit rechnen muß, in der späteren Gesellschaft am wenigsten privilegiert zu sein, wird er nur einer Ordnung zustimmen, die die elementaren und fundamentalen Bedürfnisse aller befriedigt. Rawls sieht als solche fundamentalen Prinzipien in erster Linie die gleichen Grundfreiheiten an, in zweiter Linie die möglichst gleiche Beteiligung an den in gesellschaftlicher Arbeit erzeugten Gütern, wobei er freilich Ungleichheiten akzeptiert, wenn diese auch den unterprivilegierten Gruppen zugute kommen.

Rawls versteht seine Lehre als Grundlage einer liberalen Demokratie. Von seinem egalitär individualistischen Ansatz her kritisiert er utilitaristische Richtungen, welche die Maximierung des gesellschaftlichen Nutzens ohne Rücksicht auf das Verteilungsproblem zum Ziel erheben.

In der Konstruktion des Urzustandes stecken die Prämissen der Rawlsschen Gerechtigkeitsvorstellung, so daß insoweit eine zirkelhafte Argumentation nicht zu übersehen ist. Insbesondere fehlt eine Begründung dafür, daß inhaltliche soziale Ideale die Bedeutung der eher formalen Prinzipien von Freiheit und Gleichheit für die Aufstellung der Grundstruktur der Gesellschaft nicht modifizieren können: es wird nicht hinreichend erklärt, warum die im Urzustand getroffenen Entscheidungen in der gesellschaftlichen Wirklichkeit verbindlich bleiben müssen, wenn der „Schleier des Nichtwissens" (insoweit) gelüftet worden ist.

### 2.7.2. Texte

#### 2.7.2.1. Der Hauptgedanke der Theorie der Gerechtigkeit

Ich möchte eine Gerechtigkeitsvorstellung darlegen, die die bekannte Theorie des Gesellschaftsvertrages etwa von Locke, Rousseau und Kant verallgemeinert und auf eine höhere Abstraktionsebene hebt. Dazu darf man sich den ursprünglichen Vertrag nicht so vorstellen, als ob er in eine bestimmte Gesellschaft eingeführt würde oder eine bestimmte Regierungsform errichtete. Der Leitgedanke ist vielmehr, daß sich die ursprüngliche Übereinkunft auf die Gerechtigkeitsgrundsätze für die gesellschaftliche Grundstruktur bezieht. Es sind diejenigen Grundsätze, die freie und vernünftige Menschen in ihrem eigenen Interesse in einer anfänglichen Situation der Gleichheit zur Bestimmung der Grundverhältnisse ihrer Verbindung annehmen würden. Ihnen haben sich alle weiteren Vereinbarungen anzupassen; sie bestimmen die möglichen Arten der gesellschaftlichen Zusammenarbeit und der Regierung. Diese Betrachtungsweise der Gerechtigkeitsgrundsätze nenne ich Theorie der Gerechtigkeit als Fairneß.

Wir wollen uns also vorstellen, daß diejenigen, die sich zu gesellschaftlicher Zusammenarbeit vereinigen wollen, in einem gemeinsamen Akt die Grundsätze wählen, nach denen Grundrechte und -pflichten und die Verteilung der gesellschaftlichen Güter bestimmt werden. Die Menschen sollen im voraus entscheiden, wie sie ihre Ansprüche gegeneinander regeln wollen und wie die Gründungsurkunde ihrer Gesellschaft aussehen soll. Ganz wie jeder Mensch durch vernünftige Überlegung entscheiden muß, was für ihn das Gute ist, d. h. das System der Ziele, die zu verfolgen für ihn vernünftig ist, so muß eine Gruppe von Menschen ein für allemal entscheiden, was ihnen als gerecht und ungerecht gelten soll. Die Entscheidung, die vernünftige Menschen in dieser theoretischen Situation der Freiheit und Gleichheit treffen würden, bestimmt die Grundsätze der Gerechtigkeit. (Wir nehmen für den Augenblick an, daß dieses Entscheidungsproblem eine Lösung hat.)

In der Theorie der Gerechtigkeit als Fairneß spielt die ursprüngliche Situation der Gleichheit dieselbe Rolle wie der Naturzustand in der herkömmlichen Theorie des Gesellschaftsvertrags. Dieser Urzustand wird natürlich nicht als ein wirklicher geschichtlicher Zustand vorgestellt, noch weniger als primitives Stadium der Kultur. Er wird als rein theoretische Situation aufgefaßt, die so beschaffen ist, daß sie zu einer bestimmten Gerechtigkeitsvorstellung führt. Zu den wesentlichen Eigenschaften dieser Situation gehört, daß niemand seine Stellung in der Gesellschaft kennt, seine Klasse oder seinen Status, ebensowenig sein Los bei der Verteilung natürlicher Gaben wie Intelligenz oder Körperkraft. Ich nehme sogar an, daß die Beteiligten ihre Vorstellung vom Guten und ihre besonderen psychologischen Neigungen nicht kennen. Die Grundsätze der Gerechtigkeit werden hinter einem Schleier des Nichtwissens festgelegt. Dies gewährleistet, daß dabei niemand durch die Zufälligkeiten der Natur oder der gesellschaftlichen Umstände bevorzugt oder benachteiligt wird. Da sich alle in der gleichen Lage befinden und niemand Grundsätze ausdenken kann, die ihn aufgrund seiner besonderen Verhältnisse bevorzugen, sind die Grundsätze der Gerechtigkeit das Ergebnis einer fairen Übereinkunft oder Verhandlung. Denn in Anbetracht der Symmetrie aller zwischenmenschlichen Beziehungen ist dieser Urzustand fair gegenüber den moralischen Subjekten, d. h. den vernünftigen Wesen mit eigenen Zielen und – das nehme ich an – der Fähigkeit zu einem Gerechtigkeitsgefühl. Den Urzustand könnte man den angemessenen Ausgangszustand nennen, und damit sind die in ihm getroffenen Grundvereinbarungen fair. Das rechtfertigt die Bezeichnung „Gerechtigkeit als Fairneß“: Sie drückt den Gedanken aus, daß die Grundsätze der Gerechtigkeit in einer fairen Ausgangssituation festgelegt werden. Sie will nicht besagen, die Begriffe der Gerechtigkeit und der Fairneß seien ein und dasselbe, ebensowenig wie der Ausdruck „Dichtung als Metapher“ sagen will, Dichtung und Metapher seien dasselbe.

Die Gerechtigkeit als Fairneß beginnt, so sagte ich, mit der allgemeinsten Entscheidung, die Menschen überhaupt zusammen treffen können, nämlich mit der Wahl der ersten Grundsätze einer Gerechtigkeitsvorstellung, die für alle spätere Kritik und Veränderung von Institutionen maßgebend sein soll. Nachdem sie nun eine Gerechtigkeitsvorstellung festgelegt haben, können wir uns vorstellen, daß sie eine Verfassung, ein Gesetzgebungsverfahren und anderes wählen müssen, alles gemäß den anfänglich vereinbarten Gerechtigkeitsgrundsätzen. Unsere gesellschaftlichen Verhältnisse sind gerecht, wenn das ihnen zugrunde liegende allgemeine Regelsystem durch diese Abfolge fiktiver Vereinbarungen erzeugt worden ist. Nimmt man an, daß der Urzustand tatsächlich ein System von Grundsätzen bestimmt (daß also eine bestimmte Gerechtigkeitsvorstellung gewählt würde), dann gilt des weiteren: Wer in gesellschaftliche Institutionen eingebunden ist, die diesen Grundsätzen entsprechen, kann einem anderen Mitglied gegenüber behaupten, beide arbeiteten nach Regeln zusammen, auf die sie sich einigen würden, wenn sie freie und gleiche Menschen wären und in fairen Beziehungen zueinander stünden. Alle könnten von ihren Verhältnissen behaupten, sie erfüllten die Bedingungen, die man in einem Urzustand aufstellen würde, der weithin anerkannte und vernünftige Einschränkungen für die Wahl der Grundsätze enthält. Die allgemeine Anerkennung dieser Tatsache wäre die Grundlage für die allgemeine Anerkennung der entsprechenden Gerechtigkeitsgrundsätze. Natürlich kann keine Gesellschaft ein Plan der Zusammenarbeit sein, dem die Menschen im buchstäblichen Sinne freiwillig beitreten; jedermann findet sich bei seiner Geburt in einer bestimmten Position in einer bestimmten Gesellschaft, die seine Lebenschancen entscheidend beeinflußt. Doch eine Gesellschaft, die den Grundsätzen der Gerechtigkeit als Fairneß entspricht, kommt einem freiwilligen System noch am nächsten, denn sie entspricht den Grundsätzen, denen freie und gleiche Menschen unter fairen Bedingungen zustimmen würden. In diesem Sinne sind ihre Mitglieder autonom und die von ihnen anerkannten Pflichten selbstauferlegt.

Zur Gerechtigkeit als Fairneß gehört die Vorstellung, daß die Menschen im Urzustand vernünftig sind und keine aufeinander gerichteten Interessen haben. Das bedeutet nicht, daß sie Egoisten wären, die also nur ganz bestimmte Interessen hätten, etwa an Reichtum, Ansehen oder Macht. Sie werden aber so vorgestellt, daß sie kein Interesse an den Interessen anderer nehmen. Sie halten selbst ihre geistigen Ziele für möglicherweise entgegengesetzt wie etwa die Ziele der Angehörigen verschiedener Religionen. Ferner muß der Begriff der Vernünftigkeit im engstmöglichen Sinne verstanden werden, wie es in der Wirtschaftstheorie üblich ist: daß zu gegebenen Zielen die wirksamsten Mittel eingesetzt werden. Später[...] werde ich diesen Begriff etwas abändern, doch man sollte in ihn nach Möglichkeit keine strittigen ethischen Eigenschaften hineinlegen. Der Urzustand muß auf weithin anerkannte Weise charakterisiert werden.

Bei der Erarbeitung des Begriffs der Gerechtigkeit als Fairneß besteht eine Hauptaufgabe offenbar in der Bestimmung der Gerechtigkeitsgrundsätze, die im Urzustand gewählt würden. Dazu müssen wir diesen Zustand ausführlicher beschreiben und das vorliegende Entscheidungsproblem sorgfältig formulieren.[...] Übrigens ist es eine offene Frage, ob bei einer Einigung auf die Grundsätze der Gerechtigkeit in einer Situation der Gleichheit das Nutzenprinzip anerkannt würde. Auf den ersten Blick erscheint es kaum als naheliegend, daß Menschen, die sich als Gleiche sehen und ihre Ansprüche gegeneinander geltend machen können, sich auf einen Grundsatz einigen sollten, der einigen geringere Lebenschancen auferlegt, nur weil die Summe der Vorteile für die anderen größer ist. Da jeder seine Interessen – die Möglichkeit, seiner Vorstellung vom Guten nachzugehen – schützen möchte, gibt es für niemanden einen Grund, sich selbst mit einem dauernden Verlust zufrieden zu geben, um insgesamt mehr Befriedigung hervorzubringen. Ohne starke und beständige altruistische Motive würde kein vernünftiger Mensch eine Grundstruktur akzeptieren, nur weil sie die Summe der Annehmlichkeiten für alle zusammengenommen erhöht – ohne Rücksicht auf ihre dauernden Wirkungen auf seine eigenen Grundrechte und Interessen. Das Nutzenprinzip scheint also unvereinbar zu sein mit der Vorstellung gesellschaftlicher

Zusammenarbeit zwischen Gleichen zum gegenseitigen Vorteil, mit dem Gedanken der Gegenseitigkeit, der im Begriff einer wohlgeordneten Gesellschaft enthalten ist. Diese Auffassung werde ich jedenfalls vertreten. (S. 27–31)

### 2.7.2.2. Die beiden Grundsätze der Gerechtigkeit

Ich werde jetzt in einer vorläufigen Form die beiden Gerechtigkeitsgrundsätze angeben, auf die man sich nach meiner Auffassung im Urzustand einigen würde. Die erste Formulierung dieser Grundsätze ist eine vorläufige. Im folgenden werde ich zu mehreren weiteren Formulierungen kommen, die sich schrittweise der später anzugebenden endgültigen nähern. Mir scheint, daß damit die Darstellung einen natürlichen Weg geht.

Die erste Formulierung der beiden Grundsätze lautet folgendermaßen:

1. Jedermann soll gleiches Recht auf das umfangreichste System gleicher Grundfreiheiten haben, das mit dem gleichen System für alle anderen verträglich ist.

2. Soziale und wirtschaftliche Ungleichheiten sind so zu gestalten, daß (a) vernünftigerweise zu erwarten ist, daß sie zu jedermanns Vorteil dienen, und (b) sie mit Positionen und Ämtern verbunden sind, die jedem offen stehen.

[...]

Diese Grundsätze beziehen sich hauptsächlich[...] auf die Grundstruktur der Gesellschaft und bestimmen die Zuweisung von Rechten und Pflichten und die Verteilung gesellschaftlicher und wirtschaftlicher Güter. Ihre Formulierung setzt voraus, daß für die Zwecke einer Theorie der Gerechtigkeit die Sozialstruktur als aus zwei mehr oder weniger abgegrenzten Teilen bestehend angesehen werden kann, wobei sich die beiden Grundsätze jeweils auf einen von diesen beziehen. Wir unterscheiden also zwischen den Seiten des Gesellschaftssystems, die die gleichen Grundfreiheiten festlegen und sichern, und denen, die gesellschaftliche und wirtschaftliche Ungleichheiten bestimmen und einführen. Es ist nun von Bedeutung, daß die Grundfreiheiten durch eine Liste derartiger Freiheiten festgelegt sind. Wichtig unter ihnen sind die politische Freiheit (das Recht, zu wählen und öffentliche Ämter zu bekleiden) und die Rede- und Versammlungsfreiheit; die Gewissens- und Gedankenfreiheit; die persönliche Freiheit, zu der der Schutz vor psychologischer Unterdrükkung und körperlicher Mißhandlung und Verstümmelung gehört (Unverletzlichkeit der Person); das Recht auf persönliches Eigentum und der Schutz vor willkürlicher Festnahme und Haft, wie es durch den Begriff der Gesetzesherrschaft festgelegt ist. Diese Freiheiten sollen nach dem ersten Grundsatz für jeden gleich sein.

Der zweite Grundsatz bezieht sich in erster Näherung auf die Verteilung von Einkommen und Vermögen und die Beschaffenheit von Organisationen, in denen es unterschiedliche Macht und Verantwortung gibt. Die Verteilung des Einkommens und Vermögens muß nicht gleichmäßig sein, aber zu jedermanns Vorteil, und gleichzeitig müssen mit Macht und Verantwortung ausgestattete Positionen jedermann zugänglich sein. Der zweite Grundsatz kommt dadurch zum Tragen, daß die Positionen offen gehalten werden und dann unter dieser Einschränkung die sozialen und wirtschaftlichen Ungleichheiten zu jedermanns Nutzen gestaltet werden.

Diese Grundsätze sollen in lexikalischer Ordnung stehen, derart, daß der erste dem zweiten vorausgeht. Diese Ordnung bedeutet, daß Verletzungen der vom ersten Grundsatz geschützten gleichen Grundfreiheiten nicht durch größere gesellschaftliche oder wirtschaftliche Vorteile gerechtfertigt oder ausgeglichen werden können. Diese Freiheiten haben einen Kern-Anwendungsbereich, innerhalb dessen sie nur beschränkt werden können, wenn sie mit anderen Grundfreiheiten in Konflikt geraten. Deshalb ist zwar keine von ihnen absolut; doch welches System auch aus ihnen gebildet wird, es muß für alle Menschen dasselbe sein. Es ist schwierig, ja vielleicht unmöglich, diese Freiheiten unabhängig von den besonderen sozialen, wirtschaftlichen und technischen Bedingungen einer gegebenen Gesellschaft vollständig anzugeben. Doch unsere Hypothese ist, daß sich die allgemeine Form einer solchen Liste so genau angeben läßt, daß diese Gerechtigkeitsvorstellung darauf aufgebaut werden kann. Freiheiten, die nicht in der Liste enthalten sind – etwa das Recht auf bestimmte Arten des Eigentums (z. B. an Produktionsmitteln) oder die Vertragsfreiheit im Sinne der Theorie des laissez-faire –, sind eben keine Grundfreiheiten und genießen nicht den Schutz, den der Vorrang des ersten Grundsatzes gewährt. Was schließlich den zweiten Grundsatz anbelangt, so müssen die Vermögens- und Einkommensverteilung und die mit Macht und Verantwortung ausgestatteten Positionen sowohl mit den Grundfreiheiten als auch mit der Chancengleichheit im Einklang stehen.

Die beiden Grundsätze sind recht speziellen Inhalts, und ihre Anerkennung hängt von gewissen Voraussetzungen ab, die ich letzten Endes versuchen muß zu erklären und zu rechtfertigen. Für den Augenblick ist zu vermerken, daß diese Grundsätze ein Spezialfall einer allgemeineren Gerechtigkeitsvorstellung sind, die man folgendermaßen formulieren kann:

Alle sozialen Werte – Freiheit, Chancen, Einkommen, Vermögen und die sozialen Grundlagen der Selbstachtung – sind gleichmäßig zu verteilen, soweit nicht eine ungleiche Verteilung jedermann zum Vorteil gereicht.

Ungerechtigkeit besteht demnach einfach in Ungleichheiten, die nicht jedermann Nutzen bringen. (S. 81–83)

### 2.7.2.3. Die Entscheidungen im „Urzustand"

Nehmen wir nun die Lage eines beliebigen Menschen im Urzustand. Er kann sich auf keine Weise besondere Vorteile verschaffen. Ebensowenig gibt es für ihn Gründe, sich mit besonderen Nachteilen zufrieden zu geben. Da er vernünftigerweise für sich nicht mehr als einen gleichen Anteil an den gesellschaftlichen Grundgütern erwarten kann und nicht weniger hinnehmen wird, ist es das Vernünftigste, als ersten Schritt einen Gerechtigkeitsgrundsatz anzuerkennen, der eine Gleichverteilung fordert. Die Parteien beginnen also mit einem Grundsatz, der gleiche Grundfreiheiten für alle sowie faire Chancengleichheit und Gleichverteilung von Einkommen und Vermögen fordert.

Doch auch wenn man am Vorrang der Grundfreiheiten und der fairen Chancengleichheit festhält, gibt es keinen Grund, warum diese anfängliche Festlegung endgültig sein sollte. Die Gesellschaft muß die Wirtschaftlichkeit und die Forderungen der Organisation und der Technik berücksichtigen. Wenn es Ungleichheiten des Einkommens und Vermögens und der Macht und Verantwortung gibt, die dahin führen, daß jeder besser gestellt ist als in der Ausgangssituation der Gleichheit, warum sollte man sie nicht zulassen? [...] Die Grundstruktur sollte also diese Ungleichheiten zulassen, solange sie die Lage aller verbessern, auch der am wenigsten Begünstigten, und sofern sie mit der gleichen Freiheit für alle und fairen Chancen vereinbar sind. Da die Parteien zunächst von einer Gleichverteilung aller gesellschaftlichen Grundgüter ausgehen, haben die am wenigsten Begünstigten gewissermaßen ein Vetorecht. So gelangt man zum Unterschiedsprinzip. Es wird mit dem Zustand der Gleichheit verglichen, und diejenigen, die mehr Vorteile haben, müssen das vor denen, die die geringsten Vorteile haben, rechtfertigen können.

Durch derartige Überlegungen können also die Parteien zu den beiden Gerechtigkeitsgrundsätzen in lexikalischer Ordnung gelangen. Ich versuche hier nicht, diese Ordnung zu rechtfertigen, möchte aber im folgenden den intuitiven Gedanken umreißen. Ich gehe davon aus, daß sich die Beteiligten als freie Menschen mit grundlegenden Zielen und Interessen sehen, um deretwillen sie sich zu Ansprüchen gegeneinander bezüglich der Gestaltung der Grundstruktur der Gesellschaft berechtigt fühlen. Das religiöse Interesse ist ein bekanntes geschichtliches Beispiel, ein anderes das an der Unverletzlichkeit der Person. Im Urzustand wissen die Beteiligten nicht, welche besondere Form diese Interessen annehmen; sie gehen aber davon aus, daß sie solche Interessen haben und daß die zu ihrem Schutz nötigen Grundfreiheiten durch den ersten Grundsatz gewährleistet werden. Da sie diese Interessen schützen müssen, geht für sie der erste Grundsatz dem zweiten vor. Die Begründung der beiden Grundsätze läßt sich verbessern, wenn man genauer auf den Begriff des freien Menschen eingeht. Ganz grob gesprochen, schreiben sich die Parteien ein Interesse höchster Ordnung daran zu, wie alle ihre anderen Interessen, auch die grundlegenden, durch gesellschaftliche Institutionen geformt und geregelt werden. Sie glauben nicht, irgendeinen bestimmten Komplex grundlegender Interessen, die sie zu irgendeiner Zeit haben können, unbedingt verfolgen zu müssen oder damit identisch zu sein; sie möchten aber das Recht haben, solchen Interessen (soweit sie berechtigt sind) nachzugehen. Freie Menschen sehen sich so, daß sie ihre letzten Ziele berichtigen und abändern können und an erster Stelle Wert auf die Erhaltung ihrer Freiheit in diesen Dingen legen. Sie haben also nicht nur die Freiheit, ihre letzten Ziele zu verfolgen oder zu verwerfen, sondern ihre ursprüngliche und dann fortgesetzte Treue zu diesen Zielen muß sich unter freien Bedingungen bilden und befestigen. Da die beiden Grundsätze ein Gesellschaftssystem sichern, das diese Bedingungen aufrechterhält, würde man sich auf sie und nicht auf das Nutzenprinzip einigen. Nur so können die Beteiligten sicher sein, daß ihr Interesse höchster Ordnung als freier Menschen gesichert ist. (S. 175–176)

### 2.7.3. Aufgabenvorschläge

2.7.3.1. *Erläutern Sie Funktion und Rahmenbedingungen des von Rawls projektierten Gesellschaftsvertrages.*

2.7.3.2. *Vergleichen Sie die Aussagen über Bestand und Entwicklung von Rechtsgrundsätzen bei Coing (2.3.) und Rawls.*

2.7.3.3. *Versuchen Sie anhand der beiden Grundprinzipien konkrete gesellschaftliche Probleme zu analysieren und zu bewerten (z. B. Radikale im öffentlichen Dienst).*

# 3. KLASSIKER DER RECHTSSOZIOLOGIE

## 3.1. Rechtssoziologie als empirische Wissenschaft

Texte

3.1.2.1., 3.1.2.3.–3.1.2.8. aus: Weber, Max: Wirtschaft und Gesellschaft. Grundriß der verstehenden Soziologie (abgekürzt: WuG). Tübingen: Mohr [4]1956, zwei Halbbände (Seiten durchnumeriert), S. 181–182, S. 18, S. 187, S. 198, S. 502, S. 507, S. 512–513.

3.1.2.2. aus: Weber, Max: Gesammelte Aufsätze zur Soziologie und Sozialpolitik. Tübingen: Mohr 1924 (abgekürzt: SuS), S. 477–478.

Zwischentitel neu.

### 3.1.1. Texteinleitung

Max Weber wurde am 21. 4. 1864 in Erfurt geboren. Nachdem er zunächst eine juristische Ausbildung bis zum Assessorexamen absolviert hatte und Privatdozent für Rechtsgeschichte geworden war, wandte er sich den Wirtschaftswissenschaften und der Soziologie zu. Als Professor für Nationalökonomie lehrte er u. a. in Freiburg und Heidelberg. Er starb am 14. 7. 1920 in München.

Weber gehört zu den ,,Vätern" der modernen Soziologie. Er versteht die Soziologie als strenge Erfahrungswissenschaft: die Lehrsätze der Soziologie müssen durch Erfahrungen über Tatsachen (,,empirisch") überprüfbar sein. Damit sollen aus der Soziologie ,,Werturteile" (,,normative" Sätze, ,,Soll"-Sätze) ebenso ausgeschieden werden wie geschichtsphilosophische Konstruktionen. In seiner Begründung einer ,,verstehenden" Soziologie lehnt Weber die Deutung der Gesellschaft als Kollektivperson oder Großorganismus ab und versucht, gesellschaftliche Vorgänge vom sozialen Handeln des einzelnen, seinem ,,subjektiv gemeinten Sinn" her, zu deuten. Die Rechtssoziologie ist – neben der Religions- und der Herrschaftssoziologie – ein Zentralstück der Weberschen Untersuchungen.

Die Texte stammen – mit einer Ausnahme – aus Webers soziologischem Hauptwerk ,,Wirtschaft und Gesellschaft". Webers Ausgangspunkt in der Rechtssoziologie ist die Unterscheidung zwischen juristischer und soziologischer Betrachtung des Rechts, in der Webers scharfe Trennung zwischen normativen und empirischen Wissenschaften an einem konkreten Problem deutlich wird. Zugleich zeigt sich der ,,verstehende" Ansatz, der Recht als soziales Phänomen ,,in den Köpfen", d. h. in den Rechtsvorstellungen der beteiligten Personen, findet. – Bei der begrifflichen Unterscheidung von Recht, Sitte (Brauch) und Konvention weicht Weber hinsichtlich Sitte und Konvention von der üblichen Terminologie ab, welche die Bezeichnungen bei gleicher sachlicher Unterscheidung im umgekehrten Sinne verwendet. Bei der Begriffsbestimmung des Rechts steht das Vorhandensein eines ,,Rechtsstabes" gegenüber der – möglichen – Anwendung physischer Gewalt im Vordergrund. Diese begriffliche Festlegung ist zu unterscheiden von der Frage, worauf die faktische Geltung des Rechts tatsächlich beruht. Die verbreitete Neigung, aus Webers Begriffsbestimmung des Rechts, in welcher der Zwang eine Rolle spielt, zu schließen, Weber vertrete eine ,,Zwangstheorie" über den realen Geltungsgrund des Rechts, im Gegensatz zur ,,Anerkennungstheorie", nach der die faktische Geltung des Rechts auf einer Anerkennung durch die ,,Bürger" zurückzuführen ist (Ehrlich, 3.2.), ist daher verfehlt.

Der folgende Auszug enthält einerseits die Hypothese, daß die moderne industrielle Entwicklung, die sich Weber jedenfalls hier nur als kapitalistisch-marktwirtschaftliche vorstellt, an die Existenz eines rationalen, kalkulierbaren Rechts gebunden ist. Diese Hypothese wird auch heute noch diskutiert, man kann die Fragestellung auch auf zentrale Verwaltungswirtschaften oder das System der Arbeiterselbstverwaltung ausdehnen. Andererseits betont Weber das Zurücktreten aller anderen sozialen Kontrollmechanismen gegenüber dem staatlichen Recht, eine Beobachtung, die jedenfalls für die wesentlichen Industriegesellschaften auch heute noch zutreffen dürfte.

Der Schlußabschnitt ist eine Untersuchung zur Ideologie des Rechtspersonals kurz vor dem ersten Weltkrieg, der im Hinblick auf die dort angesprochenen Probleme (Methoden der Rechtsanwendung, Freiheit und Bindung des Richters, Recht und Politik) auch heute von aktueller Bedeutung ist (s. Wiethölter, 4.3.; Schelsky, 5.2.).

### 3.1.2. Texte

#### 3.1.2.1. Soziologischer und juristischer Rechtsbegriff – Die Rechtsordnung und die Wirtschaftsordnung

Wenn von „Recht", „Rechtsordnung", „Rechtssatz" die Rede ist, so muß besonders streng auf die Unterscheidung juristischer und soziologischer Betrachtungsweise geachtet werden. Die erstere fragt: was als Recht ideell gilt. Das will sagen: welche Bedeutung, und dies wiederum heißt: welcher normative Sinn einem als Rechtsnorm auftretenden sprachlichen Gebilde logisch richtigerweise zukommen sollte. Die letztere dagegen fragt: was innerhalb einer Gemeinschaft faktisch um deswillen geschieht, weil die Chance besteht, daß am Gemeinschaftshandeln beteiligte Menschen, darunter insbesondere solche, in deren Händen ein sozial relevantes Maß von faktischem Einfluß auf dieses Gemeinschaftshandeln liegt, bestimmte Ordnungen als geltend subjektiv ansehen und praktisch behandeln, also ihr eigenes Handeln an ihnen orientieren. – Darnach bestimmt sich auch die prinzipielle Beziehung zwischen Recht und Wirtschaft.

Die juristische, genauer: die rechtsdogmatische, Betrachtung stellt sich die Aufgabe: Sätze, deren Inhalt sich als eine Ordnung darstellt, welche für das Verhalten eines irgendwie bezeichneten Kreises von Menschen maßgebend sein soll, auf ihren richtigen Sinn, und das heißt: auf die Tatbestände, welche ihr, und die Art, wie sie ihr unterliegen, zu untersuchen. Dabei verfährt sie in der Weise, daß sie die verschiedenen einzelnen Sätze jener Art, ausgehend von ihrer unbezweifelten empirischen Geltung, ihrem logisch richtigen Sinn [nach] dergestalt zu bestimmen trachtet, daß sie dadurch in ein logisch in sich widerspruchsloses System gebracht werden. Dies System ist die „Rechtsordnung" im juristischen Sinn des Wortes. – Die Sozialökonomik dagegen betrachtet dasjenige tatsächliche Handeln der Menschen, welches durch die Notwendigkeit der Orientierung am „wirtschaftlichen Sachverhalt" bedingt ist, in seinen tatsächlichen Zusammenhängen. Die durch die Art des Interessenausgleichs jeweils einverständnismäßig entstandene Verteilung der faktischen Verfügungsgewalt über Güter und ökonomische Dienste und die Art, wie beide kraft jener auf Einverständnis ruhenden faktischen Verfügungsgewalt dem gemeinten Sinn nach tatsächlich verwendet werden, nennen wir „Wirtschaftsordnung". Es liegt auf der Hand, daß beide Betrachtungsweisen sich gänzlich heterogene Probleme stellen und ihre „Objekte" unmittelbar gar nicht in Berührung miteinander geraten können, daß die ideelle „Rechtsordnung" der Rechtstheorie direkt mit dem Kosmos des faktischen wirtschaftlichen Handelns nichts zu schaffen hat, da beide in verschiedenen Ebenen liegen: die eine in der des ideellen Geltensollens, die andere in der des realen Geschehens. Wenn nun trotzdem Wirtschafts- und Rechtsordnung in höchst intimen Beziehungen zueinander stehen, so ist eben diese letztere dabei nicht in juristischem, sondern in soziologischem Sinne verstanden: als empirische Geltung. Der Sinn des Wortes „Rechtsordnung" ändert sich dann völlig. Sie bedeutet dann nicht einen Kosmos logisch als „richtig" erschließbarer

Normen, sondern einen Komplex von faktischen Bestimmungsgründen realen menschlichen Handelns. (S. 181–182)

### 3.1.2.2. Die empirische Geltung des Rechts

Wir [können] einen bestimmten Rechtssatz, z. B. einen Paragraphen des Bürgerlichen Gesetzbuchs in zwei ganz verschiedenen Weisen ansehen. [...] Wir können einmal nach dem „Sinn" dieses Rechtssatzes fragen, d. h., ausgehend davon, daß eine generelle und hypothetisch gefaßte Norm vorhanden ist, fragen: findet sie auf die Fälle X, Y, Z ihrem Sinne nach Anwendung, dergestalt nämlich, daß ein Richter, wenn er „richtig" entscheiden will, so und so entscheiden müßte? Das ist eine dogmatische und keine Tatsachenfrage, keine soziologische Frage, in keinem Sinne dieses Wortes, sondern eine reine Rechtsfrage. Dagegen können wir nun diesen selben Rechtssatz soziologisch ansehen; sofort verändert er nicht nur seinen Sinn, er ist überhaupt etwas ganz anderes. Was „ist" der Rechtssatz soziologisch? Er bedeutet, daß eine gewisse faktische Wahrscheinlichkeit besteht, eine „Chance", daß, wenn jene Tatbestände X, Y, Z, von denen ich vorhin sprach, vorliegen – daß dann faktische Konsequenzen bestimmter Art eintreten, ein faktischer Zwang in bestimmter Richtung ausgeübt werden wird zugunsten desjenigen, der in einer bestimmten Weise sich an bestimmte staatlich eingesetzte Instanzen – die „Gerichte" – wendet, das Geld dafür, was das kostet, zu bezahlen in der Lage und geneigt ist, sich auf die sonstigen Weiterungen, die damit verknüpft sind, einzulassen. Diese Chance: daß also hinter den betreffenden ökonomischen oder sonstigen Interessen, angesichts der durchschnittlich üblichen „Interpretation" eines in einem Gesetzbuch enthaltenen gedruckten Satzes, der Schutz der Staatsgewalt faktisch stehen wird, diese Chance ist eine, dem Prinzip nach, ebenso nach ihrer „Wahrscheinlichkeit" berechenbare Möglichkeit – im Prinzip, nicht de facto – wie irgendein möglicher Vorgang der toten oder lebenden Natur. Die Behauptung der Rechtsdogmatik, daß ein Rechtssatz bestimmten Inhalts „gelte", bedeutet in der Sprache der Soziologie nur: daß eine gewisse Wahrscheinlichkeit besteht, daß gewisse faktische Umstände ein bestimmtes Zwangseingreifen des Staats herbeiführen. (S. 477–478)

### 3.1.2.3. Das Recht als Zwangsordnung

Uns soll für den Begriff „Recht" (der für andre Zwecke ganz anders abgegrenzt werden mag) die Existenz eines Erzwingungs-Stabes entscheidend sein. Dieser braucht natürlich in keiner Art dem zu gleichen, was wir heute gewohnt sind. Insbesondere ist es nicht nötig, daß eine „richterliche" Instanz vorhanden sei. Auch die Sippe (bei der Blutrache und Fehde) ist ein solcher Stab, wenn für die Art ihres Reagierens Ordnungen irgendwelcher Art tatsächlich gelten. Allerdings steht dieser Fall auf der äußersten Grenze dessen, was gerade noch als „Rechtszwang" anzusprechen ist. Dem „Völkerrecht" ist bekanntlich die Qualität als „Recht" immer wieder bestritten worden, weil es an einer überstaatlichen Zwangsgewalt fehle. Für die hier (als zweckmäßig) gewählte Terminologie würde in der Tat eine Ordnung, die äußerlich lediglich durch Erwartungen der Mißbilligung und der Repressalien des Geschädigten[...] garantiert ist, ohne daß ein Stab von Menschen existiert, dessen Handeln eigens auf ihre Innehaltung eingestellt ist, nicht als „Recht" zu bezeichnen sein. Für die juristische Terminologie kann dennoch sehr wohl das Gegenteil gelten. Die Mittel des Zwangs sind irrelevant. Auch die „brüderliche Vermahnung", welche in manchen Sekten als erstes Mittel sanften Zwangs gegen Sünder üblich war, gehört – wenn durch eine Regel geordnet und durch einen Menschenstab durchgeführt – dahin. Ebenso z.B. die zensorische Rüge als Mittel, ,,sittliche" Normen des Verhaltens zu garantieren.[...]Es gibt also natürlich ganz ebenso ein hierokratisch wie ein politisch oder ein durch Vereinsstatuten oder durch Hausautorität oder durch Genossenschaften und Einungen garantiertes ,,Recht". (S. 18)

### 3.1.2.4. Abgrenzung des Rechts von anderen Sozialordnungen

Ein Gebiet, in welches die Rechtsordnung in lückenloser Stufenleiter übergeht, ist dasjenige der ,,Konvention" und weiterhin – was wir begrifflich davon scheiden wollen – der ,,Sitte". Wir wollen unter ,,Sitte" den Fall eines typisch gleichmäßigen Verhaltens verstehen, welches lediglich durch seine ,,Gewohntheit" und unreflektierte ,,Nachahmung" in dem überkommenen Geleise gehalten wird, ein ,,Massenhandeln" also, dessen Fortsetzung dem einzelnen von niemandem in irgendeinem Sinn ,,zugemutet" wird. Unter ,,Konvention" wollen wir dagegen den Fall verstehen, daß auf ein bestimmtes Verhalten zwar eine Hinwirkung stattfindet, aber durch keinerlei physischen oder psychischen Zwang, und überhaupt zum mindesten normalerweise und unmittelbar durch gar keine andere Reaktion als durch die bloße Billigung oder Mißbilligung eines Kreises von Menschen, welche eine spezifische ,,Umwelt" des Handelnden bilden. (S. 187)

### 3.1.2.5. Die Funktion des Rechts in der Marktwirtschaft

[...]Eine Wirtschaftsordnung moderner Art [ist] ohne eine Rechtsordnung von sehr besonderen Eigenschaften, wie sie praktisch nur als ,,staatliche" Ordnung möglich ist, zweifellos nicht durchführbar. Die heutige Wirtschaft beruht auf durch Kontrakte erworbenen Chancen. Soweit auch das eigene Interesse an der ,,Vertragslegalität" und die gemeinsamen Interessen der Besitzenden am gegenseitigen Besitzschutz reichen und so stark Konvention und Sitte den einzelnen in gleichem Sinne auch heute noch bestimmen, so hat doch der Einfluß dieser Mächte infolge der Erschütterung der Tradition – einerseits der traditionsgeordneten Verhältnisse und andererseits des Glaubens an ihre Heiligkeit – auch außerordentlich an Bedeutung eingebüßt, auf der andern Seite sind die Interessen der Klassen so scharf wie je voneinander geschieden, verlangt die moderne Verkehrsgeschwindigkeit ein prompt und sicher funktionierendes, d.h.: ein durch die stärkste Zwangsgewalt garantiertes Recht und hat, vor allem, die moderne Wirtschaft kraft ihrer Eigenart die andern Verbände, welche Träger von Recht und also Rechtsgarantie waren, vernichtet. Dies ist das Werk der Marktentwicklung. Die universelle Herrschaft der Marktvergesellschaftung verlangt einerseits ein nach rationalen Regeln kalkulierbares Funktionieren des Rechts. Und andererseits begünstigt die Marktverbreiterung, die wir als charakteristische Tendenz jener kennenlernen werden, kraft der ihr immanenten Konsequenzen die Monopolisierung und Reglementierung aller ,,legitimen" Zwangsgewalt durch eine universalistische Zwangsanstalt, durch die Zersetzung aller partikulären, meist auf ökonomischen Monopolen ruhenden ständischen und anderen Zwangsgebilde. (S. 198)

### 3.1.2.6. Naturrecht und positives Recht

[...]Infolge der fortschreitenden Zersetzung und Relativierung aller metajuristischen Axiome[...], teils durch den juristischen Rationalismus selbst, teils durch die Skepsis des modernen Intellektualismus im allgemeinen, ist die naturrechtliche Axiomatik heute in tiefen Mißkredit geraten. Sie hat jedenfalls die Tragfähigkeit als Fundament eines Rechtes verloren.[...] Der Rechtspositivismus ist infolgedessen in vorläufig unaufhaltsamem Vordringen. Das Schwinden der alten Naturrechtsvorstellungen hat die Möglichkeit, das Recht als solches kraft seiner immanenten Qualitäten mit einer überempirischen Würde auszustatten, prinzipiell vernichtet: es ist heute allzu greifbar in der großen Mehrzahl und gerade in vielen prinzipiell besonders wichtigen seiner Bestimmungen als Produkt und technisches Mittel eines Interessenkompromisses enthüllt. Aber eben dieses Absterben seiner metajuristischen Verankerung gehörte zu denjenigen ideologischen Entwicklungen, welche zwar die Skepsis gegenüber der Würde der einzelnen Sätze der konkreten Rechtsordnung steigerten, eben dadurch aber die faktische Fügsamkeit in die nunmehr nur noch utilitarisch gewertete Gewalt der jeweils sich als legitim gebärdenden Mächte im ganzen außerordentlich förderten. Vor allem innerhalb des Kreises der Rechtspraktiker selbst. Die Berufspflicht der Wahrung bestehenden Rechts scheint die Rechtspraktiker generell in den Kreis der ,,konservativen" Mächte einzureihen. Das trifft vielfach auch zu, aber in dem doppelten Sinn, daß der Rechtspraktiker sowohl dem Ansturm materialer Postulate von ,,unten", im Namen ,,sozialer" Ideale, wie von ,,oben", im Namen patriarchaler Macht und Wohlfahrts-Interessen der politischen Gewalt, kühl gegenüberstehen wird. (S. 502)

### 3.1.2.7. Materiale Wertethik und Recht

Nun aber entstehen mit dem Erwachen moderner Klassenprobleme materiale Anforderungen an das Recht von seiten eines Teils der Rechtsinteressenten (namentlich der Arbeiterschaft) einerseits, der Rechtsideologen andererseits, welche sich gerade gegen diese Alleingeltung solcher nur geschäftssittlicher Maßstäbe richten und ein soziales Recht auf der Grundlage pathetischer sittlicher Postulate (,,Gerechtigkeit", ,,Menschenwürde") verlangen. Dies aber stellt den Formalismus des Rechts grundsätzlich in Frage. Denn die Anwendung von Begriffen wie ,,Ausbeutung der Notlage" (im Wuchergesetz) oder die Versuche, Verträge wegen Unverhältnismäßigkeit des Entgeltes als gegen die guten Sitten verstoßend und daher nichtig zu behandeln, stehen grundsätzlich auf dem Boden von, rechtlich betrachtet, antiformalen Normen, die nicht juristischen oder konventionellen[...], sondern rein ethischen Charakter haben: materiale Gerechtigkeit statt formaler Legalität beanspruchen. (S. 507)

### 3.1.2.8. Recht als zweckrationale Schöpfung

[...]Die Entwicklung der formellen Qualitäten des Rechts [zeigt] eigentümlich gegensätzliche Züge. Streng formalistisch und am Sinnfälligen haftend, soweit die geschäftliche Verkehrssicherheit es verlangt, ist es im Interesse der geschäftlichen Verkehrsloyalität unformal, soweit die logische Sinninterpretation des Parteiwillens oder die in der Richtung eines ,,ethischen Minimums" gedeutete ,,gute Verkehrssitte" es bedingen. Es wird darüber hinaus in antiformale Bahnen gedrängt, durch alle diejenigen Gewalten, welche an die Rechtspraxis den Anspruch stellen, etwas anderes als ein Mittel befriedeten Interessenkampfs zu sein. Also durch materiale Gerechtigkeitsforderungen sozialer Klasseninteressen und Ideologien und durch die auch heute wirksame Natur bestimmter politischer, speziell autokratischer und demokratischer, Herrschaftsformen, sowie derjenigen Anschauungen über den Zweck des Rechtes, welche ihnen adäquat sind, und durch die Forderung der ,,Laien" nach einer ihnen verständlichen Justiz. Endlich unter Umständen auch, wie wir sahen, durch ideologisch begründete Machtansprüche des Juristenstandes selbst. Wie immer aber sich unter diesen Einflüssen das Recht und die Rechtspraxis gestalten mögen, unter allen Umständen ist als Konsequenz der technischen und ökonomischen Entwicklung, allem Laienrichtertum zum Trotz, die unvermeidlich zunehmende Unkenntnis des an technischem Gehalt stetig anschwellenden Rechts durch die Laien, also Fachmäßigkeit des Rechts, und die zunehmende Wertung des jeweils geltenden Rechts als eines rationalen, daher jederzeit zweckrational umzuschaffenden, jeder inhaltlichen Heiligkeit entbehrenden, technischen Apparats sein unvermeidliches Schicksal. (S. 512–513)

### 3.1.3. Aufgabenvorschläge:

3.1.3.1. *Inwiefern werden Rechtsnormen zu faktischen Bestimmungsgründen realen menschlichen Handelns?*

3.1.3.2. *Wie unterscheidet Max Weber das Recht von Sitte und Konvention? Welche Rolle spielt die Möglichkeit der Anwendung physischer Gewalt bei dieser Unterscheidung?*

3.1.3.3. *Welchen Einfluß mißt Max Weber dem „Naturrechtsglauben“ in den Wertvorstellungen der Richter seiner Zeit bei? Versuchen Sie, einen Vergleich zur heutigen Situation zu ziehen!*

## 3.2. Die Lehre vom lebenden Recht

Text aus: Ehrlich, Eugen: Grundlegung der Soziologie des Rechts. München – Leipzig: Duncker und Humblot 1913, Vorrede, S. 19, S. 6–7, S. 32–33, S. 405, S. 50–51, S. 59–60, S. 132, S. 98–101 (Auszüge) S. 106–107, S. 324–326 (Auszüge), S. 346, S. 347, Zwischentitel neu.

### 3.2.1. Texteinleitung

Eugen Ehrlich wurde am 14. 9. 1862 in Czernowitz (heute Ukraine) in der damals zur Donaumonarchie gehörenden Bukowina geboren. Nach seiner juristischen Ausbildung in Wien war er Professor an der Universität Czernowitz, wo er ein „Seminar für lebendes Recht“ gründete. Am 2. 5. 1922 starb er in Bukarest.

Eugen Ehrlich ist einer der Begründer einer systematisch als Erfahrungswissenschaft (s. 0.3.1.) betriebenen Rechtssoziologie. Sein Interesse gilt dabei weniger dem Verhalten des „Rechtsstabes“(Gesetzgeber, insbesondere aber Richter, Strafverfolgungsbehörden etc.) als dem Verhalten der Bürger (lebendes Recht). Recht ist für ihn soziale Organisation, der Inbegriff der tatsächlich im gesellschaftlichen Leben befolgten Regeln. Das Recht wird damit freilich gegenüber anderen sozialen Ordnungen (Brauch, Sitte, Konvention, s. Max Weber, 3.1.2.) begrifflich kaum noch abgrenzbar. Mit dieser Hinwendung zum „lebenden Recht“ hat Ehrlich aber mehrere fruchtbare Richtungen rechtssoziologischer Forschung eröffnet. Einmal kommen die Differenzen zwischen gesetzlichem und richterlichem Recht einerseits und den tatsächlich befolgten Normen andererseits in den Blick (Rechtstatsachenforschung). Zum anderen stellt sich das Problem, welchen Einfluß sozialer Wandel auf die richterliche Anwendung auch eines gesetzlich positivierten Rechts hat. Ehrlich betont in diesem Zusammenhang den Entscheidungsspielraum des Richters gegenüber dem gesetzlichen Recht; er ist ein Hauptvertreter der Freirechtsschule (s. Kantorowicz, 4.2.). Diesen Entscheidungsspielraum sollen die von der Rechtssoziologie erforschten Regeln des sozialen Lebens ausfüllen. Sowohl für die Erforschung des tatsächlichen richterlichen Ver-

haltens als auch für die Entwicklung einer soziologischen Jurisprudenz, in der die Soziologie als juristische „Hilfswissenschaft" fungiert (s. 0.3.2.), finden sich bei Ehrlich Impulse. Freilich neigt Ehrlich eher zu einer Verwischung der Grenze zwischen juristischer und soziologischer Fragestellung (s. Max Weber, 3.1.2.) und damit zwischen Rechtssoziologie und soziologischer Jurisprudenz.
Die Textauswahl aus Ehrlichs Hauptwerk „Grundlegung der Soziologie des Rechts" geht von der für Ehrlichs Forschungsansatz entscheidenden Abschichtung des tatsächlich „gelebten Rechts" von den richterlichen Entscheidungsnormen aus (3.2.2.3). Es folgen Texte (3.2.2.5.–3.2.2.10.), die aus dieser Abschichtung Konsequenzen sowohl für eine begriffliche Bestimmung als auch den realen Geltungsgrund des Rechts ziehen: begriffliches Charakteristikum und Geltungsgrund des Rechts zugleich ist seine Anerkennung durch die Normadressaten, nicht etwa staatlicher Zwang. Den Abschluß (3.2.2.11.–3.2.2.13.) bilden Untersuchungen über die Beziehung zwischen gesellschaftlichen Verhältnissen und der Anwendung staatlichen Rechts sowie zum Problemkreis „Recht und sozialer Wandel".

### 3.2.2. Texte

#### 3.2.2.1. Die Gesellschaft als Schöpfer des Rechts

Es wird oft behauptet, ein Buch müsse so sein, daß man seinen Sinn in einem einzigen Satze zusammenfassen könne. Wenn die vorliegende Schrift einer solchen Probe unterworfen werden sollte, so würde der Satz etwa lauten: der Schwerpunkt der Rechtsentwicklung liege auch in unserer Zeit, wie zu allen Zeiten, weder in der Gesetzgebung noch in der Jurisprudenz oder in der Rechtsprechung, sondern in der Gesellschaft selbst. Vielleicht ist in diesem Satze der Sinn jeder Grundlegung einer Soziologie des Rechts enthalten.

#### 3.2.2.2. Die Rechtswissenschaft als eine empirische Wissenschaft

Unter Jurisprudenz wurde bisher stets sowohl die theoretische als auch die praktische Lehre vom Rechte verstanden, und diese eingebürgerte Ausdrucksweise wird man wohl beibehalten, aber es wird auch notwendig sein, der eigentlichen Theorie des Rechts, der Rechtswissenschaft, die praktische Jurisprudenz, und wo kein Mißverständnis zu befürchten ist, die Jurisprudenz schlechthin, entgegenzusetzen. Da das Recht eine gesellschaftliche Erscheinung ist, so gehört jede Art der Jurisprudenz den Gesellschaftswissenschaften an, aber die eigentliche Rechtswissenschaft ist ein Teil der theoretischen Gesellschaftswissenschaft, der Soziologie. Die Soziologie des Rechts ist die wissenschaftliche Lehre vom Rechte. (S. 19)

#### 3.2.2.3. Der empirische Rechtsbegriff

Vom richterlichen Standpunkte aus ist das Recht eine Regel, nach der der Richter die Rechtsstreitigkeiten, die vor ihn gebracht werden, zu entscheiden hat. Nach der insbesondere in der deutschen Wissenschaft herrschenden Begriffsbestimmung wäre das Recht eine Regel des menschlichen Handelns. Die Regel des menschlichen Handelns und die Regel, nach der die Richter Rechtsstreitigkeiten entscheiden, das können zwei sehr verschiedene Dinge sein, denn die Menschen handeln doch gewiß nicht immer nach denselben Regeln, die bei Entscheidung ihrer Streitigkeiten angewendet werden. Als Regel des menschlichen Handelns faßt das Recht zweifellos der Rechtshistoriker auf: er schildert die Regeln, nach denen im Altertum oder im Mittelalter die Ehen geschlossen wurden, Mann und Frau, Eltern und Kinder in der Familie lebten, ob Einzel- oder Gemeineigentum vorhanden war, ob der Boden vom Eigentümer, vom zinsenden Pächter oder vom fronenden

Hörigen bewirtschaftet wurde, wie man Verträge abschloß und das Gut vererbte. Dieselbe Erfahrung macht man wohl, wenn man einen Reisenden, der von einem fremden Lande herkommt, ersucht, das Recht der Völker zu beschreiben, die er kennengelernt hat. Er wird dann erzählen, wie man dort heiratet, in der Familie lebt, Verträge abschließt, aber er wird kaum darauf zu sprechen kommen, wie die Regeln lauten, nach denen Rechtsstreitigkeiten entschieden werden.

Diesen Rechtsbegriff, den der Jurist ganz unwillkürlich annimmt, wenn er das Recht eines fremden Volkes oder entfernter Zeit mit rein wissenschaftlichem Interesse verfolgt, gibt er aber sofort auf, sobald er sich dem geltenden Recht seines Landes und seiner Zeit zuwendet. Ganz unbewußt, gewissermaßen unter der Hand, wird aus der Regel, nach der die Menschen handeln, eine Regel, nach der die Handlungen der Menschen von Gerichten und anderen Behörden beurteilt werden sollen. [...] An Stelle der wissenschaftlichen Betrachtung ist [...] die praktische, auf den richterlichen Beamten zugeschnittene getreten, und der Beamte will doch vor allem die Regel kennenlernen, nach der er selbst vorgehen soll. [...] Daß gerichtliche Entscheidungen auf das tatsächliche Handeln des Menschen von Einfluß sind, wird gewiß nicht bestritten, aber man müßte doch erst untersuchen, wie weit das zutrifft und von welchen Umständen es abhängt. (S. 7)

### 3.2.2.4. Das Recht als Organisationsform menschlicher Verbände

In allen Rechtsverbänden bildet die Rechtsnorm das Rückgrat ihrer inneren Ordnung: sie ist die kräftigste Stütze ihrer Organisation. Organisation bedeutet die Regel im Verbande, die den Angehörigen des Verbandes ihre Stellung (ihre Über- und Unterordnung) und ihre Aufgaben zuweist. Diese Regel kann nicht nur das Verhältnis des Menschen zum Menschen, sondern auch sein Verhältnis zu Sachen betreffen: mittelbar bezieht sie sich auch dann noch immer auf das Verhältnis des Menschen zum Menschen. Denn der Eigentümer von Verbrauchsgegenständen bestimmt darüber, was die zu leisten haben, denen er die Gegenstände zur Verfügung stellt; der Fabriksbesitzer ist für die Ordnung in der Fabrik und für die Richtung des Betriebs maßgebend, der Gläubiger entscheidet über das Schicksal des Gegenstandes der Forderung und oft genug über das des Schuldners; [...] | Nur die Rechtsregeln schaffen aber die Ordnung im Verbande, die zu wirklichen Regeln des Handelns in einem Verbande geworden sind, die also von den Menschen wenigstens im Allgemeinen anerkannt und befolgt werden. Rechtsregeln, die bloße Entscheidungsnormen geblieben sind, nur in den verhältnismäßig seltnen Fällen eines Rechtsstreits wirksam werden, ordnen die Verbände nicht; noch weniger selbstverständlich die in Wirklichkeit ziemlich zahlreichen Rechtssätze, die am Leben überhaupt spurlos vorbeigehen. [...]

Die erste und wichtigste Aufgabe der soziologischen Rechtswissenschaft ist daher, die Bestandteile des Rechts, die die Gesellschaft regeln, ordnen und bestimmen, von den bloßen Entscheidungsnormen zu sondern und ihre organisatorische Natur nachzuweisen. (S. 32–33)

### 3.2.2.5. Die Elemente des lebenden Rechts

Die Erforschung des lebenden Rechts ist es also, womit die Soziologie des Rechts beginnen muß. Sie wird zunächst nur auf das Konkrete, nicht auf das Allgemeine gerichtet sein. Beobachten läßt sich überhaupt nur das Konkrete. [...] Er [der Rechtsforscher; d. Hrsg.] wird sich zunächst mit konkreten Übungen, Herrschafts- und Rechtsverhältnissen, Verträgen, Satzungen, letztwilligen Anordnungen befassen müssen und sohin sie auf die Allgemeingültigkeit untersuchen. [...] Aber nur die konkreten Übungen, Herrschafts- und Rechtsverhältnisse, Verträge, Satzungen, letztwilligen Anordnungen ergeben die Regeln des Handelns, nach denen die Menschen sich richten. Und erst auf Grund dieser Regeln entstehen die Entscheidungsnormen der Gerichte und die gesetzlichen Bestimmungen, die bisher allein die Aufmerksamkeit der Juristen gefesselt haben. (S. 405)

### 3.2.2.6. Kritik der Zwangstheorie

Die Frage ist also, wodurch die gesellschaftlichen Verbände den einzelnen, der zu ihnen gehört, veranlassen, ihre Normen zu befolgen. Es gibt gewiß nichts Unpsychologischeres als die so verbreitete Vorstellung, die Menschen vergreifen sich nur deswegen nicht an fremdem Eigentum, weil sie das Strafgesetz fürchten, zahlen nur deswegen ihre Schulden, weil sonst der Gerichtsvollzieher droht. Auch wenn alle Strafgesetze ihre Kraft verlieren – und wie oft war das im Kriege und bei inneren Unruhen zeitweilig der Fall –, ist es doch immer nur ein geringer Teil der Bevölkerung, der sich an Mord, Raub, Diebstahl und Plünderung beteiligt, und in ruhigen Zeiten erfüllen die meisten Menschen die übernommenen Verpflichtungen, ohne an den Zwangsvollstrecker zu denken. Daraus folgt gewiß nicht, daß die große Mehrzahl der Menschen sich nur aus innerm Antrieb den Normen fügt; aber das folgt doch daraus, daß die Furcht vor Strafe und Zwangsvollstreckung nicht das einzige ist, was sie dazu bestimmt, ganz abgesehen davon, daß es ja gesellschaftliche Normen genug gibt, bei denen dem Übertreter weder Strafe noch Zwangsvollstreckung droht, und die trotzdem nicht ohne Wirkung bleiben.

Der Zwang ist nicht eine Eigentümlichkeit der Rechtsnorm. Die Normen der Sitte, der Sittlichkeit, der Religion, des Taktes, des Anstandes, des guten Tones und der Mode hätten gar keinen Sinn, wenn nicht von ihnen ein gewisser Zwang ausginge. Auch sie sind die Ordnung in den menschlichen Verbänden, auch sie haben die Aufgabe, die einzelnen, die dem Verbande angehören, in diese Ordnung zu zwingen. Jeder Normenzwang beruht aber darauf, daß der einzelne nie wirklich ein „einzelner" ist; er ist so sehr in eine Reihe von Verbänden eingereiht, eingegliedert, eingebettet, eingekeilt, daß für ihn das Dasein außerhalb dieser unerträglich, häufig sogar unmöglich wäre. Es handelt sich hier um grundlegende Tatsachen des Gemüts- und Gefühlslebens. [...] Vaterland, Heimat, Religionsgemeinschaft, Familie, Freundeskreis, gesellschaftliche Beziehungen, politische Parteizugehörigkeit [sind] für niemand bloße Worte. Über das eine oder das andere werden sich die meisten leicht hinwegsetzen, aber es gibt gewiß nur sehr wenige, die nicht einen Kreis hätten, an dem sie mit ihrem ganzen Herzen hingen. In seinem Kreise sucht jeder Stütze in der Not, Trost im Unglück, sittlichen Halt, gesellschaftlichen Anschluß, Anerkennung, Ansehen, Ehre; sein Kreis gewährt ihm also im Grunde genommen alles, worauf er im Leben Wert zu legen pflegt. Aber die Bedeutung dieser Verbände beschränkt sich nicht auf diese moralischen Unmeßbarkeiten; denn sie geben auch den Ausschlag für den Erfolg in Beruf und Erwerb. (S. 50–51)

### 3.2.2.7. Geltungsgründe des Rechts

Auch heute noch, wie in den Anfängen der Rechtsentwicklung, ruht die Kraft des Rechts hauptsächlich auf dem stillen, unausgesetzten Walten der Verbände, die den einzelnen umfassen. Auch heute noch zeigt sich auch in dieser Richtung das Recht den andern gesellschaftlichen Normen, der Religion, der Sittlichkeit, der Sitte, des Anstandes, des Taktes, des guten Tones, der Mode durchaus artverwandt. Auch heute noch ist der Ausschluß aus der Gemeinschaft (der Kirche, dem Verein, aus der Gesellschaft im gesellschaftlichen ebenso wie im juristischen Sinne), die Kreditentziehung, Verlust der Stellung, der Kundschaft das wirksamste Mittel, womit beharrliche Auflehnung bekämpft wird. Auch heute noch bedeuten Strafe und Zwangsvollstreckung, in denen der Jurist die Grundlage jeder Rechtsordnung zu erblicken gewohnt ist, nur die äußersten Kampfmittel wider die, die aus den Gemeinschaften ausgestoßen sind, wie einst die Fehde wider den, der einer fremden Gemeinschaft angehörte. (S. 59–60)

### 3.2.2.8. Das Verhältnis des Rechts zu anderen gesellschaftlichen Ordnungssystemen

So schwierig es aber auch ist, wissenschaftlich die Grenze zwischen der Rechtsnorm und andern Arten der Norm zu ziehen, praktisch besteht diese Schwierigkeit nur selten. Im allgemeinen wird es jeder ohne Zögern sofort von einer Norm zu sagen imstande sein, ob sie eine Rechtsnorm ist oder dem Gebiete der Religion, der Sitte, der Sittlichkeit, des Anstandes, des Taktes, der Mode oder des guten Tones angehört. [...] Die verschiedenen Arten von Normen lösen verschiedene Gefühlstöne aus, und wir antworten auf Übertretung verschiedener Normen nach ihrer Art mit verschiedenen Empfindungen. Man vergleiche das Gefühl der Empörung, das einem Rechtsbruch folgt, mit der Entrüstung gegenüber einer Verletzung des Sittengebotes, mit der Ärgernis aus Anlaß einer Unanständigkeit, mit der Mißbilligung der Taktlosigkeit, mit der Lächerlichkeit beim Verfehlen des guten Tones, und schließlich mit der kritischen Ablehnung, die die Modehelden denen angedeihen lassen, die sich nicht auf ihrer Höhe befinden. Der Rechtsnorm ist eigentümlich das Gefühl, für das schon die gemeinrechtlichen Juristen den so bezeichnenden Namen opinio necessitatis gefunden haben. Danach muß man die Rechtsnorm erkennen. (S. 132)

### 3.2.2.9. Arten und Genesis der Rechtsnormen – Die Entscheidungsnorm

Die Gerichte, von welcher Art immer sie sein mögen, haben ihren Spruch nicht nach Willkür oder Gutdünken zu fällen, sondern aus einem allgemeinen Grundsatz abzuleiten: die Entscheidungsnorm, auf der er beruht, erscheint stets als Eingebung höherer Kraft und Weisheit, auf tieferer Stufe sogar als eine Erleuchtung durch die Gottheit. Die Entscheidungsnorm ist wie alle gesellschaftlichen Normen eine Regel des Handelns, aber doch nur für die Gerichte, sie ist, wenigstens in erster Linie, nicht eine Regel für die Menschen, die im Leben wirken, sondern für die Menschen, die über diese Menschen zu Gericht sitzen. Insoweit die Entscheidungsnorm eine Rechtsnorm ist, erscheint sie daher als Rechtsnorm besonderer Art, verschieden von den Rechtsnormen, die allgemeine Regeln des Handelns enthalten.

Woher schöpfen die Gerichte ihre Entscheidungsnormen? Einen Streit entscheiden, heißt die streitigen Gebiete voneinander abgrenzen, und vor allem so abgrenzen, wie sie vor dem Streite abgegrenzt waren. Diese Grenzen gibt zunächst die innere Ordnung in den Verbänden an, wie sie bis zum Streite bestanden hat. Jede Entscheidungsnorm beruht daher in erster Linie auf der inneren Ordnung in den Verbänden, also auf den Tatsachen des Rechts, durch die diese Ordnung geschaffen wird, auf den Übungen, die jedem einzelnen die Stellung und die Aufgabe im Verbande zuweisen, auf Herrschafts- und Besitzverhältnissen, Verträgen, Satzungen, letztwilligen Verfügungen. In jedem Streite handelt es sich darum, daß eine aus diesen Tatsachen sich ergebende Norm verletzt worden sei. [...]

Jeder gesellschaftliche Verband ist, genau gesprochen, ein Einzelfall, der zum zweitenmal nicht mehr auf der Welt vorhanden ist. Es gibt keine zwei Familien, wo Vater, Mutter, Kinder und Dienstboten dieselbe Stellung hätten, keine zwei Erdstriche, wo dieselben Verhältnisse an Grund und Boden herrschten, keine zwei Verträge, Körperschaftssatzungen, letztwillige Erklärungen, die nicht irgendwie voneinander abwichen; zu den Verschiedenheiten in Worten kommen noch immer welche in den Verhältnissen der Personen und Sachen. Das steigert sich selbstverständlich, wenn man größere Gebiete ins Auge faßt; von Gemeinde zu Gemeinde, von Provinz zu Provinz, von Volk zu Volk, in jedem Ort, bieten die Verbände ein anderes Bild. Mit dieser Buntheit kann die Rechtsprechung nicht arbeiten; sie muß sie schon aus technischen Gründen auf einfache Formeln zurückführen. Das geschieht durch Verallgemeinerung und Vereinheitlichung. Es werden gesellschaftliche Verhältnisse nach der Form, die für die Verhältnisse von dieser Art in der Gegend vorherrscht, oder es werden die gesellschaftlichen Verhältnisse im Lande nach der in einem Teile des Landes oder in einer bestimmten gesellschaftlichen Klasse vorherrschenden Form unterschiedslos beurteilt. Wenn es in der Gegend Regel ist, daß der Mann über das Vermögen der Frau unbeschränkt verfügt, so wird eine vom Mann über das Vermögen der Frau getroffene Verfügung als für sie verbindlich behandelt, unbekümmert darum, ob man es auch in dieser Familie so gehalten habe. [...] Darin liegt die Verallgemeinerung. Es wird aber auch weiter gegangen. Man läßt selbst eine nachgewiesene, der allgemeinen Norm widersprechende Ordnung nicht gelten: dadurch wird das Recht vereinheitlicht. So kommen zunächst nur allgemeine und einheitliche Entscheidungsnormen, nicht allgemeines und einheitliches lebendes Recht auf; unter der äußerlich gleichförmigen Kruste können ganz wohl individuelle und örtliche Verschiedenheiten fortbestehen.

[...]

Dazu kommt es, daß die Verbände, wenn es zu einem Streite kommt, bereits in der Regel aus ihrer Ordnung geraten sind. Es hat dann keinen Sinn mehr, ihre Normen zur Grundlage der Entscheidung zu machen, denn sie haben im Verbande auch ihre ordnende Kraft eingebüßt. Es müssen besondere Entscheidungsnormen vorhanden sein, nicht für das friedliche Verhältnis, sondern für den Rechtsstreit. Diese werden aber nicht selten auch inhaltlich von den früheren abweichen. (S. 98–101)

### 3.2.2.10. Die Entwicklung der Entscheidungsnorm zum Rechtssatz

Das ist das für die Rechtsbildung ungeheuer wichtige Gesetz der Stetigkeit der Entscheidungsnormen. Es beruht zunächst auf der gesellschaftlichen Psychologie. Würde man in gleichen oder gleichartigen Fällen verschieden erkennen, so wäre das nicht Recht, sondern Willkür oder Laune. Es entspricht aber auch einer gewissen Wirtschaftlichkeit im Denken. Die geistige Arbeit, die mit dem Finden von Entscheidungsnormen zweifellos immer verbunden ist, wird offenbar gespart, wenn man nach bereits gefundenen Entscheidungsnormen den Spruch fällt. Dazu kommt, daß auch ein starkes gesellschaftliches Bedürfnis nach stetigen Entscheidungsnormen vorhanden ist, die wenigstens in einem beschränkten Umfange das Voraussehen und das Voraussagen der Entscheidungen gestatten, und es den Menschen möglich machen, sich danach im vorhinein einzurichten.

Das Gesetz der Stetigkeit der Entscheidungsnormen wirkt vor allem zeitlich. Das Gericht wird von der Norm, die es einmal angewendet hat, so lange nicht ohne weiteres abgehen, als sie in der Erinnerung bleibt, und oft sind besondere Maßregeln getroffen, damit sie nicht aus der Erinnerung verschwinde. Es wirkt aber auch räumlich, denn die von einem Gericht gefundenen Entscheidungsnormen werden leicht auch von anderen Gerichten, die sich in demselben Einflußgebiete befinden, angewendet: dafür spricht vor allem das Bedürfnis, die eigene Arbeit des Findens zu sparen. Da die Gerichte, wenigstens als staatliche Organe der Rechtspflege, auf einer höhern Entwicklungsstufe eine örtliche Zuständigkeit erhalten, so werden mit ihnen auch ihre Entscheidungsnormen für dieses Gebiet, und sobald verschiedene Gerichte miteinander in Wechselbeziehungen treten, für das Gebiet aller dieser Gerichte zuständig und stetig. (S. 106–107)

3.2.2.11. Die Anwendung abstrakter Rechtsnormen auf konkrete Lebenssachverhalte

Wo immer das staatliche Recht auf Fälle angewendet wird, die sich sein Urheber nicht unmittelbar vorgestellt hatte, muß es notwendig einer Umwertung unterworfen werden. [...][Man] nennt diesen Vorgang die Projektion, die Anwendung eines juristischen Begriffs des formulierten Rechtssatzes, ohne ihn zu ändern, auf Erscheinungen, die darin gar nicht oder wenigstens nicht nachweisbar vorgestellt waren. Im Staatsrecht wurden diese Erscheinungen hauptsächlich [...] als Verfassungswandlungen behandelt.

Die juristische Projektion ist in ihrem Wesen nichts als unmittelbare Wirkung der inneren Wandlungen im gesellschaftlichen Leben auf die Entscheidungsnormen. Ohne eine solche Projektion, die von den Juristen täglich und stündlich vorgenommen werden muß, wäre eine Rechtspflege unter der Herrschaft des staatlichen Rechts, zumal unter dessen gegenwärtiger Alleinherrschaft, überhaupt gar nicht denkbar. Nur sie hat es ermöglicht, das hergebrachte Verfassungsrecht, das staatliche Privat- und Verwaltungsrecht der gegenwärtigen stürmischen Bewegung in der Gesellschaft, der die Gesetzgebung nicht im entferntesten Schritt zu halten vermag, zum großen Teile allerdings nur zum Scheine, beizubehalten. Die Großindustrie, die Eisenbahnen, Telegraphen, Telephone haben die Rechtspflege und Verwaltung vor eine Unzahl neuer Aufgaben gestellt; der ungewohnten Arbeit der freien Rechtsfindung gar nicht gewachsen, halfen sie sich damit, die hergebrachten staatlichen Normen, so gut es geht, auf die neuen Verhältnisse zu projizieren. [...]

Die Projektion steht in der Mitte zwischen Rechtsanwendung und Rechtsfindung. Sie hat bald mehr von der einen, bald von der andern. Auch abgesehen von den Fällen, wo die richterliche Tätigkeit etwas ganz anderes ist als Gesetzesanwendung, selbst in den Fällen, wo sie wirklich Gesetzesanwendung ist, ist sie doch immer noch eine schöpferische Tat des Richters. Aber die schöpferische Tat setzt den schöpferischen Geist voraus. Eine Rechtspflege, die dieser Aufgabe nicht gewachsen ist, wird zum Bleigewicht des Rechtslebens. [...]

Durch das Walten gesellschaftlicher Kräfte werden auch die Grenzen des staatlichen und gesellschaftlichen Rechts fortwährend verschoben. Interessen, die nur durch gesellschaftliche Rechtsnormen geschützt waren, erhalten staatlichen Rechtsschutz, sobald man sich ihrer Bedeutung besser bewußt wird. Eine solche Änderung kann schon durch die Rechtspflege bewirkt werden: der Richter, der dann ausschließlich als Organ des Staats handelt, projiziert eine gesellschaftliche Rechtsnorm als staatliche auf Rechtsverhältnisse, auf die sie sich ursprünglich gar nicht bezog. Ein lehrreicher Fall dieser Art ist der Einwand des Spieles: ursprünglich auf einer gesellschaftlichen Entscheidungsnorm beruhend, erhielt er im letzten Viertel des verflossenen Jahrhunderts in Deutschland und Österreich zum Teile durch die Gesetzgebung, zum Teile aber schon durch die Rechtspflege staatliches Gepräge, seit die Gerichte sich des Einwands bedienen, um das Börsenspiel Unberufener einzudämmen. In meiner Schrift über das zwingende und nichtzwingende Recht im bürgerlichen Gesetzbuch habe ich zu zeigen versucht, wie zahlreiche als gesellschaftlich gedachte Anordnungen des bürgerlichen Gesetzbuches zu staatlichen Normen werden müssen, sobald die öffentlichen Interessen, die an der Vorschrift hängen, zum allgemeinen Bewußtsein gelangen. (S. 324–326)

### 3.2.2.12. Das Verhältnis von Gesetzgebung und Rechtsprechung

Könnte das Gesetzbuch der gesellschaftlichen Entwicklung über sich hinaus halt gebieten, dann wäre es imstande, auch die Jurisprudenz zum Stillstand zu bringen, denn es wäre ihr dadurch jeder neue Gegenstand, für den sie neue Rechtsformen zu finden hätte, entzogen. Aber es hat sich gezeigt, daß das Gesetzbuch diese Wirkung weder hat noch anstrebt. Für die neuen Bedürfnisse der Gesellschaft muß es immer auch neues Juristenrecht geben. Der beliebte Hinweis auf die „Abhilfe durch die Gesetzgebung" verkennt sowohl die Aufgabe der Jurisprudenz als auch die der Gesetzgebung. [...] Und schließlich ist es auch nicht Zweck der privatrechtlichen Gesetzbücher, die gesellschaftlichen und wirtschaftlichen Kräfte des Volkes bis zu einem neuerlichen Eingriff des Gesetzgebers zu binden oder gar zu zerstören.

Die menschliche Gesellschaft, insbesondere die menschliche Wirtschaft verlangt gebieterisch für die neuen Lebensformen nach neuen Rechtsformen. Tatsächlich haben die drei älteren Kodifikationen, des preußischen Landrechts, des österreichischen bürgerlichen Gesetzbuchs und des Code civil, die gesellschaftliche und wirtschaftliche Entwicklung über sie hinaus nicht aufgehalten. Neue, früher unbekannte Verbandsbildungen, neue Vertragsarten, neue Unternehmungsformen und neue Arten der Willenserklärung auf Todesfall sind aufgekommen, und die Jurisprudenz fand für sie auch entsprechende Entscheidungsnormen und Rechtsmittel, sowohl im Rahmen des Gesetzes als auch neben dem Gesetze. (S. 346)

### 3.2.2.13. Rechtsfortbildung als eine Reaktion auf reale gesellschaftliche Bedürfnisse

Das neue Recht für die neuen Verhältnisse entnehmen die Juristen unter der Herrschaft eines Gesetzbuchs ebenso wie die Juristen aller Zeiten der konkreten Gestaltung der Rechtsverhältnisse selbst, also vor allem den Willenserklärungen, Urkunden, der Verkehrssitte, bereichern es durch ihre Verallgemeinerungen und Normenfindungen und messen es dann am Inhalt der Gesetzbücher. So entstand ja gerade im letzten Jahrhundert aus dem Inhalte der Versicherungsverträge das Versicherungsrecht. Die Gesetzbücher erleichtern der Jurisprudenz, sowohl der richterlichen als der Urkundenjurisprudenz, ihre Arbeit, vielleicht zum Teile unbewußt, aber doch in sehr wirksamer Weise, durch die außerordentliche Dehnbarkeit ihrer Bestimmungen. Die Vereinsfreiheit, Vertragsfreiheit, die Testamentsfreiheit sind ein ungeheuer weiter Rahmen, in dem das meiste untergebracht werden kann, was das Leben fordert. Überdies enthalten die Gesetzbücher stets eine

Reihe von Begriffen, die es wenigstens der Rechtsprechung ermöglichen, für neue Einrichtungen passende Rechtsnormen zu schaffen. Es sind das die Begriffe der stillschweigenden Willenserklärung, der Verkehrssitte, die Grundsätze der guten Treue [...],das Prinzip von Treu und Glauben, und dazu kommen noch die alten bewährten Hausmittel der praktischen Jurisprudenz seit der Glossatorenzeit: die Begriffsbildung und die Konstruktion. (S. 347)

### 3.2.3. Aufgabenvorschläge

3.2.3.1. *Welche Rechtsbestimmungen sind Ihnen als gesetzliche Bestimmungen bekannt (bzw. waren Ihnen bekannt, bevor Sie Rechtskundeunterricht hatten)? Ist ein geringer Bekanntheitsgrad von gesetzlichen Bestimmungen gleichbedeutend mit der gesellschaftlichen Wirkungslosigkeit staatlichen Rechts?*

3.2.3.2. *Warum halten Sie die Rückführung der faktischen Geltung des Rechts auf einen Geltungsgrund (bei Ehrlich die Anerkennung) für richtig bzw. nicht für richtig?*

3.2.3.3. *Nennen Sie historische Beispiele für die Übernahme eines fremden Rechts!*

## 3.3. Empirie und Ideologiekritik

Text aus: Geiger, Theodor: Vorstudien zu einer Soziologie des Rechts (hrsg. von Paul Trappe). Neuwied–Berlin: Luchterhand 1964, S. 44, S. 57–58, S. 63, S. 70–72 (Auszüge), S. 126–127, S. 168, S. 208, S. 278–279, S. 215–216, S. 318–320 (Auszüge), S. 325–326 (Auszüge), S. 307, Zwischentitel neu (außer 3.3.2.4.), ohne Fußnoten.

### 3.3.1. Texteinleitung

Theodor Geiger wurde am 9. 11. 1891 in München geboren. Nach einem juristischen Studium wandte er sich der Soziologie zu. Bis 1933 war er Professor an der TH Braunschweig. Während des Dritten Reiches emigrierte er nach Dänemark und Schweden, wo er in Aarhus und Uppsala lehrte. Er starb am 16. 6. 1952.

Geigers rechtssoziologische Untersuchungen knüpfen deutlich an Max Weber (s. 3.1.) an. Wie Weber will er normative Ansprüche an die rein empirische Disziplin Rechtssoziologie abweisen. Rechtsgeltung im soziologischen Sinne wird von Geiger in Konsequenz des Weberschen Ansatzes („Chance", s. 3.1.2.2.) als zahlenmäßig ausdrückbare Größe definiert. Anders als in Webers „verstehender Soziologie" geht Geiger nicht von den Normvorstellungen „in den Köpfen" der Beteiligten aus – die Bedeutung derartiger Vorstellungen leugnet er freilich nicht –, sondern von den unmittelbar beobachtbaren Fakten der Außenwelt. Der Ertrag seines rechtssoziologischen Hauptwerks, der „Vorstudien zu einer Soziologie des Rechts", liegt im wesentlichen in der scharfen begrifflichen Analyse der Grundbegriffe einer empirischen Rechtssoziologie. – Geiger, ursprünglich marxistisch beeinflußt, ist später als dezidierter „Wertnihilist" hervorgetreten. Er leugnet nicht nur die Erkennbarkeit, sondern auch die „Existenz" verpflichtender Werte. So qualifiziert er als „ideologisch" alle Aussagen über Werte, die mehr als ein rein subjektives Wertgefühl ausdrücken sollen. Von diesem Ausgangspunkt her kritisiert er nicht nur die naturrechtlichen Relikte in den überkommenen rechtswissenschaftlichen Lehren, sondern neigt dazu, einer normativen Betrachtung des Rechts überhaupt die wissenschaftliche Existenzberechtigung abzusprechen (s. 0.3.3.). Rechtswissenschaft ist danach nur eine empirische Rechtssoziologie, die ausschließlich Aussagen über das tatsächlich geübte Recht macht.

Die Textauswahl berücksichtigt sowohl den begriffsanalytischen als auch den ideologischen Aspekt des Geigerschen Hauptwerkes. Neben den begrifflichen Festlegungen von ,,Norm“, ,,Verbindlichkeit“ und ,,Recht“ (3.3.2.2.–3.3.2.4.) stehen die Erörterungen, welche die Einordnung Geigers in die Gruppe der ,,Zwangstheoretiker“ des Rechts begründet haben (3.3.2.5.–3.3.2.8.). Der Schlußabschnitt (3.3.2.9.–3.3.2.12.) enthält Geigers ,,Bekenntnis“ zum ,,Wertnihilismus“ und die daraus resultierenden Folgerungen für seine Konzeption von Recht und Rechtswissenschaft.

## 3.3.2. Texte

### 3.3.2.1. Aufgabenstellung und Arbeitsmethode

Es wird sich hier darum handeln, Recht im besonderen und soziale Ordnung im allgemeinen als Faktizitäten, als *Wirklichkeitszusammenhänge* zu untersuchen, das heißt aber, jede Einmengung metaphysischer Vorstellungen fern zu halten. Darin liegt eine Absage an die klassische Rechtsphilosophie, die aus einem vermeintlichen ,,Wesen des Rechts“ normative Folgerungen ziehen zu können glaubte. Darin liegt aber auch eine Abstandnahme von dem Normen-Fetischismus der juridischen Doktrin, die allezeit geneigt ist, dem ,,positiven Recht“ eine Art objektiver Geltung zuzuschreiben. Darin liegt endlich auch eine Ablehnung jenes Sozialpsychologismus, der die Rechtswirklichkeit in irgendwelchem hypostasierten Rechtsbewußtsein, Rechtsgefühl oder dergleichen sucht und damit das Rechtsgeschehen nur paraphrasiert – unter dem falschen Vorgeben, es zu erklären. (S. 44)

### 3.3.2.2. Soziale Ordnung und Norm

Der Ausdruck gesellige Ordnung lenkt die Vorstellung unmittelbar auf ein Gefüge aufgestellter Normen oder Regeln hin, nach denen das Leben in $\Sigma$ sich gestaltet, indem die Mitglieder ,,den Normen folgen“. Diese normative Schauweise beherrschte die ältere Rechtswissenschaft, die geradezu die Normen (Rechtsregeln) als ihren Gegenstand und deren Auslegung als ihre Aufgabe ansah. Die Soziologie hat notwendigerweise einen anderen Gesichtswinkel. Ihr Gegenstand ist die soziale Wirklichkeit. Sie richtet den Blick auf den gesamten Mechanismus der sozialen Ordnung. Das erste und entscheidende ist in diesem Fall die Tatsache, daß der Ereignisverlauf in $\Sigma$ in geordneten Bahnen gleitet. Forschungsgegenstand der Soziologie ist der Ordnungsmechanismus in seiner Gänze. Aufgestellte Normen haben nur Bedeutung als Bestandteile dieses Mechanismus, d.h. nur insoweit als sie den wirklichen Verlauf des Lebens in $\Sigma$ beeinflussen.

[...] Es ist dabei weiterhin zwischen der Norm selbst und ihrer Wortgestalt, ihrem verbalen Ausdruck zu unterscheiden. Ich spreche in dieser Absicht von Norm im eigentlichen Sinn oder *subsistenter Norm* und Normsatz oder *Verbalnorm.*

[...]

Die nachdrückliche Unterscheidung zwischen subsistenter Norm und Normsatz ist nicht müßig. Vielfach wird der Normsatz fehlerhaft oder zumindest mißverständlich als Norm bezeichnet, obgleich doch die Norm selbst ohne die sprachliche Hülle des Satzes bestehen kann und andererseits nicht jeder Aussage von der grammatischen Form des Normsatzes eine subsistente Norm entspricht. (S. 57–58, 63)

3.3.2.3. Die Wirklichkeit (Verbindlichkeit) der Norm ist ihre Wirkungschance

Die Wirkung der Norm ist [...] disjunktiv bestimmt. Sie besteht *entweder* in Realisierung des Normkerns *oder* in abweichendem Gebaren mit sozialer Reaktion als Folge. *v* dagegen, der Begriff der Verbindlichkeit, ist nicht disjunktiv, sondern einheitlich bestimmt. *v* ist nämlich nicht entweder das eine oder das andere, sondern Inhalt der *v* ist *das Entweder-Oder,* d.h. *die Alternative selbst,* welcher *AA* gegenüberstehen.

Es ist jedoch nicht unbedingt sicher, daß auf *c* [ein Vergehen; d. Hrsg.] unter allen Umständen und in jedem einzelnen Fall eine *r* folgt. Das Vergehen des $A^c$ mag unentdeckt bleiben – ein an $\bar{g}$ unmittelbar mitinteressierter *B* mag es sich geduldig [...] gefallen lassen – [die Gesamtheit der Mitglieder – Öffentlichkeit – mit der Reaktion säumig sein; d. Hrsg.] – $A^c$ mag sich durch List der [Reaktion, d. Hrsg.] zu entziehen wissen. Bestimmte man daher den Wirklichkeitsgehalt der Norm ohne Klausel als deren Alternativ-Wirkung, wäre damit gesagt, daß die Norm in den genannten und ähnlichen Ausnahmefällen ,,nicht verbindlich" sei – es tritt ja weder Normerfüllung oder Reaktion ein. Eine Norm, die im allgemeinen verbindlich, dann und wann aber nicht verbindlich ist, wäre aber ein Begriffsmonstrum. Die Inhaltsbestimmung von *v* bedarf also einer Modifikation. [...]

Die Verbindlichkeit *v* hat eine relative Zahlengröße $v = {}^e/_s$, worin *e* die Anzahl der Fälle ist, in denen die Norm sich durch Befolgung oder Reaktion auf Übertretung als wirksam erweist, *s* die Gesamtzahl der Fälle umfaßt, in denen Normadressaten aktuell in normtypische Situationen geraten, *v* aber durch das Verhältnis dieser beiden Größen seinem Intensitätsgrad nach bestimmt ist. [...]

Die Verbindlichkeit der Norm ist somit nicht nur ein Vorstellungsinhalt bei *AA* und als solcher ein mögliches Motiv für sie, $s \rightarrow g$ zu handeln. Die Verbindlichkeit besitzt darüber hinaus die Eigenschaft einer in der äußeren Welt feststellbaren Tatsache. Sie liegt nämlich in der Korrelation zwischen *s* auf der einen und der Alternative ,,entweder *g* oder $\bar{g} \rightarrow r$" auf der anderen Seite. Diese Korrelation läßt sich grundsätzlich als zahlenmäßige Größe ausdrücken – für die Vergangenheit aufgrund der Kriminal- oder Moral-Statistik, für die Zukunft als Wahrscheinlichkeitsquote.

Man kommt damit zu dem für die Norm-Fetischisten ärgerniserregenden Ergebnis, daß die sogenannte ,,Gültigkeit" oder Verbindlichkeit der Norm eine *meßbare Größe* ist. Eine Norm ist nicht schlechthin gültig oder geltungslos, sondern verbindlich in höherem oder geringerem Grad. Gewisse Normen werden strenger, andere minder konsequent befolgt und durchgesetzt. In Übergangszuständen, wo eine neue Norm entsteht oder eine bisherige verfällt, hat *v* steigende oder fallende Tendenz. Im Hinblick auf eine typische Situation können sogar zwei einander entgegengesetzte Normen unentschieden miteinander konkurrieren. – Um Mißverständnisse auszuschließen, sei hier folgendes bemerkt. Diese Quantifizierung des Begriffs der Verbindlichkeit durch einen Ausdruck für ihre Intensität ist etwas ganz anderes, als wenn man sagte, die Norm sei in so vielen Fällen gültig, in so vielen ungültig. Sie ist in *jedem* Falle in einem zahlenmäßig begrenzten Grad verbindlich. [...]

*v* ist als meßbare Größe eine Funktion des Verhältnisses zwischen der Macht der $\Sigma$ über die *AA* unter ihren *MM* und dem Interesse, das $\Omega$ an der Aufrechterhaltung des Modells $s \rightarrow g$ hat. (S. 70–72)

### 3.3.2.4. Recht als Sonderart sozialer Ordnung

Wenn nunmehr versucht wird, das Recht im eigentlichen Sinn von geselligen Ordnungsgefügen anderer Art zu unterscheiden, ist das Ergebnis nicht dogmatisch zu verstehen. Dem Wort Recht wohnt nicht kraft irgendeiner Begriffsmystik der Anspruch inne, etwas ganz bestimmtes und beileibe nicht etwas anderes zu „bedeuten". Was es bedeuten soll, ist eine Definitionsfrage, und Definitionen sind Krücken der Erkenntnis [...]

Eines ist aber von vornherein kräftig zu unterstreichen: Eine eindeutig scharfe Grenze zwischen rechtlicher und anderer Ordnung gibt es nicht in dem Sinn, daß jedes konkrete Ordnungsphänomen entweder Recht oder Nicht-Recht wäre. Das liegt schon darin, daß Recht hier als Erzeugnis einer gesellschaftlichen Entwicklung aufgefaßt wird. Wenn Recht aus einem vorangehenden vor-rechtlichen Ordnungsgefüge *hervorgeht,* sind Übergangszustände zu erwarten, in denen die augenblicklich bestehende Ordnung „noch nicht ganz" Recht, aber doch „nicht mehr bloß" das dem Recht Vorangehende ist. (S. 126–127)

### 3.3.2.5. Die wesentlichen Merkmale einer Rechtsordnung

Die kennzeichnenden Züge einer Rechtsordnung zum Unterschied von anderen Formen geselliger Ordnung seien hier noch einmal knapp aufgereiht.

1) Ein in sich differenziertes und gegliedertes gesellschaftliches *Groß-Integrat* (von territorialer Exklusivität?),

2) welches durch eine Zentralmacht (Π) gesteuert wird.

3) *Monopolisierung der Reaktionstätigkeit* durch die Zentralmacht, und zwar einerseits der Verhängung, anderseits der Vollstreckung der Reaktion.

4) Handhabung der monopolisierten Reaktionstätigkeit durch eine *richterliche Instanz* (Δ), die mit der Zentralmacht Π personell zusammenfallen oder aus von ihr beauftragten, besonderen Organen bestehen kann.

5) Organisierung und Regulierung der Reaktionstätigkeit teils durch Normierung eines *förmlichen Verfahrens* der Reaktionsverhängung, teils

6) durch *Normierung der Reaktionsweisen* im Verhältnis zu den Normübertretungen („gemessene Reaktion").

Insoweit diese Kennzeichen vorliegen, hat man es mit einer geselligen Ordnung vom spezifischen Charakter der Rechtsordnung zu tun. Ein gegebenes geselliges Ordnungsgefüge ist in um so höherem Grade Recht, je vollzähliger die genannten Züge in ihm vertreten sind. Wo einige dieser Züge gegeben sind, andere aber fehlen, hat man es mit „unvollständigem Recht" zu tun. (S. 168)

### 3.3.2.6. Die Frage nach der Normgeltung

Niemand kann vom Standpunkt einer empirischen Rechtslehre aus mit Bestimmtheit sagen, was jetzt und hier Rechtens sei, ob eine bestimmte Norm verbindlich für den oder jenen Fall sei oder nicht. Dieser Satz scheint revolutionär die Grundfesten der Rechtswissenschaft, ja des Rechtes selbst zu bedrohen. In Wirklichkeit tritt in ihm nur der grundsätzliche Unterschied theoretisch-wissenschaftlicher und pragmatisch-normativer Betrachtungsweise in Erscheinung. Es wird dann allen Ernstes zu erwägen sein, ob und inwiefern die juridisch-pragmatische Frage nach der „Geltung“ einer Rechtsnorm überhaupt irgendwelchen denkbaren Sinn hat. (S. 208)

### 3.3.2.7. Prognostizierbarkeit der Verbindlichkeit von Rechtsnormen

Für das Rechtsleben ist es ohne direktes Interesse, was gestern rechtlich bindend war. Praktisch gesehen kommt es immer darauf an zu wissen, was jetzt, d.h. heute oder morgen, verbindlich ist. [...] *A* will innerhalb seiner Rechtssphäre auf zugesagte Garantien der Freiheit von Rechtsnachteilen vertrauen, *B* mit Zuversicht ein gewisses Verhalten des *A* – und subsidiär der Instanz Δ – erwarten können.

Nun, diese Sicherheiten sind nur relativ und liegen in dem, was hier schon gelegentlich als Verbindlichkeitskalkül bezeichnet wurde. In all ihrer Relativität ist diese Sicherheit nicht gering. Wo sind die Anhaltspunkte für ein solches Kalkül?

Das *Gesetz,* die Gesamtheit der proklamierten Normsätze, bietet zunächst ein System der begrifflichen Bezugspunkte für konkrete Tatbestände. Wie die Verbindlichkeitssubstanz der unter Berufung auf diese Normsätze gehandhabten subsistenten Normen determiniert ist, geht aus der Judikatur hervor. Damit wird aber die sogenannte „rechtshistorische“ Geltungsfrage mittelbar auch pragmatisch bedeutsam. Die Mehrzahl der wichtigeren Gesetzesvorschriften ist so eingearbeitet, daß sich im Anschluß an sie eine ziemlich konstante Rechtsprechung entwickelt hat. Die Mehrzahl der konkreten Lebensverhältnisse wiederum wird im Innenbezirk des Streufeldes der Tatbestände liegen, deren Essenz und Inbegriff die Geltungssubstanz der Norm ausmacht. Man weiß m.a.W., in welchem Sinn und welcher Ausdehnung die Gerichte durchschnittlich diesen Paragraphen anwenden. Das Kalkül ist daher praktisch genommen unbedingt sicher. Das theoretisch stets gegebene Unsicherheitsmoment ist infinitesimal gering. Wenn die Rechtsprechung zwanzig Jahre hindurch ziemlich festgelegen hat, besteht kein Anlaß, für heute oder morgen mit einer sensationellen Änderung zu rechnen.

Sind aber Verschiebungen im Gang, und liegt der konkrete Tatbestand an der Peripherie des Streufeldes, mag er von der gleitenden Veränderung betroffen werden. Auch dafür hat man Anhaltspunkte des Kalküls in der bisherigen Judikatur. Verfolgt man sie einige Zeit zurück, kann man unschwer die Tendenz der Rechtsentwicklung feststellen: – Ausdehnung? Einengung? Verlagerung? Man kann erfahrungsgemäß mit einer gewissen Konstantheit der Rechtsprechung [...] rechnen. Der geometrische Ort für das jetzt geltende Recht ist die Verlängerung der Kurve bisheriger Rechtshandhabung und ist auf ihr bestimmt durch den Zeitablauf seit dem letzten behandelten Fall. (S. 278–279)

### 3.3.2.8. Der soziale Mechanismus der Normverbindlichkeit

Wie in jedem beliebigen Ordnungsgefüge, so erfolgen auch im rechtlichen die meisten normgemäßen Handlungen zwangfrei und ohne daß der Handelnde an die Reaktionsdrohung überhaupt denkt. Er handelt rechtmäßig, weil er an die Gebarensmodelle der Rechtsordnung deren Inhalt nach gewöhnt ist. Weil viele dieser Modelle zugleich weitverbreiteten Moralvorstellungen entsprechen. Weil die Einfügung in ein – wenn auch inhaltlich kritisiertes – Gebarensmodell das geringere Übel, die Gefährdung der Gebarenskoordination überhaupt, als Bedingung sozialen Daseins, das ungleich größere Übel zu sein scheint. Weil allein die Vorstellung, das Gemeinwesen und seine Obrigkeiten forderten dies oder jenes, blinden oder reflektierten Respekt vor der Forderung einflößt – das Ansehen der Instanzen $\Pi$, $\Theta$ und $\Delta$ ist in der Tat ein starkes Gehorsamsmotiv. Wenn so die Sanktion nicht immer als Motiv der einzelnen Handlung in Wirksamkeit tritt, wäre es doch ein arger Irrtum anzunehmen, sie habe nichts mit dem Gehorsam der freiwillig Gehorsamen zu tun. Man hat gelegentlich darauf hingewiesen, wie die Sanktionsdrohung – insbesondere die strafrechtliche – ja eben erst deutlich mache, daß es den sozialen Mächten mit ihrer Forderung ernst sei. Die Sanktionsdrohung schreckt insofern nicht ab, sondern unterstreicht die soziale Forderung und schärft deren Bedeutung ein. Ein anderer Mechanismus dagegen bleibt, soweit ich sehen kann, im allgemeinen unbeachtet: die zwangfrei und ,,von innen heraus' Gehorsamen könnten nicht gehorsam sein, wenn die Norm nicht durch Sanktion und Sanktionsdrohung gegenüber den Ungehorsamen und zum Ungehorsam Geneigten behauptet würde. Bei Gefahr meiner Existenz kann ich kein Eigentumsrecht anderer respektieren, wenn nicht auch mir Eigentumsschutz gewährleistet ist. Der Grundsatz der Gegenseitigkeit, der Gebarenskoordination, trägt die Rechtsgesellschaft. Wenngleich also die Sanktionierung nicht den Normgehorsam der einzelnen motiviert, ist sie doch die unerläßliche Voraussetzung für ein Sozialmilieu, in dem freiwilliger Normgehorsam überhaupt möglich ist. (S. 215–216)

3.3.2.9. Die Struktur des Werturteils

Die Bezeichnung ,,wertende Äußerung" deckt zwei ihrer Struktur und Sinnintention nach verschiedene Arten von Aussagen, nämlich:

1) Die primäre, ursprüngliche *Bewertung,* welche nur *expressiv* eine gefühlsmäßige Stellungnahme des Sprechers zu einem Objekt kundgibt. Sie kann der grammatischen Form nach ein Ausrufungs- oder Wunschsatz sein (,,Pfui Teufel!" – ,,Vedere Napoli e poi morire!") oder auch lauten: ,,Ich hasse die Lüge", ,,ich verabscheue politischen Mord", ,,ich liebe Rosen", ,,ich schätze Aufrichtigkeit" usw. Die ersten Beispiele belegen die ,,unmittelbare, eruptive Ventilation" des Gefühlsverhältnisses, die zweite Reihe enthält Gefühlskundgaben ,,in reflektorischer Übersetzung". In allen Fällen hat man es mit Kundgebungen vitaler, alogischer Phänomene zu tun: Kundgebungen meiner Gefühlseinstellung gegenüber äußeren Objekten.

2) Das Werturteil im eigentlichen Sinn konstatiert dagegen einen vermeintlichen Sachverhalt und lautet: ,,Die Rose *ist* schön", ,,Aufrichtigkeit ist eine gute Eigenschaft", ,,Mord ist ein Greuel". [...]

Das Werturteil ist der ideologische Überbau einer Bewertung. Im Werturteil hat die primäre Bewertung eine nicht nur grammatische Umformung, sondern eine Transmutation des intendierten Sinnes durchgemacht. Ideologien sind ja eben Theoretisierung vitaler Phänomene und Relationen. Die primäre Bewertung ist Kundgabe des vitalen Faktums meiner alogischen, gefühlsmäßigen Einstellung zu etwas. Das die primäre Bewertung überbauende Werturteil ist die (Schein-)Logisierung dieses alogischen Faktums, also eine Aussage anderer Struktur. [...]

So komme ich zu der Behauptung, daß das Werturteil nicht ein theoretisch sinnloser Satz, sondern wirklich ein Urteil und somit theoretischer Kritik zugänglich ist. Es ist eine Aussage über ein vermeintlich Wirkliches. Da aber ich anti-metaphysisch die Wirklichkeit des Wertes bestreiten muß, bezeichne ich qua Kritiker das Werturteil als theoretisch illegitim. (S. 318–320)

### 3.3.2.10. Vom theoretischen zum praktischen Wertnihilismus

Wenn es wahr ist, daß das Werturteil im eigentlichen Sinn nicht theoretisch gegenstands- und sinnlos, sondern theoretisch illegitim und falsch ist, muß praktischer Wertnihilismus dem theoretischen folgen. [...]

Die *primäre Bewertung* bleibt durch den Wertnihilismus unberührt. Wenn ich weiß, daß die Wertidee des Guten ein Hirngespinst ist, braucht das nichts an meiner Abneigung gegen Diebstahl und Tierquälerei, nichts an meiner Sympathie für Hilfsbereitschaft und Gelöbnistreue zu ändern. [...]

Welche Folgen haben theoretischer und praktischer Wertnihilismus für die Moral? Sehr einfach die, daß es für den Wertnihilisten keine Wertmoral gibt. Ist das eine soziale Katastrophe? Natürlich nicht. Wenn die Wertidee des Guten ein Hirngespinst ist, ist sie mitsamt der auf sie sich berufenden Moral im sozialen Lebenshaushalt so entbehrlich wie die Quasten und Nippes der viktorianischen Periode in einem Heim. (S. 325–326)

### 3.3.2.11. Sozialstruktur und Schisma der Moralen

Die Moral ist nicht länger als sozialer Regulator brauchbar. Die Divergenz der individuellen Moralen müßte im Gegenteil die Desintegration der Gesellschaft herbeiführen. Wenn es dennoch nicht zu völliger Anarchie kommt, so ist das nicht moralischen Kräften, sondern im Gegenteil der *sinkenden Bedeutung des Moralischen in einer mehr und mehr institutionalisierten Gesellschaft* zu danken.
[...]

### 3.3.2.12. Rechtsrealismus und Rechtsidealismus – Der Gegenstand wissenschaftlicher Rechtsbetrachtung

Ob die von der $\Pi$ mit Hilfe ihrer Organe $\Theta$ und $\Delta$ tatsächlich durchgeführte Ordnung der Handlungsabläufe in $\Sigma$ Recht sei oder nicht, sollte demnach davon abhängen, ob die Inhalte dieser Ordnung irgendwelchen unabhängig von ihr bestehenden Maßstäben und Kriterien entsprechen. Hier ist dann nicht mehr vom Recht als einer Realität, sondern von einer Rechtsidealität die Rede. Sinngemäß könnten solche Maßstäbe nur aus dem „Wesen" einer begriffsrealistisch aufgefaßten Rechtsidee abgeleitet werden – und das ist ein naturrechtliches Postulat.

Mit Wissenschaft haben diese Phantasievorstellungen nichts zu tun. Das „ideale Recht" liegt außerhalb der erfahrbaren Welt – es soll vielmehr „in sie hineingetragen" werden. Und die wirklich herrschende Ordnung der Dinge ist angeblich nicht Recht. Was ist sie dann? Möglicherweise legalisiertes Unrecht, jedenfalls unvollkommenes Recht, ein nur halb geglückter Versuch zur Verwirklichung einer Rechtsordnung. Die Juridik wird nicht zur Wissenschaft werden, ehe sie es aufgibt, darüber zu spekulieren, wie die von den Staaten durchgeführten Lebensordnungen beschaffen sein *sollten,* statt sich darauf zu beschränken, sie so zu betrachten, wie sie beschaffen *sind.* Auch die Sozialökonomik ist erst zur Wissenschaft geworden, seit sie sich damit begnügt, die Prozesse des Wirtschaftshandelns zu analysieren und es den Politikern überläßt, sie zu verwirren.

Was sollte Gegenstand wissenschaftlicher Rechtsbetrachtung sein, wenn nicht die tatsächlich bestehenden Rechtsordnungen? Es ist nichts dagegen einzuwenden, daß man seiner Abneigung gegen einzelne ihrer Erscheinungen oder sogar gegen ihre Grundlinien in der Bezeichnung „Unrecht" Luft macht. Man darf nur nicht vergessen, daß Un-Recht nicht bedeutet Nicht-Recht, sondern: schlechtes Recht – eine moralische oder politische, jedenfalls aber wissenschaftlich belanglose Bewertung. (S. 206–207)

**Erklärung der im Text nicht definierten Symbole**

| | |
|---|---|
| Σ | Ein Gesellschafts-Integrat, insbesondere: Die Rechtsgesellschaft. |
| $A$ | Adressat der Norm, d. h., die Person, an welche die Forderung der Norm sich richtet. |
| $s \to g$ | Auf eine Situation von gewissem Typus folgt ein Gebaren von gewissem Typus. |
| $\bar{g}$ | Ein von einem Gebarenstypus abweichendes Gebaren. |
| $r$ | Reaktion der Öffentlichkeit auf eine Übertretung. |
| $M$ | Mitglied eines Gesellschaftsintegrats. |
| Ω | Öffentlichkeit des Gesellschaftsintegrats, d. h. die Gesamtheit der Mitglieder oder „alle die anderen" gegenüber „dem einen". |
| Θ | Gesetzgeber, Normstifter. |

### 3.3.3. Aufgabenvorschläge

3.3.3.1. *Für den alten § 218 Strafgesetzbuch (Schwangerschaftsabbruch) hat man eine besondere hohe „Dunkelziffer" angenommen: So ist u. a. die Zahl der strafrechtlich verfolgten Fälle zur Zahl der nicht verfolgten Fälle auf 1 : 100 geschätzt worden. Welche Konsequenzen hat das für die „Verbindlichkeit" dieser Bestimmung in Geigers Sinne?*

3.3.3.2. *Ist das Völkerrecht Recht im Sinne der von Geiger aufgestellten Charakteristika einer Rechtsordnung? Warum würde Geiger diese Fragestellung als richtig bzw. nicht richtig angesehen haben?*

3.3.3.3. *Kann ein Richter, der einen Rechtsstreit, z. B. zwischen Käufer und Autohändler wegen der Lieferung eines mangelhaften Pkw, zu entscheiden hat, eine Norm i. S. Geigers anwenden? Welche Aufgaben haben demnach soziologische und normative Rechtsbetrachtung?*

# 4. METHODEN DER RECHTSANWENDUNG, RECHTSKRITIK UND SOZIOLOGISCHE JURISPRUDENZ

## 4.1. Die Interessenjurisprudenz

Text aus: Heck, Philipp: Grundriß des Schuldrechts. Tübingen: Mohr 1929, Anhang: Begriffsjurisprudenz und Interessenjurisprudenz, S. 471–483 (Auszüge), ohne Fußnoten (außer 4.1.2.1.).

### 4.1.1. Texteinleitung

Philipp Heck wurde am 22. 8. 1858 in St. Petersburg (heute Leningrad) geboren. Nachdem er zunächst Mathematik studiert hatte, wandte er sich den Rechtswissenschaften zu. Er lehrte an verschiedenen deutschen Universitäten, seit 1902 in Tübingen, wo er am 22. 6. 1943 starb.

Heck hat als Begründer und Hauptvertreter der sog. Interessenjurisprudenz einen außerordentlichen Einfluß auf den Denkstil der deutschen Juristen, sowohl der Wissenschaftler als auch der Praktiker, vornehmlich der Richter, seit der Jahrhundertwende bis heute gehabt. Dieser Einfluß ist vor allem im Bereich des Privatrechts festzustellen, zumal Heck selbst Zivilrechtler war. Die Interessenjurisprudenz sieht die Funktion des Rechts in der Regelung individueller und sozialer Konflikte, die aus entgegengesetzten „Interessen" resultieren. Derartige Interessen einzelner oder sozialer Gruppen können sowohl materieller als auch „ideeller" Art sein. Aus diesem Verständnis des Rechts – und darin liegt das Neue der Interessenjurisprudenz – werden Konsequenzen für die Rechtsanwendung, also die Lösung einzelner Konflikte gezogen. Die Anwendung genereller Normen – das sind für Heck unter dem Eindruck der Kodifikation des deutschen Zivilrechts im Bürgerlichen Gesetzbuch (BGB) im Jahre 1900 praktisch ausschließlich die staatlichen Gesetze – auf Einzelfälle setzt voraus, daß der Rechtsanwender die Abwägung des Interessenkonflikts durch den staatlichen Gesetzgeber nachvollzieht. Die dogmatische Rechtswissenschaft, die der Rechtsprechung vorzuarbeiten hat, soll demzufolge nicht in erster Linie die logischen Beziehungen von Rechtsbegriffen untersuchen, sondern die beteiligten Interessen erforschen und dabei feststellen, welche Interessen im Gesetzgebungsprozeß den Vorzug erhalten haben. Derartige Untersuchungen helfen insbesondere auch die bei der gesetzlichen Regelung praktisch notwendig auftauchenden Lücken zu schließen: der Rechtsanwender hat in „denkendem Gehorsam" die Entscheidungen des Gesetzgebers bei der Interessenabwägung auf die von letzterem nicht vorbedachten Interessenkonflikte zu übertragen. Kritisch wendet sich Heck in diesem Zusammenhang gegen die Lückenschließung aus einem klassifikatorischen Begriffssystem (Heck spricht hier von der „Inversionsmethode" der „Begriffsjurisprudenz"), da in einem solchen System die Bildung von Oberbegriffen, aus denen dann konkretere Normen abgeleitet werden, willkürlich, weil nicht durch die Interessenabwägung kontrolliert ist.

Hecks Grundansatz ist nicht so revolutionär, wie es in seiner eigenen Darstellung (s. 4.1.2.3.) zuweilen scheint. Insbesondere der von Heck kritisierte Rudolf Jhering hatte in seinem Buch „Der Zweck im Recht" (1877) den Interessenkampf als Gegenstand rechtlicher Regelung herausgestellt und eine „teleologische" (auf den *Zweck* der Normen abstellende) Rechtsbetrachtung vorbereitet. Bereits Jhering hatte die Abwendung vom Begriffskultus und die Hinwendung zum „Leben" gefordert. Hecks Leistung liegt daher vor allem darin, diese Forderungen in einer systematischen Methodenlehre der Rechtsanwendung – durch die Interpretation gesetzlicher Regeln und die Rechtsfortbildung in der Lückenschließung – erfüllt zu haben. Diese Wendung zum „Leben" bedeutet gleichzeitig eine Öffnung der Rechtswissenschaft zu den Wirklichkeitswissenschaften, welche das soziale Verhalten einzelner und sozialer Gruppen erforschen, insbesondere zur Soziologie. Denn wenn konkrete rechtliche Entscheidungen eine dem Gesetzeszweck entsprechende Regelung von Interessenkonflikten sein sollen, dann muß der Rechtsanwender diese Interessenkonflikte nach ihrer tatsächlichen Seite kennen, und zwar einerseits die in der gesetzgeberischen Abwägung angeschaute Interessenlage und andererseits die Interessenlage in dem von ihm zu beurteilenden Einzelfall. Die Wirklichkeitswissenschaften liefern also ein ,,Bild" der Wirklichkeit, während die normativen Prämissen der Entscheidung dem Gesetz zu entnehmen sind.

Die Interessenjurisprudenz ist nach dem zweiten Weltkrieg zu einer ,,Wertungsjurisprudenz" weiterentwickelt worden. Die Anhänger der Wertungsjurisprudenz versuchen, schärfer, als das bei Heck geschieht (vgl. aber 4.1.2.1., 2b), die konfligierenden Interessen samt ihrer Bewertung durch die Interessenten von der abwägenden Bewertung der Interessen durch Gesetzgeber und Richter zu unterscheiden. Denn die Abwägung von Interessen und damit schließlich die Bevorzugung einer Interessenseite setzt einen den Interessen nicht immanenten Wertmaßstab voraus; darüber hinaus sind die Interessen der Allgemeinheit zu berücksichtigen. Ob dieser Wertmaßstab für die Einzelentscheidung dem Gesetz zu entnehmen ist, wie es Heck vorschwebte, oder aber aus anderen Quellen – z. B. einem wie auch immer fundierten ,,Naturrecht", dem allgemeinen Wertbewußtsein in der Gesellschaft zur Zeit der Entscheidung, dem Wertbewußtsein des Juristenstandes oder aber auch des einzelnen Richters –, darüber sind sich die Anhänger der Wertungsjurisprudenz uneinig.

Berechtigte Kritik gefunden hat Hecks Vorstellung von zwei unverbunden nebeneinander stehenden Aufgaben der Rechtsdogmatik: Schaffung einer klassifikatorischen Systematik von nur ,,pädagogischer" Bedeutung einerseits, produktive, weil Entscheidungen vorbereitende Interessenforschung andererseits. Demgegenüber wird heute als Aufgabe der Rechtsdogmatik die Ausarbeitung eines ,,teleologischen Systems" angesehen, dessen Begriffe auf der Basis einer Interessenforschung im Sinne Hecks unter Wertgesichtspunkten gebildet werden. Im Idealfall gibt ein derartiges System eine Hierarchie der in Betracht kommenden Werte und ermöglicht damit auch Konsequenzen für Einzelentscheidungen; zumindest erleichtert es, die Folgerungen aus einer Entscheidung für andere Entscheidungen abzusehen und damit die Tragweite einer Entscheidung zu kontrollieren.

Der Text ist dem Anhang eines Lehrbuchs zu einem Teil des Privatrechts, dem Schuldrecht, von Philipp Heck entnommen. Heck hat hier seine methodischen Einsichten zusammengefaßt.

## 4.1.2. Texte

### 4.1.2.1. Aufgaben und Wege der Rechtswissenschaft

1. Unsere dogmatische Rechtswissenschaft ist nach dem geschichtlich gewordenen und konventionell festgelegten Sinn dieser Bezeichnung eine praktische Wissenschaft, wie die Medizin. Sie ist entstanden, um dem Rechtsleben, in erster Linie der Rechtsanwendung durch die Gerichte und Verwaltungsorgane, zu dienen, und sie befriedigt auch heute diese hochwichtigen Lebensbedürfnisse. Sie dient diesem Zwecke in doppelter Weise, durch die Lösung von zwei Aufgaben:

a) Die erste Aufgabe besteht in der Normgewinnung. Die Wissenschaft bereitet die Anwendung und Ergänzung der autoritativen Rechtsnormen vor. Der Forscher vergegenwärtigt sich die vorgekommenen und denkbaren Interessenkonflikte, sucht die seiner Ansicht nach richtige Entscheidung und schlägt sie der Praxis vor. Diese Aufgabe stellt Normierungsprobleme.

b) Die zweite Aufgabe besteht in der Ordnung, in der Herstellung einer Übersicht über die ungeheure Mannigfaltigkeit des Lebens und des Rechts. Es ist eine Aufgabe der Vereinfachung und Darstellung. Diese Übersicht wird erreicht durch die Bildung von Ordnungsbegriffen, Allgemeinbegriffen, die gemeinsame Merkmale hervorheben und durch immer weitergehende Zusammenfassung ein übersichtliches System ergeben. Diese Aufgabe stellt Probleme der Formulierung.

2. Der Lösung dieser Aufgaben dienen zwei Betrachtungsweisen des Rechts, die zwei verschiedene Seiten des Rechts ergeben, die Gebotsseite und die Interessenseite.

a) Das objektive Recht gehört, wenn wir es in die Gegenstände unserer Beobachtung einordnen, nicht zu der unmittelbar sinnlich wahrnehmbaren Welt, sondern zu den Bewußtseinsinhalten, und zwar zu den willensbestimmenden, den Gebots- oder Soll-Vorstellungen, den Normen, gemeinsam mit den Normen der Religion, Moral und Sitte. Diese Zugehörigkeit ergibt die Gebotsseite des Rechts. Gesetz und Verordnung sind Aktivgebote. Die Regelung der Lebensverhältnisse durch das Recht ergibt konkrete Gebotsgebilde. Der Zusammenhang der einzelnen Inhalte eines Gebots kann als seine „Struktur" bezeichnet werden und die auf den Gebotsinhalt gerichtete Forschung als strukturelle Betrachtung. Sie hat innerhalb der Rechtswissenschaft eine analoge Aufgabe, wie sie der Anatomie in der Wissenschaft vom kranken Menschen zukommt.

b) Wenn wir nach der Lebensbedeutung der Rechtsnormen fragen, dann tritt neben die Gebotsseite des Rechts seine Interessenseite. Die Rechtsnormen schützen die Interessen der menschlichen Gemeinschaft und sichern dadurch ihre Lebensbedingungen. [...] Das Recht ordnet die in der Gemeinschaft verbundenen Privatinteressen, es grenzt sie gegeneinander und gegen die unmittelbaren Gemeininteressen ab. Die Interessen, die das Recht schützt, sind sehr verschieden. Es handelt sich natürlich nicht nur um materielle Interessen, sondern in vollem Umfange auch um Begehrungen idealer Güter, ethischer Werte der Gesamtheit und der einzelnen. In der Sicherung der Lebensgüter besteht die Wirkung des Rechts, seine Funktion. Die Untersuchung der Interessenseite kann als Interessenforschung oder als funktionelle Betrachtungsweise bezeichnet werden. Sie findet, wenn wir die medizinische Wissenschaft zum Vergleiche stellen, ihr Gegenstück in der Psychologie und Physiologie.

3. Die wissenschaftliche Arbeit vollzieht sich überall durch Begriffsbildung. In diesem Sinne ist natürlich auch die Interessenjurisprudenz eine Begriffe bildende und verwendende Wissenschaft. Die Betrachtung des Forschers ergibt Vorstellungen, die zu Begriffen werden, sobald sie eine mehr oder weniger bestimmte Ausprägung erhalten. Dies geschieht durch Verbindung mit Worten oder Wortkomplexen. Die Begriffe, die wir vom Rechte bilden, sind nun teils Gebots- oder Strukturbegriffe, teils Begriffe der Interessenseite, Interessenbegriffe. Die beiden verschiedenen Betrachtungsweisen (Nr. 2a und b) ergeben entsprechend verschiedene Begriffsreihen. Dieser Gegensatz zieht sich durch das ganze Rechtsgebiet und kehrt daher bei den Einzelbetrachtungen überall wieder. Die Strukturbetrachtung ergibt die Tatbestände, Rechtsinhalte, Rechtsfolgen usw., die funktionelle Betrachtung andererseits Interessenlagen, Interessenkonflikte, Werturteile, Wertideen. [...]

4. Die beiden Betrachtungsweisen, die strukturelle Betrachtung und die Interessenforschung (Nr. 2), haben nun für die beiden Aufgaben (Nr. 1) sehr verschiedene Bedeutung:

a) Für die Normgewinnung sind beide Betrachtungsweisen zu verbinden. Namentlich ist die Interessenforschung durchaus unentbehrlich. Der Gesetzgeber will die Lebensinteressen befriedigen, und der Richter soll ihm dabei helfen. Aber die Mannigfaltigkeit der Interessenlagen entzieht sich erschöpfender Regelung durch den Gesetzgeber. Das Gesetz ist notwendig unbestimmt und lückenhaft. Deshalb soll der Richterspruch ergänzend eingreifen, und die Wissenschaft will die richtige Normgewinnung vorbereiten. Es ist allgemeine Lebenserfahrung, daß die richtige Ausführung und Ergänzung eines Gebots durch die Erkenntnis der Gebotsgrundlagen und Gebotsziele bedingt ist. Die interessengemäße Normgewinnung ist daher für die Wissenschaft nur möglich, wenn sie die vom Gesetzgeber angeschauten und die sich im Leben findenden Interessenlagen erforscht und die Interessenwirkung der vorhandenen und der vorzuschlagenden Rechtsnormen ins Auge faßt. Für diejenige Richtung, welche diese Forschungsaufgabe in den Vordergrund stellt, paßt die Bezeichnung Interessenjurisprudenz[1].

b) Für die Systembildung stehen die Gebotsbegriffe im Vordergrunde. [...] Die richtige Systembildung ist für die Beherrschung des Rechtsgebiets von großer Bedeutung. Aber nicht für die Gewinnung neuer Normen. Es ist allgemeine Lebenserfahrung, daß die übersichtliche Ordnung eines vorhandenen Gütervorrats für die Verwendung sehr wichtig sein kann, daß es aber nicht möglich ist, durch Klassifikation und Ordnung neue Güter zu produzieren. Dieser Erfahrungssatz bewährt sich auch bei der Rechtswissenschaft. (S. 471–473)

### 4.1.2.2. Die technische Begriffsjurisprudenz (naturhistorische Methode Jherings)

1. In der deutschen Rechtswissenschaft des 19. Jahrhunderts war eine methodische Richtung zur Herrschaft gelangt, welche die Aufgaben der Rechtswissenschaft anders auffaßte und das ganze Schwergewicht der Forschung auf die genaue Bestimmung und Konstruktion der allgemeinen Ordnungsbegriffe legte. Ihr genauester Schilderer Jhering bezeichnet sie als „höhere Jurisprudenz“ und als „naturhistorische Methode“. Ihre Gegner gebrauchen die Ausdrücke „Begriffsjurisprudenz“ oder „konstruktive Jurisprudenz“ im engeren, technischen Sinne.

2. Den Ausgangspunkt dieser Richtung bildete die Annahme der historischen Schule, daß die allgemeinen Gebotsbegriffe sich im Volksgeiste bilden und ihrerseits die Rechtsgebote erzeugen. Dazu kam der strenge Positivismus, der den Richter von der Rechtsbildung ausschloß und auf die logische Subsumtion des Tatbestandes unter gesetzliche Begriffe beschränkte. Diese Grundanschauungen ergaben im Zusammenhang mit anderen Ursachen wichtige Folgerungen, die zum Teil auch nach Aufgabe der Grundanschauung festgehalten wurden. Eine dieser Folgen war die Lehre von der Geschlossenheit der Rechtsordnung. Wenn die allgemeinen Gebotsvorstellungen die bekannten Rechtssätze erzeugt hatten, dann mußten sich aus dieser Grundlage auch neue gewinnen lassen. Man sagte daher, das Gesetz habe Lücken, aber nicht das Recht. Fand sich eine Gesetzeslükke, so hatte der Richter aus den vorhandenen positiven Vorschriften den für sie vermeintlich grundlegenden Begriff zu erschließen, ihn zu „konstruieren“, um dann, von diesem all-

[1] Die Bezeichnungen, die für den Gegensatz zu der Begriffsjurisprudenz gebraucht werden, sind verschieden. Man spricht nicht nur von Interessenjurisprudenz, sondern auch von teleologischer, realistischer oder soziologischer Jurisprudenz und unrichtigerweise von Freirechtsbewegung. Man könnte auch von „wertender Jurisprudenz“ reden, denn die Interessen sind eben Güterbegehrungen, sie richten sich auf Werte. Der Interessenschutz ist Zubilligung von Werten. Aber der Kern der neueren Methode, ihre richtige Integration, wird m. E. doch durch die Bezeichnung Interessenjurisprudenz wiedergegeben.

gemeinen Begriffe absteigend, die scheinbar fehlende Norm zu erhalten. Man bezeichnet dieses Verfahren als „Lückenergänzung durch Konstruktion“ oder auch (von seiten der Gegner) als „Inversionsmethode“. Die Hoffnung, auf diesem Wege Rechtssätze zu gewinnen, hat die Art der wissenschaftlichen Arbeit maßgebend beeinflußt.

3. Die anschaulichste Schilderung dieser Richtung hat Jhering gegeben. Jhering unterscheidet eine niedere und eine höhere Jurisprudenz. Die niedere Jurisprudenz beschäftige sich mit der Auslegung und Ordnung der Gesetze, die höhere mit der Bildung der Strukturbegriffe und ihrem Ausbau zu einem Rechtssystem, mit der „Konstruktion“, wie Jhering sagt. Das Eigenartige und von allen anderen Normwissenschaften Unterscheidende sei aber für die höhere Jurisprudenz, daß sie diese Begriffe nicht als bloße Zusammenfassung behandle wie andere Wissenschaften, sondern als selbständige Wesen, als Rechtskörper, denen eine objektive Beschaffenheit zugeschrieben werde, wie sie die Naturwissenschaft ihren Körpern zuschreibe. Deshalb bezeichnet Jhering seine höhere Jurisprudenz auch als naturhistorische Methode. Die Grundlage für die Begriffsbildung sei als positiver Stoff der Vorrat an feststehenden Normen, aber das einmal gewonnene Ergebnis, die juristische Struktur, sei dauernd als gewonnene Erkenntnis festzuhalten und auch neuen Fragen gegenüber zu verwerten.[...] Deshalb sieht Jhering den Wert der höheren Jurisprudenz in zwei Vorzügen: Sie sei die übersichtlichste und konzentrierteste Form der Darstellung und sie biete eine unerschöpfliche Quelle neuen Stoffs, da man ja in den festgestellten Rechtskörpern eine Grundlage für die Entscheidung neuer Fragen, für die Ausfüllung von Gesetzeslücken gewonnen habe.

4. Die höhere Jurisprudenz Jherings ist als Methode abzulehnen; nur dasjenige Verfahren, das er als „niedere Jurisprudenz“ bezeichnet, ist eine berechtigte Wissenschaft. Die Auffassung der Systembildung als unerschöpfliche Quelle neuen Stoffes wäre nur zulässig, wenn wir annehmen dürften, daß die Gesetzesnormen als Folgerungen aus einem vollständigen und nur zu erforschenden System von Strukturbegriffen entstanden sind. Da diese Annahme ausgeschlossen ist und es feststeht, daß der Gesetzgeber Lebensbedürfnisse befriedigen und Interessenkonflikte entscheiden will, so läßt sich eine produktive Verwertung der Ordnungsbegriffe nicht rechtfertigen. Es ist nicht abzusehen, weshalb der Umstand, daß sich die schon vorhandenen Normen in einer bestimmten Weise zusammenfassen lassen, für die Entscheidung einer nicht angeschauten Interessenlage maßgebend sein sollte. Neue Normen können die Lebensbedürfnisse nur befriedigen, wenn sie ebenso wie die Gesetzesnormen durch Untersuchung und Wertung der beteiligten Interessen gewonnen werden. Die naturhistorische Methode wird heute fast allgemein abgelehnt.[...]

8. Die höhere Jurisprudenz Jherings hat auch im gemeinen Recht* nicht allein geherrscht. Aber sie hat die wissenschaftliche Behandlungsweise sehr maßgebend beeinflußt. Die Wirkungen sind nach drei Richtungen nachteilig gewesen. Sie hat die Gewinnung interessengemäßer Normen behindert, ein Übermaß von Begriffskontroversen verursacht und die Interessenforschung zurückgedrängt.

---

* Heck meint damit das 19. Jahrhundert, in dem vor dem Inkrafttreten des BGB im Jahre 1900 in den deutschen Staaten als gemeinsames Privatrecht das römische Recht, freilich in der Interpretation durch die zeitgenössischen deutschen Juristen (sog. römisches gemeines Recht) zur Anwendung kam (Anm. der Herausgeber).

a) Die Normgewinnung ist etwas weniger behindert worden, als man nach der Unrichtigkeit der Methode erwarten sollte. Die Unbestimmtheit der Oberbegriffe gestattete die Wahl zwischen verschiedenen Einordnungen und Formulierungen. Unter den Entscheidungsgründen wurde auch die Zweckmäßigkeit der Ergebnisse berücksichtigt. In solchen Fällen wurde also die Norm zuerst nach der Interessenwirkung gebildet und dann später als Folgerung aus dem zu diesem Zweck gebildeten Begriff hingestellt. Man hat ein solches Verfahren als „Kryptosoziologie“ bezeichnet. Zutreffend wären auch die Ausdrücke „Scheinkonstruktion“ oder „Begriffsmaskerade“. Genügend war diese Aushilfe nicht, denn die Zweckmäßigkeit der Norm war nur eine von mehreren Erwägungen und ihre Berücksichtigung durch die Methode nicht erstrebt und nicht gesichert, sondern im Grunde eher ausgeschaltet. Die Kryptosoziologie war dementsprechend im ganzen eine Ausnahmeerscheinung.

b) Groß wurde der Nachteil für die Begriffsbildung. In den Mittelpunkt der wissenschaftlichen Arbeit trat die Gewinnung genau bestimmter Gebotsbegriffe und ihre Einordnung in das System. Es waren die Fragen nach der „juristischen Natur“ der Rechtsinstitute unter starrer Festlegung aller einzelnen Elemente, nach der „Struktur“ der Rechtsdinge, die untersucht wurden. Die Konzentration der Forschung auf diese begrifflichen Elemente war durchaus verständlich. Denn aus dem Institutsbegriffe, aus der Struktur, sollten sich die vorhandenen Rechtsnormen e r k l ä r e n und die fehlenden gewonnen werden. Deshalb wurde über die Definitionen und über die Gliederung der Gebotsgebilde (Strukturprobleme) sehr lebhaft gestritten. Dabei wurden aber die Formulierungsprobleme als Erkenntnisprobleme behandelt. Die Möglichkeit verschiedener Ausdrucksweisen wurde verkannt. Es wurden sehr verschiedene Theorien aufgestellt, aber immer nur e i n e als richtig verteidigt, jede andere als unrichtig bekämpft. Aus diesen Gründen entstand jene Fülle von Begriffen und Konstruktionskontroversen, welche aber für die zivilistische Literatur des gemeinen Rechts kennzeichnend wurden und die bei den Laien wie bei fremden Juristen Verwunderung erregten.

c) Das noch erheblich bedenklichere Gegenstück war die Vernachlässigung der Interessenforschung. Die Darstellung des Zusammenhangs zwischen Recht und Leben, die Untersuchung der Interessenlagen und Werturteile blieben im Hintergrunde. Sie haben natürlich nicht völlig gefehlt. Bei vielen Gesetzen war ja der verfolgte Zweck offenkundig. Aber die Betrachtung der Lebenswirkung und der beteiligten Interessen galt nicht eigentlich als Gegenstand der rechtswissenschaftlichen Arbeit. Grundsätzlich galten die Lebensbedürfnisse nicht als kausal für die Entstehung der Norm und sie sollten es für die Anwendung nicht sein. Es erschien manchen Autoren als ein bedauerlicher Notbehelf, wenn eine Vorschrift auf „bloße Zweckmäßigkeitsrücksichten“ zurückgeführt wurde. Die Aufgabe der Wissenschaft war es ja, die Begriffe so zu konstruieren, daß die feststehenden Rechtssätze sich aus ihnen als Folgerungen ergaben. Deshalb trat die funktionelle Betrachtungsweise durchaus zurück. (S. 473–478)

#### 4.1.2.3. Die Wichtigkeit der Methodenfrage

In der Gegenwart wird von manchen Seiten der Rechtswissenschaft und der Rechtsprechung Lebensfremdheit und Formalismus zum Vorwurf gemacht. Diese Vorwürfe sind der heute grundsätzlich herrschenden Richtung gegenüber nicht berechtigt. Aber die alte Begriffsjurisprudenz hat allerdings die beiden Vorwürfe verdient. Es sind z. T. die Sünden unserer begriffsjuristischen Vorfahren, die an uns heimgesucht werden. Wir können diese Vorwürfe nur entkräften, wenn wir die Auswirkungen der alten Fehler bewußt beseitigen.

Wenn es erlaubt ist, Kleines mit Großem zu vergleichen, so möchte ich zur Beleuchtung der in Frage stehenden Grundanschauungen den Gegensatz der ptolemäischen und der kopernikanischen Weltvorstellung heranziehen. Der älteren Astronomie galt die Erde als Mittelpunkt der Welt. Die neue hat sie entthront und ihre Abhängigkeit von der Sonne nachgewiesen. Die alte begriffsjuristisch orientierte Rechtswissenschaft sah in der genauen Formung der Strukturbegriffe die Zentralaufgabe, den Mittelpunkt der Rechtswissenschaft. Aus diesen Allgemeinbegriffen wurden die Rechtsnormen abgeleitet. Die neuere Rechtswissenschaft hat die Ordnungsbegriffe aus ihrer Zentralstellung verdrängt und ihre Abhängigkeit zunächst von den Normen und schließlich von den Interessenlagen nachgewiesen. An die Stelle der entthronten Ordnungsbegriffe ist als Zentralgegenstand der Rechtswissenschaft das Leben getreten mit seinen Interessenlagen und Interessenkonflikten, als Gegenstand der Forschung und als Gegenstand der rechtsschöpferischen Ordnung. (S. 482)

### 4.1.3. **Aufgabenvorschläge**

4.1.3.1. *In einem Mietshaus wohnen ein angehender Pianist, der 6 bis 8 Stunden am Tage übt, und ein ruhebedürftiges, kränkliches altes Ehepaar. Das Ehepaar verlangt vom Hauseigentümer Kündigung des Mietverhältnisses mit dem Pianisten. Halten Sie das für gerechtfertigt?*
*Untersuchen Sie die in Konflikt befindlichen Interessen, und suchen Sie nach Kriterien, welches Interesse den Vorrang verdient!*

4.1.3.2. *Kann ein Gesetzgeber „wissen“, welche Rechtsfälle Jahrzehnte später nach den von ihm gesetzten Normen zu entscheiden sein werden?*

4.1.3.3. *Wäre es sinnvoll, daß ein Richter, nach Heck, mit den Methoden der empirischen Sozialforschung umgehen könnte?*

## 4.2. **Die Freirechtsbewegung**

Text aus: Kantorowicz, Hermann: Rechtswissenschaft und Soziologie. Ausgewählte Schriften zur Wissenschaftslehre. Karlsruhe: C. F. Müller 1962, S. 14–25, S. 34, S. 37 (Auszüge). (Originalausgabe: Gnaeus Flavius = Hermann Kantorowicz: Der Kampf um die Rechtswissenschaft. Heidelberg: Winter 1906), Zwischentitel neu.

### 4.2.1. Texteinleitung

Hermann Kantorowicz, geboren am 18. 11. 1877 in Posen, wandte sich, von Hause aus Strafrechtler, früh Problemen der Methodenlehre der Rechtsanwendung und des Verhältnisses von Rechtswissenschaft und Soziologie zu. Professor in Freiburg und Kiel, emigrierte er 1933 in die USA, lehrte seit 1934 in London und starb am 12. 2. 1940 in Cambridge.

Kantorowicz ist einer der führenden Vertreter der Freirechtsbewegung. Diese Schule ging von einer Kritik an der bisherigen Methode der Rechtsgewinnung aus, die mit Mitteln begrifflicher Konstruktion aus Gesetzestexten eindeutige richterliche Entscheidungen ableiten zu können meinte. In dieser Kritik war die Freirechtsschule mit der sog. Interessenjurisprudenz (s. Heck, 4.1.) einig. Während aber die Interessenjurisprudenz dazu anleiten will, positivistisch in „denkendem Gehorsam“ das staatliche Gesetz im konkreten Fall zu vollziehen, betont die Freirechtsschule das selbständig-wertende Moment in der richterlichen Entscheidung. Daß derartige selbständige Wertungen bei der Rechtsanwendung eine erhebliche Rolle spielen, wird heute in der Methodologie nicht mehr bestritten; darauf nachdrücklich hingewiesen zu haben, ist ein Verdienst der Freirechtsschule. Die Freirechtler begnügen sich freilich nicht mit diesem durch methodologische Überlegungen gewonnenen Befund; die Lösung vom vorgegebenen Gesetz wird vielmehr als Befreiung gefeiert, die für die voluntaristisch-irrationalen Kräfte des in der Rechtsgemeinschaft lebendigen „freien Rechts“, schließlich auch für die individuelle Rechtsvorstellung des Richters Raum schafft. Das führt auch bei relativ zurückhaltenden Freirechtlern wie Kantorowicz dazu, daß die Anwendbarkeit des Gesetzes auf „zweifelsfreie Fälle“ beschränkt wird und daß der rein hypothetische „Wille“ des gegenwärtigen Gesetzgebers gegen den Gesetzgeber, der die noch immer gültige Norm tatsächlich aufgestellt hat, ausgespielt wird. Letzteres führt nicht nur dazu, den vom historischen Gesetzgeber gewollten Zweck des Gesetzes (Grundlage der sog. subjektiven Auslegungsmethode), sondern auch den in Wortlaut und gesetzessystematischem Zusammenhang erkennbaren „objektiven“ Sinn des Gesetzes (objektive Auslegungsmethode) für irrelevant zu erklären, wenn man einen – nicht in Gesetzesform zum Ausdruck gekommenen – abweichenden Willen des gegenwärtigen Gesetzgebers annehmen kann. Die leitende Absicht bei der Rechtsanwendung geht also nicht dahin, möglichst präzise die Wertentscheidungen des Gesetzgebers zu ermitteln und diese dann auf den richterlich zu beurteilenden Fall zu konkretisieren – unter Hinnahme der in diesem Konkretisierungsvorgang fast immer noch enthaltenen selbständigen Wertung –, wie es der Interessenjurisprudenz vorschwebte. Die Tendenz geht vielmehr auf Emanzipation vom einschränkend („restriktiv“) zu interpretierenden Gesetz (Beschränkung auf „zweifelsfreie Fälle“). Die Problematik dieser Tendenz wird deutlich, wenn der Richter nicht auf ein einheitliches Rechtsbewußtsein der Bürger, das in modernen demokratischen Gesellschaften typischerweise fehlt, zurückgreifen kann. Die absichtsvolle Zurückdrängung des Gesetzes führt zumindest zu einer zahlenmäßigen Steigerung der Fälle, in denen der Richter ohne Legitimierung durch einen demokratischen Gesetzgeber unter Umständen politisch und weltanschaulich umstrittene Fragen entscheiden muß. Das Recht verliert dann seine Sicherheit verbürgende Kraft (Radbruch, 2.2. Luhmann, 5.1.), die immerhin auch darin bestehen kann, daß zwar nicht eindeutige Lösungsmöglichkeiten für alle Fälle gegeben, aber in vielen Fällen bestimmte Lösungsmöglichkeiten eindeutig ausgeschlossen sind.

Der Text ist ein Auszug aus der 1906 von Kantorowicz unter dem Pseudonym Gnaeus Flavius veröffentlichten Schrift „Der Kampf um die Rechtswissenschaft“. Am Anfang steht das Bekenntnis zum nichtstaatlichen „freien Recht“, das – historisch sich wandelnd – aus den irrationalen Kräften der Rechtsgemeinschaft entspringt. Es folgt eine Kritik herkömmlicher juristischer Schlußverfahren, die als scheinlogische Verschleierung für ein anders – nämlich wertend-irrational – gewonnenes Ergebnis entlarvt werden sollen. Den Schluß bildet die heute auch von ganz anderen Voraussetzungen als denen Kantorowicz' erhobene Forderung nach ökonomischer und sozialwissenschaftlicher Ausbildung des Richters, der ohne diese Voraussetzungen die von ihm zu beurteilenden Lebenssachverhalte nicht zu durchschauen vermag.

### 4.2.2. Texte

#### 4.2.2.1. Naturrecht und freie Rechtsfindung

Die herrschende Idealvorstellung vom Juristen ist die: Ein höherer Staatsbeamter mit akademischer Ausbildung, sitzt er, bewaffnet bloß mit einer Denkmaschine, freilich einer von der feinsten Art, in seiner Zelle. Ihr einziges Mobiliar ein grüner Tisch, auf dem das staatliche Gesetzbuch vor ihm liegt. Man reicht ihm einen beliebigen Fall, einen wirklichen oder nur erdachten, und entsprechend seiner Pflicht ist er imstande, mit Hilfe rein logischer Ope-

rationen und einer nur ihm verständlichen Geheimtechnik, die vom Gesetzgeber vorherbestimmte Entscheidung im Gesetzbuch mit absoluter Exaktheit nachzuweisen.[...]
*Die neue Auffassung vom Recht stellt sich dar als eine Auferstehung des Naturrechts in veränderter Gestalt.* Der Positivismus des 19. Jahrhunderts, der sich gerade an der Überwindung des Naturrechts entwickelt hatte, hat die Überzeugung zum Dogma erhoben, daß es kein anderes Recht gebe als das vom Staate anerkannte.[...] Und doch bedarf es nur dieser Zurechtrückung, um zu erkennen [...], daß das Naturrecht ein Recht war, welches unabhängig von staatlicher Macht zu gelten beanspruchte. Indem wir jedes solches Recht als *Freies Recht* bezeichnen, dürfen wir auch das Naturrecht sofort und zunächst als eine besondere Art freien Rechtes charakterisieren.[...]
Ist somit auch unser freies Recht in diesem einen Hauptpunkte dem Naturrecht wesensverwandt, so scheidet, um es nochmals zu betonen, schon die *Auffassung* vom Rechte unsere Bewegung auf immer von der des Naturrechts. Denn für uns, die wir den Denkern des 17. und 18. Jahrhunderts die juristisch wertvollen Erkenntnisse absehen können, ohne ihre metaphysischen Irrtümer übernehmen zu brauchen, für uns Söhne des 19. Jahrhunderts ist die Welt die ewig sich wandelnde und entwickelnde, ist unser freies Recht – so vergänglich, so zerbrechlich wie die Sterne selbst. (S. 14–16)

#### 4.2.2.2. Freie Rechtsfindung und staatliches Recht – Lücken im Gesetz

Das freie Recht ist der *Boden*, aus dem staatliches Recht hervorgeht: fast alle gesetzgeberischen Gedanken haben vorher als Sätze freien Rechtes existiert. Alle *Kritik* des staatlichen Rechtes, aus der seine Fortbildung erwächst, muß begriffsnotwendig den Maßstab freiem Recht entnehmen[...].
Aus freiem Recht endlich muß das Gesetz in sich *geschlossen* werden, müssen seine Lükken ausgefüllt werden. [...] Denn nicht *so* liegt der Sachverhalt, daß Lücken im Gesetz sich hier und da wohl vorfinden, nein, getrost darf man behaupten, daß nicht weniger Lücken als Worte da sind. Kein einziger Begriff ist bis in seine Urmerkmale zerlegt, wenige nur sind definiert und diese wenigen wieder nur durch andere, selber undefinierte Begriffe. Nur ein unwahrscheinlicher Zufall kann es daher fügen, daß ein Rechtsfall so gelagert ist, daß sämtliche auf ihn anzuwendende Rechtsbegriffe mit ihren fest bestimmten Begriffskernen statt nur mit ihren schwimmenden Konturen auf ihn entfallen. Bei dieser Sachlage wäre der Ausweg, die Lücken durch die Mittel der Gesetzesinterpretation auszufüllen, auch dann ungangbar, wenn diese Mittel weniger untauglich wären, als sie sich tatsächlich bald erweisen werden. Nur freies Recht, mit der Spontaneität seiner Entscheidungen und der gefühlsmäßigen Deutlichkeit seiner Inhalte angesichts des einzelnen Rechtsfalles, kann diese Ausfüllung bringen und hat sie in der Tat stets gebracht. (S. 19)

#### 4.2.2.3. Die Aufgabe der Rechtswissenschaft – freie Rechtsfindung

Die Aufgabe, die ihr [der Rechtswissenschaft; d. Hrsg.] jetzt gesteckt ist, ist größer, weniger bescheiden geworden. Sie wird „freie Rechts*findung*", wo sie Gemeinschaftsrecht entdeckt und zur Anwendung bringt; sie erhebt sich zu freier Rechts*schöpfung*, wo sie individuelles Recht hervorbringt und ihm Geltung verschafft. Ist sie selbst Quelle des Rechts, so muß sie dieselbe Natur haben wie alle übrigen Quellen, und wie das Recht selbst muß sie *Wille* sein. Mit dieser Erkenntnis schließt sich die Rechtswissenschaft dem Zuge der

Geisteswissenschaften im 19. Jahrhundert an und tritt in ihre *voluntaristische Phase*. (S. 21–22)

### 4.2.2.4. Der Voluntarismus im Recht und die Schwächen der juristischen Methodenlehre

[...]

Mit der voluntaristischen Strömung geht natürlich auch bei uns die *antirationalistische* Gesinnung Hand in Hand. Ist erkannt, daß die Rolle des Verstandes nicht die allein maßgebende ist, so schärft sich auch der Blick für die Sünden, die in seinem Namen, im Namen der Logik, begangen worden sind [...] Da ist z. B. die berühmte, von unserer Methodologie ernsthaft als dogmatische Methode ausführlich traktierte juristische *Analogie,* jenes Verfahren, das auf logischem Wege die Anwendung von Rechtssätzen auf ihnen nicht unterstellte, sondern den unterstellten ähnliche Fälle lehrt. Als ob es so leicht überhaupt irgendeinen Fall gäbe, der nicht mit beliebigen anderen irgend etwas gemein hätte, also ihnen, wenn auch in noch so geringem Maße, ähnlich wäre! Man könnte daher fast jeden Rechtssatz auf fast jeden Fall anwenden und käme so vom Hundertsten ins Tausendste, ohne daß jemals die Grenze des Erlaubten durch die Logik gezogen werden könnte, die ja allem Quantitativen und Materialen ganz gleichgültig gegenübersteht. [...] Wir nehmen also nicht eine Konstruktion mit all ihren Konsequenzen an, weil sie die zwangloseste, logischste, natürlichste, beste ist, sondern umgekehrt erscheint uns eine Konstruktion als solche, wenn ihre Konsequenzen derart sind, daß wir sie wollen können.

[...]

Den gleichen logischen Wert wie [die; d. Hrsg.] Analogie [...] hat auch das beliebte Operieren mit der *ratio legis*, ein Verfahren, das ebenfalls für eine positiv dogmatische, nur mit den allgemeinen Mitteln der Logik arbeitende Methode ausgegeben wird. Es besteht darin, von den gegebenen Rechtssätzen allgemeinere zu abstrahieren, welche deren Grund bilden und deshalb ebenfalls positives Recht sein sollen, und aus diesen interpolierten Sätzen wieder absteigend nicht nur die schon vorhandenen, sondern auch alle erdenklichen anderen Sätze zu deduzieren[...]. Diese Interpolationsmethode jedoch[...] hat einen unheilbaren Defekt. Denn bekanntlich besteht wohl zwischen Prämisse und Konklusion, nicht aber zwischen Konklusion und Prämisse eine feste Beziehung. Zu a = b sind nicht nur a = c, c = b die Prämissen, sondern auch a = non c, non c = b; und ferner a = d, d = b; a = e, e = b usw., und überhaupt *jedes beliebige* Paar von Sätzen *(wahren wie falschen)*, sofern sie nur die aus den Elementen der Logik bekannten, formalen Eigenschaften besitzen. Logischerweise kann daher jeder beliebige Satz als Prämisse des Rechtssatzes, als „lex legum" der Scholastik, als „ratio legis" der Späteren fungieren, und demgemäß so *jeder beliebige Rechtssatz* als Konklusion gewonnen werden. Auch hier muß also eine Macht eintreten, welche unter den beliebigen Prämissen diejenigen ausliest, die nur gewünschte Konklusionen liefern. Eine Macht, die nach dem Gesagten nicht das Denken, sondern der Wille sein muß. (S. 23–25)

### 4.2.2.5. Der Umfang der Bindung eines Richters an das Gesetz

Wie weit die „Emanzipation des Richters vom Gesetz" zu treiben ist, ist allerdings eine weder genau noch allgemein zu lösende Frage, wie quantitative Fragen in qualitativen Wissenschaften stets.[...] Wir gehen[...] davon aus, daß die Rechtspflege in der Hauptsache

Staatstätigkeit ist und bleiben muß. Wir fordern deshalb, daß der Richter, durch seinen Eid verpflichtet, den Fall so entscheidet, wie nach klarem Wortlaut des Gesetzes zu entscheiden ist. Von diesem darf und soll er absehen erstens, sobald das Gesetz ihm eine zweifellose Entscheidung nicht zu bieten scheint; zweitens, wenn es, seiner freien und gewissenhaften Überzeugung nach, nicht wahrscheinlich ist, daß die zur Zeit der Entscheidung bestehende Staatsgewalt die Entscheidung so getroffen haben würde, wie es das Gesetz verlangt. In beiden Fällen soll er die Entscheidung treffen, die, seiner Überzeugung nach, die gegenwärtige Staatsgewalt, falls der einzelne Fall ihr vorgeschwebt hätte, getroffen haben würde. Vermag er sich eine solche Überzeugung nicht herzustellen, so soll er nach freiem Recht entscheiden. Endlich, in verzweifelt verwickelten oder nur quantitativ fraglichen Fällen, wie Schadenersatz für immateriellen Schaden, soll – und muß – er nach Willkür entscheiden. Stets aber soll den Parteien im Zivilprozeß freistehen, durch gemeinsamen Antrag den Richter von der Pflicht der Beobachtung irgendwelcher staatlichen Rechtsnormen zu entbinden.
[...]
Wir glauben, daß wir dem Richter damit nicht mehr geben, als was er bisher sich schon selbst – notwendigerweise – genommen hat, [...]. (S. 34)

4.2.2.6. Die akademische Sozialisation des Richters

Wir brauchen Richter, die sowohl mit den im Volke herrschenden Rechtsanschauungen, als mit den Tatsachen des Lebens und den Ergebnissen benachbarter Wissenschaften vertraut sind. Die mit gründlichster nationalökonomischer und kaufmännischer Bildung ausgerüstet keinem Bankprozeß mehr hilflos gegenüberstehen. Die allen Schlichen des modernen gewerbsmäßigen Verbrechers so gewappnet entgegentreten, wie sie mit der Eigenart künstlerischer Berufsverhältnisse vertraut sind. Selbstverständlich muß dann auch im Richterberufe dieselbe Spezialisierung Platz greifen, wie in allen andern, wobei es eine noch offene Frage ist, ob diese schon auf der Universität oder erst nach beendigtem Studium zu beginnen hat.[...] *Spezialisten des Tatbestandes, nicht Tausendkünstler des Rechtssatzes* – muß die Losung sein. Anstatt daß wie heute Theorie und Praxis die beiden Männer aus der Parabel darstellen, von denen der eine den Bock melkt und der andere das Sieb darunter hält, wollen wir in Zukunft eine Literatur haben, die – neben dem Betrieb der Gesetzeskunde – die Lebenszustände, die konkreten Rechtsverhältnisse und neben dem, was sein soll, auch das, was ist, darstellt (Ehrlich). Und Richter wollen wir, die, auf sie und die eigene Erfahrung gestützt, in voller Kenntnis der sozialen Funktionen jedes Rechtssatzes und der sozialen Wirkungen ihrer Entscheidung zu urteilen wissen. Alles verstehen, heißt alles gerecht bewerten. (S. 37)

### 4.2.3. **Aufgabenvorschläge**

4.2.3.1. *Worin liegen nach Kantorowicz' Ansicht Übereinstimmungen und Unterschiede zwischen dem Naturrecht der traditionellen Naturrechtslehre und dem „freien Recht"?*

4.2.3.2. *Untersuchen Sie die Vereinbarkeit eines parlamentarisch-gewaltenteilenden Verfassungssystems mit der freirechtlichen Tendenz der Emanzipation des Richters vom Gesetz!*

4.2.3.3. *Wie läßt sich die Forderung nach ökonomischer und sozialwissenschaftlicher Ausbildung auch von einer Auffassung her, welche die Gesetzesgebundenheit des Richters betont, begründen?*

### 4.3. **Politische Jurisprudenz**

Text aus: Wiethölter, Rudolf: Anforderungen an den Juristen heute, in: Wassermann, R. (Hrsg.): Erziehung zum Establishment. Karlsruhe: C. F. Müller 1969, S. 4–6, S. 11, S. 18–19, S. 24, S. 29, S. 31 (Auszüge), Zwischentitel neu.

#### 4.3.1. Texteinleitung

Rudolf Wiethölter, geboren am 17. 7. 1929 in Solingen, Professor für Bürgerliches Recht, Handelsrecht und Wirtschaftsrecht an der Universität Frankfurt, ist insbesondere als Kritiker der gegenwärtigen Juristenausbildung bekannt geworden. An der Entwicklung einer Reformkonzeption für die Universität Bremen war er maßgeblich beteiligt.

Wiethölter geht von einer Kritik an der bisherigen Rechtspraxis und Rechtswissenschaft aus. Er wirft ihnen vor, sich als unpolitisch verstanden und damit nicht durchschaut zu haben, daß sie tatsächlich eine politische Funktion in der Stützung der jeweils Herrschenden erfüllen. Er zieht daraus die Konsequenz, eine bewußte Politisierung zu fordern, für die freilich, nach Wiethölters Meinung, die Grundlage erst noch zu schaffen ist. Diese Grundlage soll eine im Rahmen einer „politischen Gesellschaftstheorie" zu entwickelnde „materiale Verfassungstheorie" bilden, die als „Handlungsanleitung" die Trennung von Theorie und Praxis zu überwinden hätte. Wiethölter will damit die empirischen Sozialwissenschaften nicht nur insofern für die Rechtswissenschaft fruchtbar machen, als durch Ideologiekritik das an überholten Gesellschaftsmodellen orientierte Bewußtsein der Juristen aufgeklärt werden könnte. Denn eine Handlungsanleitung gebende „materiale Verfassungstheorie" setzt darüber hinaus die Wiedergewinnung einer (Theorie und Praxis vereinigenden) praktischen Philosophie voraus, die der Kritik des auf Kant zurückgehenden modernen Wissenschaftsbegriffs zum Opfer gefallen war. Damit wird als Voraussetzung von Wiethölters Postulat die Hoffnung auf ein neues materiales Naturrecht deutlich, dessen politische Grundlagen er mit „Zivilisation – Gesellschaft – Stimmrecht", die er gegen „Kultur – Seele – Freiheit" ausspielt, umschreibt. Die Problematik einer von massiver Naturrechtshoffnung getragenen Politisierung des Rechts zeigt sich darin, daß in Wiethölters Konzeption das Recht seine in der traditionellen Rechtsphilosophie (Radbruch, 2.2.), aber z. T. auch von modernen Soziologen (Luhmann, 5.1., Schelsky, 5.2.) behauptete selbständige Funktion gegenüber der Politik verliert (Recht als gerade auch gegenüber der „Politik" Freiheit und Sicherheit verbürgende Struktur).

Der Text gibt zunächst Wiethölters Ideologiekritik an dem durch die gesellschaftliche Entwicklung überholten Bewußtseinsstand der deutschen Rechtswissenschaft wieder (4.3.2.1.). Daran schließen sich die programmatischen Forderungen nach einer „materialen Verfassungstheorie" an (4.3.2.5.).

#### 4.3.2. Texte

##### 4.3.2.1. Das Anachronistische der gegenwärtigen Rechtswissenschaft

[...]

Mit dem *Recht als Autorität*, als autoritärer und autoritativer Kulturmacht, hat im Zuge der Säkularisierungs- und Emanzipierungsentwicklungen die letzte der beherrschenden vorrationalen abendländischen Großautoritäten überlebt, nachdem die großen persönlichen wie kollektiven Autoritäten schon gefallen waren oder doch nur schwächlich noch leben (Gott, König, Familienchef; Volk, Rasse, Stand, Klasse; Menschheit, Staat, Nation, Reich; Kirche, Abendland, Europa). Kein Wunder, daß die „Verwalter des Rechts" (und das sind schließlich beileibe nicht nur „Juristen") bar jeden anderen „urzeitlichen", fraglosen Autoritätsschutzes, gern und mächtig den nur noch im Recht verbliebenen Rest an Macht-, Zauber- und Gnadenmitteln zu nutzen trachten. Ordnung und Sicherheit, Gemeinwohl, Freiheit und Gleichheit, Gerechtigkeit, gute Sitten, Treu und Glauben sind Beispiele für solche – natürlich nicht notwendigerweise, aber doch möglicherweise – zauberischen Vorgänge. Unserer Rechtswelt ist der Durchgang von einem idealistisch – philosophisch – bürgerlich – liberalen Zeitalter zu einem pluralistisch – politisch – demokratisch – sozialen Zeitalter nicht bewußt geworden; sie hat zwar *Goethe, Kant* und *Hegel*, nicht aber *Marx, Darwin, Freud* und *Hitler* „verarbeitet". In unserer neueren politischen Geschichte bilden Industrialisierung und Demokratisierung die Schlüsselsprichworte für den Zerfall der absoluten und konstitutionellen monarchischen Staatlichkeit und damit den in der neueren Geschichte erstmals so radikalen Neubeginn auch im Recht. [. . .] In der staatlichen Sphäre mit ihren politischen Monopolen sind Recht und Juristen „Amtsgehilfen", Geist vom Geiste ihrer „Herren" (Thron und Altar), in der entpolitisierten Gesellschaft mit ihren Kulturmonopolen sind Recht und Juristen „verinnerlicht", d. h. der politischen Gegenwart entrückt, dem „Geiste" der Vergangenheit verbunden. Politischer „öffentlicher" Obrigkeitsstaat und konservative „private" Kultur- und Wirtschaftsgesellschaft verfehlen gleichermaßen in den Stürmen der Industrialisierung und Demokratisierung die notwendige *politische Gesellschaft*. [. . .] Die aus der Zertrümmerung erwachende und erwachsende politische Gesellschaft unserer Tage tastet sich voran, testet Demokratisierungschancen, orientiert sich neu, und alles dies ohne wirkliche Hilfe der Rechtswelt. Die politische Gesellschaft von heute und morgen braucht *ihr* Recht, also ein politisches Recht. Sie hat es aber nicht. Daß unser Recht sich zu allem Unglück in seinem wissenschaftlichen Selbstverständnis im Laufe des 19. Jahrhunderts von seinem gesamtgesellschaftlichen „Unterbau" abgelöst hat, ist die Frucht des Wissenschaftsverständnisses und des Bildungsbegriffes der deutschen Universitätskultur im 19. Jahrhundert. (S. 4–6)

#### 4.3.2.2. Rechtswissenschaft als Teildisziplin praktischer Philosophie

Sehr viel wichtiger als alle Einzelheiten dieser Zusammenhänge ist die Einsicht, daß „Rechtspolitik" und damit Recht selbst eine Angelegenheit „praktischer Philosophie" stets war und wieder werden muß, also praktischer, politischer und rechtlicher Vernunft, Recht mithin eher *Jurisprudenz* als Rechts*wissenschaft* ist, daß menschliches Handeln, das menschliches Zusammenleben gewährleisten helfen soll, seine Antriebskräfte in der Einheit von „Ethik" und „Politik" finden muß, daß also Praxis betroffen ist, auf die heute eine *umfassende neue „politische Wissenschaft"* gerichtet sein muß, an der folglich „Soziologie", „Politologie", „Nationalökonomie", „Sozialpsychologie", „Moralphilosophie", „Geschichte", um nur einige zu nennen, nicht weniger als „Jurisprudenz", „Rechtspolitik" beteiligt sind, von denen keine unabhängig existieren kann, kurzum: die komplizierte arbeitsteilige Verbindung von Disziplinen, die „Theorie" und „Praxis" zu vermitteln haben, und diese Vermittlung selbst ist eine Aufgabe der an brauchbarer Wissenschaftstheorie geschulten Arbeitsweise der einzelnen Disziplinen. (S. 11)

#### 4.3.2.3. Recht als neuzeitliches Herrschaftsinstrument

*Unsere Rechtswissenschaft heute* – ihre Theorienbildung und Methodologie – ist und bleibt *Philosophie des deutschen Idealismus*. Ihr Anschluß an die politische Demokratie muß erst noch gesucht und gefunden werden. Das kann freilich nicht gelingen in und wegen der Isolation, in der sich Recht auch heute noch begreift: als von sozialer, ökonomischer, politischer Substanz gelöster „Geist“: der „Jurist als solcher“, das Recht als solches, die Rechtswissenschaft als solche existieren buchstäblich außerhalb der politischen Gesellschaft. Eine wichtige Folge: diese politische Gesellschaft gilt als rechtsfremd, nicht selten rechtsfeindlich! Eine noch wichtigere Folge: die Rechtswelt als Machtwelt hält die politische Gesellschaft buchstäblich in Schach, genauer: die Inhaber sozialer, ökonomischer und politischer Herrschaft transformieren ihre Gewalt über Recht in Rechtsmacht. Gewalt geht vor Recht, weil Recht disponible und fungible leere Formhülle geworden ist. (S. 18)

4.3.2.4. Grundlage der politischen Rechtstheorie: Theorie der Gesellschaft

Rechtstheorie in einer politischen Gesellschaft ist *politische Rechtstheorie*. Politische Rechtstheorie ist die aus kritischer Empirie und Reflexion zu gewinnende und auszuführende Gesellschaftstheorie. Anforderungen an den modernen Juristen heute sind mithin insoweit: seine Mitarbeit an sozialer und politischer Theorie wie an den notwendigen Veränderungen der politischen Verhältnisse in politischer Praxis. In der Rechtswelt ist davon kein Hauch zu spüren. (S. 19)

4.3.2.5. Verfassungstheorie als Gesellschaftstheorie

Diese Funktion eines gleichsam demokratischen „Gewissens“ in einer Gesellschaft ohne Demokratie-Erfahrungen und weithin auch ohne Demokratie-Intentionen hat unser Verfassungsgericht in der Tat übernommen. Das alte Wortspiel, Politik sei Streit um Recht, Rechtsgang sei Streit nach Recht [...] zeigt nur erneut, was uns fehlt: eine *materiale Verfassungstheorie*, die nur eine *politische Gesellschaftstheorie* sein kann, an der sich Interpretation und Anwendung der Verfassung orientieren, also Praxisanleitung in Theorie. Hier stehen die *Möglichkeiten rationaler Politik* zur Debatte, auf die sich die politische und soziologische Wissenschaftstheorie seit langem konzentrieren. Die Rechtswissenschaftstheorie hat daran nicht nur nicht teilgenommen, sie hat diese Entwicklungen rechtlich (genauer: machtpolitisch!) überspielt und dadurch auch insoweit jeweils nur den Status quo politischer Herrschaftsverhältnisse gerechtfertigt, genauer: ideologisiert. Das ist auch verfassungsrechtlich die historisch-politische Funktion des Positivismus und der geisteswissenschaftlichen Hermeneutik. (S. 24)

4.3.2.6. Forderung nach demokratischer Handlungsanleitung durch das Recht

Die „Rechtsprechung“ wird aus „Interpretation“ und „Anwendung“ angeblich vorhandener Normen materialiter zu „Gesetzgebung“ und „Verwaltung“, genauer: die Rechtsprechung vollzieht politisch-rechtlich die politisch-rechtlichen Grundlagenentscheidungen unserer Verfassung. Die *Rechts*entscheidung wird zur Handlungsorientierung an der *politischen* „Erkenntnis“ unserer Gesellschaft. Wir haben es also weder mit Verrechtlichung von Nichtrecht noch mit Politisierung von Recht zu tun, sondern mit demokratisch legitimem Vollzug demokratisch legitimer Grundentscheidungen unserer Gesellschaft. Handlungslegitimation und Handlungskontrolle sind die Grundkategorien demokratischen Handelns. Für diese Handlungsorientierung brauchen wir Theorie- und Praxismodelle, also außer einer demokratischen Rechtstheorie, die eine demokratische politische Theorie ist, z.B. nicht zuletzt Kunstlehren als methodische Handlungsleitung für Richter, Anwälte,

Verwaltungs- und Wirtschaftsjuristen, nicht zuletzt für den Rechtsunterricht selbst. Sie fehlen uns allerorten. *Richter* etwa sind weder Richter*könige* noch Richter*beamte*, sie sind Richter*bürger* unter anderen Bürgern. Die Folgerungen sind erst noch zu ziehen, von der ,,Autorität des Gerichts" bis zur dissenting opinion, von der demokratischen ,,Selbstverwaltung" richterlicher Funktionen bis zur Bewußtseinstruktur der Richter und Gerichteten (die schließlich nicht *Verrichtete* sind). (S. 29)

4.3.2.7. Das Zeitalter der Aufklärung steht der Rechtswissenschaft noch bevor

Recht, Juristen und Rechtswissenschaften müssen zunächst erst noch auf die schon erreichten – freilich oft genug noch flachen – Höhen von Demokratie, Demokraten und Demokratiewissenschaft gebracht werden. Wir müssen sie entzaubern durch Aufklärung und entmachten durch Politik. Wir müssen sie buchstäblich befreien von 1813 – 1871 – 1914 hin zu 1789 – 1848 – 1918, von Th. Manns Kultur – Seele – Freiheit hin zu Zivilisation – Gesellschaft – Stimmrecht, genauer: zur politischen Gesellschaft möglichst mündiger Menschen, die zugleich möglichst mündige Bürger sind. (S. 31)

### 4.3.3. Aufgabenvorschläge

4.3.3.1. *Ist die Politisierung des Rechts angesichts vielfältiger historischer Erfahrungen in Vergangenheit und Gegenwart nicht eine problematische, weil zu komplexe und indifferenzierte, Forderung? Kennen Sie Beispiele für eine Politisierung des Rechts aus dem Dritten Reich?*

4.3.3.2. *Diskutieren Sie an der Rolle des Bundesverfassungsgerichts (möglichst unter Einbeziehung konkreter Entscheidungen) das Problem der Politisierung des Rechts einerseits, der Begrenzung politischer Macht durch Recht andererseits!*

## 4.4. Versuche zur Psychologie und Soziologie der Juristen

### 4.4.1. Das Weltbild des Juristen

Text aus: Weyrauch, Walter O.: Zum Gesellschaftsbild des Juristen. Neuwied–Berlin: Luchterhand 1970, S. 319, 320 (Auszüge), Zwischentitel neu.

4.4.1.1. Texteinleitung

Walter O. Weyrauch wanderte nach einer juristischen Ausbildung in Deutschland – er war junger Rechtsanwalt – 1952 nach den USA aus. Dort studierte er weiter Rechtswissenschaften und ist nunmehr Professor für Rechtsvergleichung und Rechtssoziologie an einer amerikanischen Universität.

Das von Weyrauch gezeichnete Persönlichkeitsbild des Juristen charakterisiert er selbst als eine Hypothese, die des empirischen Beweises noch bedarf. Das Material für seine Hypothese hat Weyrauch in zumeist ausführlichen Gesprächen gesammelt, die er um 1960 mit über 100 deutschen Juristen verschiedener Sparten (Richter, Staatsanwälte, Verwaltungsjuristen, Professoren, Studenten u. a.) geführt hat. Dabei versuchte der psychoanalytische Überlegungen einbeziehende Autor die Ansichten der Juristen über die Rechts- und Gesellschaftsordnung sowie über die Ausbildung und Stellung des Juristen zu erfahren. Sein Forschungsziel bestand darin, ,,anhand einer Tiefenstudie einzelner Fälle neue Theorien über die Persönlichkeit von Juristen zu entwickeln" (Weyrauch), die mit Hilfe anderer Methoden zu überprüfen wären.

### 4.4.1.2. Das Persönlichkeitsprofil des Juristen

Zusammenfassend lassen sich die folgenden Thesen aufstellen: Möglicherweise ist die juristische Ausbildung und Verfahrensweise anziehend für einen bestimmten Persönlichkeitstyp. Merkmale sind eine starke innere Beschäftigung mit Problemen der Gerechtigkeit oder spezifischer, mit Regeln und Ritualien. Meisterschaft über die chaotische und oft beunruhigende Wirklichkeit mit geistigen Mitteln ist angestrebt, ebenso wie eine sachliche und ,,kühle" Betrachtungweise. Ein Profil des Juristen scheint sich abzuheben, sozusagen ein Kollektivporträt der Art und Weise, wie Juristen denken, sich äußern und verhalten. Sie sind zurückhaltend gegenüber soziologischen und psychologischen Methoden und Erkenntnissen. Sie ziehen einen Individualismus vor, nach dem die Menschen grundsätzlich für ihre Handlungen verantwortlich sind und der die Möglichkeit ausschließt, daß ihr Verhalten durch soziale oder psychische Faktoren bestimmt ist. Sie betonen Fragen juristischen Könnens und beruflicher Verantwortlichkeit. Prestige und Ansehen sind für sie von großer Bedeutung. Ihre Gedankenwelt ist auf eine hierarchisch gegliederte Gesellschaftsordnung bezogen, in der es auf Etikette, Verfahren, Zuständigkeit und gegenseitige Anerkennung ankommt.

Sie mögen angespannt sein im persönlichen Umgang und bisweilen der Gefühlswärme ermangeln. Sie sehen im Recht eine endgültige Wahrheit, die der persönlichen Einflußnahme entzogen ist und sich einer naturwissenschaftlichen Begründung widersetzt. Sie glauben, daß eine Stufe der Einsicht möglich ist, auf der sich das Recht intuitiv erfassen läßt und auf der jeder Widerspruch schweigen muß. Was ihr persönliches Geschick betrifft, sind sie oft resigniert und weder im Hinblick auf das Weltgeschehen noch auf das eigene Wohlergehen im Alter optimistisch. Sie bestehen auf Autorität und ziehen, zumindest unbewußt, ein Machtargument dem Überzeugen vor.

Juristen als Gruppe können demnach, entgegen verbreiteter Ansicht, Persönlichkeitszüge besitzen, die der Verwirklichung demokratischer Ideale entgegenwirken. Ohne sich der sozialen Bedeutung ihres Verhaltens vollauf bewußt zu sein und im besten Glauben, können sie an Machtauseinandersetzungen beteiligt sein, wobei sie ihre Entscheidungen mit der Sprache einer unabhängigen Rechtsfindung begründen. Was hier als Recht in Erscheinung tritt, kann tatsächlich eine innere Gemütslage widerspiegeln, die oft den Status quo und bereits bestehende Machtverhältnisse bestätigt. (S. 319–320)

### 4.4.1.3. **Aufgabenvorschläge**

4.4.1.3.1. *Mit Hilfe welcher Methoden könnte man die Hypothesen Weyrauchs vom ,,Persönlichkeitsbild" des Juristen überprüfen?*

4.4.1.3.2. *Warum könnte es sich empfehlen, im Unterschied zu Weyrauch, zwischen einzelnen Berufsgruppen der Juristen zu unterscheiden?*

### 4.4.2. Justiz im Spannungsverhältnis zwischen Obrigkeitsstaat und Demokratie

Text aus: Kaupen, Wolfgang, und Rasehorn, Theo: Die Justiz zwischen Obrigkeitsstaat und Demokratie. Neuwied–Berlin: Luchterhand 1971, S. 10–14 (Auszüge), S. 25–30, Zwischentitel neu, teilweise ohne Fußnoten.

#### 4.4.2.1. Texteinleitung

Wolfgang Kaupen, geboren am 30. 3. 1936 in Braunsberg/Ostpreußen, lehrt als Soziologe an der TU Hannover. Theo Rasehorn ist Vorsitzender Richter am Oberlandesgericht Frankfurt.

Kaupen kommt zu rechtssoziologischen Fragestellungen von einem berufssoziologischen Ansatz her, neuerdings hält er diesen für zu eng und ergänzungsbedürftig durch eine marxistische Gesellschaftsanalyse. Rasehorn ist als Kritiker hierarchischer Strukturen und konservativer Mentalitäten in der Richterschaft bekannt geworden.

Der her wiedergegebene (wohl im wesentlichen von Kaupen stammende) Text über die unterschiedliche Herkunft von Richtern und Rechtsanwälten (Beruf des Vaters, Konfession, Herkunftsort) zeigt, wie mit statistischen Methoden signifikante Korrelationen zwischen Herkunft und Berufswahl festgestellt werden können. Ob aus ihrer Herkunft ein Schluß auf eine konservative Mentalität der Richter gezogen werden kann, was die kritische Absicht beider Autoren ist, erscheint zweifelhafter. Einerseits kann der Beruf des Vaters für die Berufswahl des Sohnes nicht nur wegen der Prägung einer bestimmten Mentalität zur Bedeutung werden, sondern auch wegen der Startchancen, die er z. B. einem jungen Rechtsanwalt eröffnet oder nicht eröffnet; andererseits kommen andere, u. U. gegenläufige Sozialisationseinflüsse in Betracht. Beide Einwände nehmen aber Kaupens Argumentation nur einen Teil ihrer Plausibilität. Für die Justizkritik können berufssoziologische Argumente allerdings nur eingeschränkt gelten, solange das verbindende Glied, nämlich der Nachweis des Einflusses herkunftsbedingter Mentalitäten auf richterliche Entscheidungen, fehlt.

#### 4.4.2.2. Texte

##### 4.4.2.2.1. Soziologische Standortbestimmung des Richterberufes

[...] In Deutschland [hat] Ralf Dahrendorf den Richterberuf schon vor Jahren unter dem Aspekt der Herrschaft ins Auge gefaßt und in einer Reihe von weiteren Arbeiten diese Analyse vertieft und auf die juristischen Berufe allgemein ausgedehnt. Dahrendorf ging dabei zunächst von der Beobachtung Walther Richters aus, daß die meisten Richter an Oberlandesgerichten aus den „oberen Schichten" der Bevölkerung stammen und auch horizontal (geographisch) außerordentlich immobil sind. Aus dieser Beobachtung versuchte er Rückschlüsse „auf das vermutliche Gesellschaftsbild der Richter" zu ziehen: „Wie andere Teile der deutschen Oberschicht leben auch die Richter an Oberlandesgerichten offenbar in einer halbierten Gesellschaft: Ihre soziale Welt reicht von den Spitzen der verschiedenen Funktionsbereiche bis zur unteren Mittelschicht, zu den Selbständigen, kleinen Angestellten und Beamten. Jenseits dieser Sphären aber, bei den über 50 Prozent der gelernten und ungelernten Arbeiter, ist die Gesellschaft in ein Halbdunkel der Fremdheit gehüllt[6]." Für den Bereich der Justiz zieht Dahrendorf daraus vorsichtig die Konsequenz: „Wenn es auch übertrieben wäre, aus diesen Annahmen auf eine Klassenjustiz im Sinne einer Rechtsprechung aus dem Interesse der herrschenden Klasse zu schließen, so drängt sich doch die

---

[6] Ralf Dahrendorf, Deutsche Richter. Ein Beitrag zur Soziologie der Oberschicht. In: Ralf Dahrendorf: Gesellschaft und Freiheit. München 1961, S. 194.

Vermutung auf, daß in unseren Gerichten die eine Hälfte der Gesellschaft über die ihr unbekannte andere Hälfte zu urteilen befugt ist[7]." [...]

Die Rechtssoziologie profitiert von den Arbeiten Dahrendorfs (deren Aussagen und empirische Grundlagen im einzelnen nicht unbestritten geblieben und im Detail in der Tat gelegentlich nicht stichhaltig sind, wodurch sie insgesamt allerdings nicht beeinträchtigt werden) auf sehr subtile Art und Weise: Der Nachweis der sozialen Standortgebundenheit und der damit verbundenen Ideologieanfälligkeit der deutschen Juristen und der deutschen Rechtspflege insgesamt wird – nach einer Übergangsphase emotionaler Reaktionen – zu einer größeren Bereitschaft führen, auch diese, einer „positiven" Rechtswissenschaft völlig fremden Probleme in Betracht zu ziehen und wissenschaftlicher Kontrolle zu unterwerfen. Vor allem die Methoden und Techniken der richterlichen Urteilsfindung, bislang allenfalls Gegenstand psychologischer Abhandlungen, gewinnen unter diesem Blickwinkel strategische Bedeutung und werden über kurz oder lang zum Gegenstand der rechtssoziologischen Forschung werden. [...]

Die hier vorgelegte Untersuchung will die Diskussion anhand empirischen Materials ein Stück vorantreiben, indem sie die sozialkulturelle Standortgebundenheit der Juristen und die daraus resultierenden Mentalitäten und Einstellungen sowie deren Relevanz innerhalb der Organisation der Rechtspflege, vor allem für den Bereich der Justiz und ihren „bürokratischen Apparat", etwas differenzierter analysiert, als es in den bisher vorgelegten Arbeiten geschehen ist. (S. 10–14)

#### 4.4.2.2.2. Empirisches Material zur Herkunft der Richter

Selbst für die jungen Richter, die von 1961 bis 1965 eingestellt worden sind, hat Walther Richter noch einen Anteil von 44,4% ermittelt, die aus einer Beamtenfamilie stammen. Er schließt sich bei der Würdigung dieser engen Beziehung der allgemeinen Ansicht an, daß „die Beamtenfamilie mit ihrer konservativen Einstellung, ihrem Streben nach Pflichterfüllung und ihrer Sparsamkeit den Typ des deutschen Richters entscheidend mit prägte"[8]. Vergleicht man die soziale Herkunft der Justizjuristen mit der der Rechtsanwälte, dann zeigt sich deutlich die relative Stärke dieses Einflusses (vgl. Tabelle 2): Während 1928/29

Tabelle 2: Die „soziale Herkunft" (Merkmal: Beruf des Vaters) deutscher Jurastudenten (1928/29), Rechtsanwälte und Justizjuristen (1965)*

| Vaterberuf** | Studenten | Rechtsanwälte | Justizjuristen |
|---|---|---|---|
| Beamter | 46% | 35% | 52% |
| Unternehmer | 27% | 25% | 16% |
| (N = 100%) | (ca. 22000) | (261) | (188) |

* Die Zahlen über die Rekrutierung der Jurastudenten von 1928/29 sind bei Walther Richter, Die Richter der Oberlandesgerichte der Bundesrepublik. Eine berufs- und sozialstatistische Analyse. In: Hamburger Jahrbuch für Wirtschafts- und Gesellschaftspolitik, 5. Jg., 1960, Seite 248, aufgeführt; die anderen Zahlen stammen aus unserer Umfrage.

** Um die beiden gegensätzlichen Rekrutierungsgruppen deutlich hervorzuheben, wurden die übrigen Vaterberufe, die jeweils die Differenz zu 100% ergeben, nicht aufgeführt.

---

[7] Ebenda, S. 195.

[8] Walther Richter, Zur soziologischen Struktur der deutschen Richterschaft. Stuttgart 1968, S. 20.

46% *aller Jurastudenten* aus einer Beamtenfamilie stammten, betrug dieser Anteil 1965 unter den Rechtsanwälten nur 35%, unter den Justizjuristen dagegen 52%. Beamtenkinder werden also ganz offensichtlich vom Justizdienst stärker angezogen als von einer freiberuflichen Tätigkeit im Anwaltsberuf. Eine ähnliche Tendenz ergibt sich, wenn man zwei andere Merkmale für das Syndrom einer konservativen Einstellung betrachtet: die Herkunft aus kleinstädtischer oder ländlicher Umgebung und die Zugehörigkeit zum Katholizismus (vgl. Tabelle 3).

Tabelle 3: Die ,,soziale Herkunft" (Merkmale: Größe des Herkunftsortes und Konfessionszugehörigkeit) von Rechtsanwälten und Justizjuristen (1965)

| | Rechtsanwälte | Justizjuristen |
|---|---|---|
| Aufgewachsen in Ort mit ... Einwohnern: | | |
| unter 50000 | 41% | 53% |
| 50000 und mehr | 59% | 47% |
| Konfessionszugehörigkeit | | |
| evangelisch | 61% | 54% |
| römisch-katholisch | 32% | 38% |
| sonstige und ohne | 7% | 8% |
| (N = 100%) | (261) | (188) |

Die Justiz zieht auch hier wiederum diejenigen Juristen an, die bereits im Elternhaus und in der Umgebung während ihrer Jugend ein relativ geschlossenes und geordnetes Weltbild – als Grundlage für eine konservative Einstellung – ,,erlebt" haben, während die Anwaltschaft eher Juristen aufnimmt, die – in mehr urbanem und/oder protestantischem Milieu – ihre für die weitere Entwicklung grundlegenden Kindheitserfahrungen in offeneren, ,,pluralistischeren" Beziehungssystemen sammeln konnten.

Nun könnte man vermuten, daß die aufgezeigten Beziehungen nicht unabhängig voneinander sind, daß vielmehr Katholiken eher auf dem Land wohnen oder Beamte eher katholisch sind, so daß zumindest einer der untersuchten Faktoren von einem der beiden anderen abhängig ist. Durch eine Mehrfachkorrelation aller drei Faktoren zusammen nach Anwaltschaft und Justiz läßt sich diese Vermutung jedoch widerlegen (vgl. Tabelle 4): Jeder der drei Indikatoren für ,,Geschlossenheit" der Erziehungseinflüsse wirkt unabhängig von

Tabelle 4: Der relative Einfluß der untersuchten Merkmale für ,,soziale Herkunft" auf die Wahl des Tätigkeitsbereichs (Anwaltschaft – Justiz)

| Tätigkeits- | Vater Beamter | | | | Vater Unternehmer | | | |
|---|---|---|---|---|---|---|---|---|
| bereich | katholisch | | evangelisch | | katholisch | | evangelisch | |
| | Land* | Stadt* | Land | Stadt | Land | Stadt | Land | Stadt |
| Justiz | 65% | 59% | 49% | 42% | 39% | 33% | 39% | 24% |
| Anwaltschaft | 35% | 41% | 51% | 58% | 61% | 67% | 61% | 76% |
| (N = 100%) | (34) | (32) | (39) | (71) | (23) | (15) | (31) | (33) |

* Land = unter 50000, Stadt = über 50000 Einwohner.

den anderen beiden auf die „Berufswahl" ein; dabei ergibt sich durch die *Addition* der Einflußfaktoren ein Kontinuum, an dessen einem Endpunkt die Herkunft aus einer katholischen Beamtenfamilie vom Lande mit einer Wahrscheinlichkeit von 65% – bei der Alternative zwischen Justiz und Anwaltschaft – zur Entscheidung für die Justizlaufbahn führt, während bei dem Zusammentreffen der entgegengesetzten Herkunftsmerkmale (evangelische Unternehmerfamilie aus der Stadt) die Anwaltstätigkeit mit einer Wahrscheinlichkeit von 76% einer Justizkarriere vorgezogen wird. Den stärksten Einfluß – sowohl „absolut" (siehe Tabelle 2) als auch relativ, das heißt, wenn man die anderen beiden Merkmale konstant hält – zeigt der Indikator des Vaterberufs; in der Abstufung der relativen Stärke ihres Einflusses folgen die Konfessionszugehörigkeit und die regionale Herkunft. Der Indikator der formellen Konfessionszugehörigkeit ist allerdings nur ein sehr grobes Meßinstrument zur Ermittlung der Erziehungseinflüsse, die mit der „sozialen Herkunft" ermittelt werden sollen. Vermutlich würde sich eine noch ausgeprägtere Beziehung ergeben, wenn man zusätzlich den Faktor der religiösen und/oder kirchlichen Bindung berücksichtigen könnte. Es wäre dann zu erwarten, daß gläubige und/oder kirchentreue Katholiken eher den Justizdienst wählen würden, während – in der angegebenen Reihenfolge – gläubige Protestanten, ungläubige Protestanten und ungläubige Katholiken zunehmend stärker den Anwaltsberuf ergreifen.

Jedoch ergibt sich auch schon unter Verwendung der sehr groben Indikatoren fast eine *linear* additive Beziehung zwischen den drei Indikatoren sozialer Herkunft und der Wahl des beruflichen Tätigkeitsbereichs. Diese lineare Beziehung wird, wie ein Vergleich der empirischen Verteilung mit den errechneten Erwartungswerten ergab, nur in vier Kombinationen „gestört" (vgl. Tabelle 5): Katholische Beamtenkinder aus der Stadt neigen noch

Tabelle 5: Die Abweichung der empirischen Verteilung von den Erwartungswerten bei einer linear-additiven Beziehung

| | Vater Beamter | | | | Vater Unternehmer | | | |
|---|---|---|---|---|---|---|---|---|
| | katholisch | | evangelisch | | katholisch | | evangelisch | |
| | Stadt | Land | Stadt | Land | Stadt | Land | Stadt | Land |
| Erwartungswerte | 35,3* | 44,1 | 46,8 | 55,6 | 56,1 | 64,9 | 67,6 | 76,4 |
| empirische Werte | 35,3 | 40,6 | 51,3 | 57,7 | 60,9 | 66,7 | 61,3 | 75,8 |
| Differenz | 0 | –3,5 | 4,5 | 2,1 | 4,8 | 1,8 | –6,3 | –0,6 |

stärker, als nach dem Einfluß der isolierten Faktoren zu erwarten gewesen wäre, zur Tätigkeit in der Justiz. Möglicherweise besteht zwischen katholischen Beamtenfamilien und den heterogeneren Subkulturen in der Stadt eine sozial-kulturelle Distanz, die die Aufrechterhaltung der traditionalen Einflüsse begünstigt. Demgegenüber sind evangelische Beamtenkinder ebenso wie katholische Unternehmerkinder vom Land stärker als erwartet geneigt, Anwalt zu werden, während evangelische Unternehmerkinder vom Land wiederum

* Die Werte bezeichnen jeweils den Prozentsatz derer, die sich für die Anwaltstätigkeit entschieden hatten.

eher den Justizdienst wählen. Bei der letzteren Abweichung scheint es sich allerdings um die Auswirkungen regionaler Besonderheiten zu handeln, denn die evangelischen Unternehmerkinder vom Land stammen zum großen Teil aus Norddeutschland.

Diese nur tendenziellen Abweichungen von der insgesamt sehr ausgeprägten Beziehung zwischen sozialer Herkunft und „Berufswahl" beeinträchtigen jedoch nicht den außerordentlich starken Zusammenhang zwischen „konservativer" Herkunft und der Entscheidung für eine Justizkarriere. (S. 25–30)

### 4.4.2.3. Aufgabenvorschläge

4.4.2.3.1. *Sind Ihre politischen Vorstellungen und Wertungen im wesentlichen durch Ihr Elternhaus geprägt worden?*

4.4.2.3.2. *Könnten Sie sich vorstellen, daß auf die Strafzumessung, bei der dem Strafrichter nach deutschem Strafrecht ein relativ weiter Strafrahmen zur Verfügung steht, politische Einstellungen einen Einfluß ausüben?*

4.4.2.3.3. *In vielen Bereichen der Gerichtsbarkeit sind Laienrichter tätig (z. B. Strafgerichte, Arbeitsgerichte). Kann damit das Problem gelöst werden, wonach die eine Hälfte der Gesellschaft über die ihr unbekannte andere zu entscheiden hat?*

## 4.5. Rechtswissenschaft als Zukunftswissenschaft

Text aus: Maihofer, Werner: Realistische Jurisprudenz, in: Jahr, G. und Maihofer, W. (Hrsg.): Rechtstheorie. Beiträge zur Grundlagendiskussion. Frankfurt/Main: Vittorio Klostermann 1971, S. 428–470 (Auszüge), Zwischentitel neu, ohne Fußnoten.

### 4.5.1. Texteinleitung

Werner Maihofer, geboren am 20. 10. 1918 in Konstanz, war Professor für Strafrecht und Rechtsphilosophie in Saarbrücken und Bielefeld. Rechtspolitisch trat er als Mitverfasser des Alternativentwurfs für ein Strafgesetzbuch hervor. Er war Mitverfasser des Freiburger Programms der FDP. Von 1974–1978 war er Bundes-Innenminister. Seit 1978 lehrt er wieder in Bielefeld.

Maihofers rechtsphilosophische und rechtspolitische Bemühungen kreisen um die Verbindung des aus der Aufklärung (Maihofer beruft sich auf Kant) stammenden Ideals eines liberalen und demokratischen Rechtsstaats mit dem von Marx inspirierten Ideal einer egalitären Gesellschaft, also die Verbindung von Freiheit und Gleichheit. Maihofer verlangt den Umbau der Rechtswissenschaft zu einer „innovatorischen Gesetzgebungswissenschaft". Die normativen Prinzipien einer solchen Wissenschaft will er im Rückgriff auf die evolutionistische Ethik des 19. Jahrhunderts, der vor allem Max Weber eine unzulässige Vermischung von „Werden" und „Sollen" vorgeworfen hatte, aus der künftigen Entwicklung ableiten.

Der Text entstammt einem Aufsatz, in dem Maihofer seine Thesen programmatisch zusammengefaßt hat.

### 4.5.2. Texte

#### 4.5.2.1. Rechtswissenschaft als Seins- und Sollenswissenschaft

Der nachstehende Beitrag macht den Versuch, das Terrain für eine *Neufundierung und Neuorientierung der Rechtswissenschaft als Sozialwissenschaft zu sondieren,* das sich uns eröffnet, wenn wir den Schritt über die überholte Entgegensetzung von Naturrecht und Rechtspositivismus hinaus wagen. Er führt auf eine neue „Einheit der Gegensätze“ hinaus, die gleicherweise jenseits der alten Gegensätze von Idealismus und Materialismus wie von Naturrecht und Positivismus liegt.

[...]

Unter *Rechtswissenschaft* verstehen wir, nach einem etwas vergröbernden Vorverständnis, jede *nach Regeln wissenschaftlicher Methodik und Systematik betriebene Theorie oder Praxis des Rechts.* Wir bestimmen Rechtswissenschaft damit nicht als Gegenbegriff zur Rechtsprechung oder Gesetzgebung, sondern als *Inbegriff aller auf nachvollziehbare rationale Argumentation und auf nachprüfbaren intersubjektiven Konsens begründete und aus ihm gerechtfertigte theoretische oder praktische Gestaltung und Handhabung von Recht.*

[...]

Rechtswissenschaft wird dabei begriffen nicht nur theoretisch als *Erkenntniswissenschaft,* die Recht erkennt als etwas, was ist, sondern ebenso praktisch als *Entscheidungswissenschaft,* die über Recht entscheidet als etwas, was sein soll. Sie ist, mit einem neueren heute im Vordringen befindlichen Sprachgebrauch, somit eine der *Handlungswissenschaften* innerhalb der Sozialwissenschaften.

In diesem Sinne ist Rechtswissenschaft nicht bloße *Seinswissenschaft,* auch nicht von einem geistigen Sein: bestimmten als gegeben vorfindlichen und als vorhanden feststellbaren Regeln und Ordnungen des Rechts: den Prinzipien und Normen eines sog. positiven, d. h. positivierten Rechts, sondern echte *Sollenswissenschaft:* wissenschaftlich vorbereitete und wissenschaftlich angeleitete Entscheidung über ein gerade nicht gegebenes und vorhandenes *Tatsächliches,* sondern ein noch nicht gegebenes und noch nicht vorhandenes *Gesolltes,* das eben darum gesollt ist, weil es als Regel oder Ordnung nicht schon von selbst und durch sich selbst ist.

Geschäft der *Jurisprudenz* ist damit nicht die bloße Interpretation: Auslegung, oder gar Apologie: Rechtfertigung des Bestehenden, sondern die Konzeption: Erfassung und sogar Antizipation: Voraussetzung des Künftigen.

[...]

Rechtswissenschaft wird [... im] Positivismus vor allem zur wissenschaftlichen Bearbeitung des durch die Volksvertretungen geschaffenen Gesetzesrechts. Sie beschränkt sich dabei im wesentlichen auf die wissenschaftliche Reproduktion von Recht und wird im Schwerpunkt folgerichtig zur Rechtsprechungswissenschaft; das Rechtsstudium entsprechend zur Einübung in die wissenschaftlichen Techniken und Methoden der Fallösung.

[...]

Dem setzen wir hier eine Auffassung entgegen, die wir *Realismus* nennen. Sie versteht Rechtswissenschaft als Zukunftswissenschaft. So wie das Recht überhaupt, bei aller Teilrichtigkeit der in einer historistischen und positivistischen Perspektive gewonnenen Einsichten, nach dem Schwerpunkt seiner Wirkungsweise als Regelung künftigen menschlichen Verhaltens, als Ordnung künftiger gesellschaftlicher Verhältnisse aufgefaßt werden muß, so verlagert für diese realistische Auffassung auch die Rechtswissenschaft das Schwergewicht ihrer Tätigkeit von der Rechtsdogmatik auf die Rechtspolitik und damit von der *Rechtsprechungswissenschaft zur Gesetzgebungswissenschaft.*

[...]

Wenn sich Rechtswissenschaft also nicht nur mit dem befassen soll, was *schon Recht ist,* sondern ebenso mit dem, was *noch nicht Recht ist,* aber Recht werden soll, woher soll solche Rechtswissenschaft als Zukunftswissenschaft jedoch überhaupt die Richtpunkte und Maßstäbe nehmen für die *wissenschaftliche Kritik am bestehenden Recht,* das zwar *noch Recht* ist, aber Rechtens nicht mehr sein sollte; und mehr noch: für eine *wissenschaftliche Produktion von künftigem Recht,* das zwar *noch nicht Recht* ist, aber Rechtens sein sollte. Denn: wenn Rechtswissenschaft nicht als bloße Vergangenheits- oder Gegenwartswissenschaft, als historische Herleitung oder positive Ableitung von Recht aus schon bestehendem und vorhandenem Recht betrieben werden soll, dann müßte eben solche *kritische Interpretation und produktive Veränderung von Recht durch Wissenschaft* geleistet werden. (S. 428–440)

#### 4.5.2.2. Richtpunkte der Rechtswissenschaft

Für eine [...] von Zeit zu Zeit neu vorzunehmende Synthese der geschichtlichen Einsichten in die Bestimmung des Menschen gewinnen die jeweiligen epochalen Konzeptionen, wie sie auch an der Schwelle unserer *Epoche der Moderne* als ein „Zeitalter der Gleichheit" stehen, ein ganz anderes Gesicht und Gewicht. Sowohl die große *Rechtsutopie* der „*weltbürgerlichen Gesellschaft*" einer größtmöglichen und gleichberechtigten individualen und nationalen Freiheit und Sicherheit bei Kant, in welcher eine der Teilwahrheiten erstmals in Gedanken gefaßt ist, auf die unsere Zeit hin unterwegs ist; als auch die große *Sozialutopie* der „*klassenlosen Gesellschaft*" einer größtmöglichen und gleichberechtigten humanen und sozialen Wohlfahrt und Gerechtigkeit, in der Befriedigung der Bedürfnisse und Entfaltung der Fähigkeiten eines Jeden, in der bei Marx eine zweite Teilwahrheit erstmals in Gedanken erfaßt ist, worauf es mit dem Menschen in der Welt auf dieser Stufe der Entwicklung hinaus soll, die wir in unserer Epoche der Gleichheit erreicht haben.

Aus solchen *Konzeptionen des Menschen* ergeben sich ihrerseits bestimmte „Wertigkeiten" (und Unwertigkeiten) der *Strukturen der Welt*, die wir daraufhin nicht nur jeweils ganz anders positiv oder negativ: als der Verwirklichung dieser Bestimmung des Menschen zuträglich oder abträglich *interpretieren* können, sondern die zugleich auch die Richtung angeben, woraufhin wir diese vorfindliche Struktur der gesellschaftlichen Verhältnisse um dieser leitbildlichen Konzeption menschlichen Daseins willen *verändern* sollen. Eine solche *Fundierung und Orientierung der Jurisprudenz an der Realität:* der Struktur der humanen Realität und Konzeption der realen Humanität allein kann der Rechtswissenschaft einen Horizont für die Kritik am bestehenden Recht und für die Produktion von künftigem Recht geben, der sie aus der apologetischen Position des früheren Juristischen Historismus und des bisherigen Juristischen Positivismus herausführt. Mit ihr erlangt die Rechtswissenschaft die ebenso kritische wie produktive Position eines *Juristischen Realismus.*

[...]

Das [der kritische Realismus; d. Hrsg.] verlangt, daß wir jede geschichtliche Erscheinung, beispielsweise die der Strafe, aus dem Prozeß der Evolution sehen und verstehen, der sich mit dieser Rechtserscheinung offenkundig vollzogen hat. Dann stellen wir etwa im Strafrecht fest, daß vom Mittelalter über die Neuzeit bis hin zur Moderne sich in diesem bestimmten Bereich der humanen Realität und realen Humanität eine permanente Evolution vollzogen hat, die der große Gründer der Soziologischen Schule im Strafrecht Franz von Liszt als das ständige weitere Fortschreiten von der irrationalen zur rationalen, von der triebhaften zur zweckbewußten Strafe umschrieben hat.

Wir stellen an solchem geschichtlichen Geschehen so eine bestimmte Tendenz auf Rationalisierung und Humanisierung und entsprechende schrittweise Übergänge zu neuen Konzepten von Strafen und Maßnahmen fest, die offenbar nach und nach nicht nur als menschlicher, sondern auch als leistungsfähiger erkannt worden sind, um das zu erreichen, worum es in allem Strafrecht nach einer rationalen und humanen Konzeption geht und gehen muß: um Schutz der Rechtsgüter und um Wiedereingliederung des Täters.

Rechtsgeschichte und Rechtsvergleichung „lehren uns" (so heißt es entspr. schon bei Franz von Liszt), „daß die Strafe aus einer instinktiven Reaktion der Gesellschaft gegen das Verbrechen (Vergeltung) mehr und mehr zu einer zweckbewußten gesellschaftlichen Reaktion, aus einer Triebhandlung zu einer Zweckhandlung sich gestaltet hat". In dieser „empirisch gegebenen Entwicklungsrichtung" findet Franz von Liszt den Maßstab „richtigen Rechts" und den Richtpunkt juristischer Reform. Er setzt darum dem Satze Gustav Radbruchs: „Das Seinsollende läßt sich nimmermehr aus dem Seienden ableiten" seinen genauen Gegensatz entgegen, wenn er sagt: „Nach meiner Überzeugung kann das Seinsollende ausschließlich aus dem Seienden abgeleitet werden. Oder genauer gesprochen: Indem wir das Seiende als ein geschichtlich Gewordenes betrachten und danach das *Werdende* bestimmen, erkennen wir das *Seinsollende.*" – „Nur die erkannte Entwicklungstendenz gibt uns über das Seinsollende Aufschluß." (S. 446–452)

### 4.5.2.3. Wege zur Gewinnung von Maßstäben für das Recht

Wollen wir Maßstäbe und Richtpunkte für die *Kritik des geltenden Rechts* wie die *Produktion von künftigem Recht* gewinnen, dann müssen wir versuchen, in Gedanken zunächst den Schritt und Überschritt über das Bestehende und Geltende hinaus zu vollziehen, in Richtung auf eine *bessere: vollkommenere Wirklichkeit* hin, aus der die kritische und produktive Gestaltung und Handhabung von Recht durch Rechtswissenschaft fundiert und orientiert werden kann.
[...]

Das kann nur gelingen, wenn wir die *Tendenz der Evolution* auch an bestimmten Rechtserscheinungen zu erfassen und in ihrer Konsequenz, jedenfalls für die nächste Zukunft, zu extrapolieren vermögen. Dazu kann, schon innerhalb eines bestimmten Rechts, der Vergleich mit den manifesten Tendenzen auf benachbarten Feldern der Entwicklung dienen, durch den Verwerfungen und Widersprüche, etwa zwischen Evolutionen im Strafrecht und Reformen des Eherechts, sichtbar werden können.
[...]

Dazu gibt es zwei Methoden. Die eine zielt darauf ab, die immanenten Konsequenzen der bisherigen Juristischen Evolution zu analysieren und in die Zukunft zu extrapolieren, wie wir dies etwa im Strafrecht tun, wenn wir die exemplarischen Stadien der Juristischen Evolution aus unserer eigenen Geschichte (aber auch anderer, von ihrem gesellschaftlichen

System und ihrer politischen Organisation her vergleichbarer Gesellschaften) uns vergegenwärtigen: Erfolgsstrafrecht – Vergeltungsstrafrecht – Willensstrafrecht – Schuldstrafrecht – Resozialisierungsstrafrecht. [...]

Dabei ist die *Extrapolation der Tendenz der Evolution* bei der Betrachtung einer einzigen Rechtsordnung zwar in ihrer allgemeinen Richtung möglich, bei uns etwa: Ablösung der resozialisierungsfeindlichen Zuchthausstrafen und kurzfristigen Freiheitsstrafen durch resozialisierungsfreundliche Freiheitsstrafen und nicht freiheitsentziehende Strafen; aber die einzelnen Strafen, deren Einführung im nächsten Schritt bevorstehen könnte, wären allenfalls in Gedanken aus der Reformdiskussion und den Gesetzesvorschlägen der zurückliegenden Jahrzehnte zu erschließen.

[...]

So wird nicht zufällig hier die *vergleichende Extrapolation von Tendenzen der Evolution*, bei der zwischen Gesellschaften grundsätzlich bestehenden Ungleichzeitigkeit des Fortschritts, zu einem in der Rechtsvergleichung schon in den vergangenen Jahrzehnten zunehmend angewandten Verfahren.

[...]

[...] Rechtswissenschaft muß vom Standpunkt einer hier in ersten Umrissen skizzierten *Realistischen Jurisprudenz* nicht nur in der Forschung, sondern ebenso auch in der Lehre zumindest gleichgewichtig als *Gesetzgebungswissenschaft* betrieben werden, wollen wir die *kritische Interpretation von Recht und Gesellschaft* und ihre *produktive Veränderung auf das bessere Recht einer menschlicheren Gesellschaft hin* als eine Aufgabe begreifen, zu der auch die Wissenschaft in beiden Hinsichten der Forschung wie der Lehre ihren für die moderne Gesellschaft eines demokratischen Staates unverzichtbaren und unersetzlichen Beitrag zu leisten hat. (S. 453–470)

### 4.5.3. **Aufgabenvorschläge**

4.5.3.1. *Welche Bedeutung hat die traditionelle Rechtswissenschaft, die sich im Gegensatz zu Maihofers „innovatorischer Gesetzgebungswissenschaft" vorwiegend mit der Interpretation des geltenden Rechts befaßt, in einem egalitär-demokratischen Rechtsstaat?*

4.5.3.2. *Juristen haben immer noch in der Vorbereitung der Gesetzgebung einen starken Einfluß, da ein großer Prozentsatz der Ministerialbeamten Juristen sind. Halten Sie das für richtig? Sind Vertreter anderer Fachrichtungen in bestimmten Bereichen der Gesetzgebung besser vorgebildet? Welche Funktion können Juristen im Teamwork zur Vorbereitung der Gesetzgebung haben?*

# 5. NEUERE METHODISCHE ANSÄTZE DER RECHTSSOZIOLOGIE

## 5.1. Der systemtheoretische Ansatz in der Rechtssoziologie

Text aus: Luhmann, Niklas: Positivität des Rechts als Voraussetzung einer modernen Gesellschaft, in: Lautmann, R., Maihofer, W., Schelsky, H. (Hrsg.): Die Funktion des Rechts in der modernen Gesellschaft; Jahrbuch für Rechtssoziologie und Rechtstheorie, Bd. 1. Bielefeld: Bertelsmann Universitätsverlag 1970, S. 175–201 (Auszüge), Zwischentitel neu, ohne Fußnoten.

### 5.1.1. Texteinleitung

Niklas Luhmann, geboren am 8. 12. 1927 in Lüneburg, beherrscht Soziologie und Rechtswissenschaft in gleicher Weise. Soziologische Studien trieb er u.a. in den USA. Nach früherer Tätigkeit an der Verwaltungshochschule Speyer und der Universität Münster lehrt er seit 1970 Soziologie an der Universität Bielefeld.

Luhmann ist der bedeutendste Vertreter der soziologischen Systemtheorie in Deutschland. Diese ist in den USA, insbesondere von Talcott Parsons, entwickelt worden. Unter sozialen Systemen lassen sich – in ganz vorläufiger Beschreibung – Gefüge aufeinander bezogener sozialer Handlungen verstehen (Beispiele: Organisationen wie Betriebe oder Vereine, die Familie, die alle anderen Systeme fundierende „Gesellschaft", gesellschaftliche Bereiche wie Wirtschaft, Wissenschaft und das politische System „Staat").

Die strukturell-funktionale Forschung untersucht diese sozialen Systeme, indem sie die für den Bestand dieser Systeme erforderlichen Leistungen (Funktionen), insbesondere das relativ dauerhafte Aufbaugefüge (Struktur) der Systeme analysiert. In gewisser Weise wird das Verfahren von Max Webers „verstehender Soziologie" (s. 3.1.) umgekehrt: Weber geht vom Systemelement, der sozialen Handlung des Einzelmenschen und ihrem Sinn, aus und sucht daraus soziale Organisation erkennend zu konstruieren; die Systemtheoretiker gehen vom sozialen „Ganzen" und dessen Bedürfnissen aus und fragen danach, wie die „Teile" diese Bedürfnisse befriedigen oder auch nicht befriedigen („Dysfunktionalität"). Der letztere Ansatz ermöglicht auch die Ermittlung von Leistungen, die dem Systemmitglied nicht bewußt geworden und erst recht nicht von ihm bezweckt worden sind (latente Funktionen). Jeder einzelne gehört einer Vielzahl solcher Systeme an, ohne in ihnen aufzugehen: er hat „Rollen" in verschiedenen Systemen (z.B. zugleich als „Sohn" in der Familie, als „Schüler" in der Schule, als „Bürger" im politischen System, als „Konsument" im System Wirtschaft).

Luhmann hat die strukturell-funktionale Systemtheorie zu einer funktional-strukturellen weiterentwickelt, indem er – über die Frage nach den Bestandsvoraussetzungen von Systemen hinaus – die Frage nach dem Sinn von Struktur- und Systembildung stellt. Soziale Systeme haben die Funktion, die unendliche Mannigfaltigkeit an sich möglicher Ereignisse („Komplexität"), die im Bereich zwischenmenschlicher Beziehungen aus der Verhaltensfreiheit des Mitmenschen resultiert, zu begrenzen (zu „reduzieren") und damit dem Menschen, der nur eine beschränkte Kapazität zur Erfassung von Ereignissen hat, eine relativ sichere Verhaltensorientierung zu erlauben. Diese „Reduktion von Komplexität" erfolgt durch Strukturbildung, d.h. die Bildung relativ stabiler allgemeiner Muster des Erlebens und Verhaltens. Derartige Strukturen ermöglichen es, das Verhalten anderer Menschen vorauszusehen (zu „erwarten"), darüber hinaus auch ihre Erwartungen zu erwarten („Erwartungserwartung") und daran das eigene Verhalten zu orientieren. Diese Erwartungen können enttäuscht werden. Darauf gibt es zwei prinzipiell unterschiedliche Reaktionsmöglichkeiten: Aufgabe bzw. Modifizierung der Erwartung („Lernen") oder Festhalten an der Erwartung unter Protest. Im ersteren Fall spricht Luhmann von „kognitivem" (erkenntnismäßigem) Erwarten, im letzteren Fall von „normativem" Erwarten. Die in einem System als allgemeinverständlich angesehenen „normativen" Verhaltenserwartungen bezeichnet Luhmann als das „Recht" eines sozialen Systems. Diese normativen Verhaltenserwartungen ermöglichen relativ stabile „Erwartungserwartungen" und damit eine relativ sichere Verhaltensorientierung.

Recht im engeren Sinne gibt es aber nur als normative Struktur des umfassenden sozialen Systems „Gesellschaft", das die strukturellen Voraussetzungen für alle anderen Systeme schaffen muß. Das Recht ist allerdings nur eine Struktur der Gesellschaft neben anderen, Luhmann nennt z. B. die Differenzierung der Gesellschaft in Subsysteme wie Wirtschaft, Wissenschaft, Politik. Neben diesen Strukturen ist aber die Struktur Recht unentbehrlich, weil ohne allgemeinverbindliche normative Verhaltenserwartungen sich Menschen nicht aneinander orientieren können. Um die Allgemeinverbindlichkeit aufrecht zu erhalten, bedarf es als ultima ratio der physischen Gewalt als Motivationsmittel. – Man kann diese – hier nur sehr vereinfacht wiedergegebene – Luhmannsche Lehre von der Funktion des Rechts als eine durch das Instrumentarium der Systemsoziologie verfeinerte Analyse des in der traditionellen Rechtsphilosophie im Zusammenhang mit der Rechtssicherheit behandelten Problemkomplexes der Sicherheit durch Recht (s. Radbruch, 2.2.) charakterisieren.

Der Text ist ein Auszug aus einem Aufsatz, in dem Grundansätze, die Luhmann in seiner „Rechtssoziologie" näher ausgeführt hat, zusammengefaßt sind. Dabei steht am Anfang eine kurze Darstellung der Funktion von Recht überhaupt (5.1.2.1.). Im Hauptteil (5.1.2.3.–5.1.2.8.) folgt eine Analyse der Funktion des positiven Rechts. Dieses wird als verbindliche Richtlinie auf Zeit, d. h. aber in einem vorbestimmten Verfahren prinzipiell unbeschränkt änderbar charakterisiert. Damit wird die Positivität des Rechts zu einem möglichen Vehikel sozialen Wandels. Das setzt die organisatorische Trennung von Rechtssetzung und Rechtsanwendung voraus. Problematisch wird das Einverständnis der Rechtsunterworfenen bei dauernder Änderung des positiven Rechts, die Legitimität (das Einverständnis über die Berechtigung) des jeweiligen, nur der Legalität (hier: Wahrung eines vorbestimmten Verfahrens) genügenden positiven Rechts. Luhmann weist hier auf die Wirksamkeit der Legitimation (Einverständnisbeschaffung) durch Verfahren hin.

Sehr umstritten ist die Behauptung Luhmanns, Recht sei für den Rechtsanwender ein „konditionales Entscheidungsprogramm". Das Konditionalprogramm steht im Gegensatz zum Zweckprogramm. Bei Zweckprogrammen bilden erstrebte Wirkungen den Ausgangspunkt, von dem aus unter Berücksichtigung der Nebenfolgen die günstigsten Mittel gesucht werden. Konditionalprogramme sind demgegenüber „Wenn – Dann"-Programme, an einen vergangenen Sachverhalt wird eine Folge (Rechtsfolge) geknüpft. Entscheidend ist für das Konditionalprogramm, daß eine (relativ) eindeutige Subsumtion eines abgeschlossenen Sachverhalts unter einem (begrifflichen) Tatbestand möglich ist und dann eine (relativ) eindeutige Folge (Rechtsfolge) angeordnet werden kann. Auf diese Weise wird der Programmanwender (Rechtsanwender) von der Verantwortung für Zwecke und Nebenfolgen (relativ) entlastet. Sowohl von seiten moderner Methodologen der Rechtsanwendung als auch von seiten reformerischer Rechtspolitiker – unter Berufung auf erstere (s. Wiethölter, 4.3.) – ist auf die Wertausfüllungsbedürftigkeit des positiven Rechts und damit die Verantwortlichkeit des Richters auch für die (politischen) Konsequenzen seines Handelns hingewiesen worden. Diese Kontroverse betrifft die spezifische, Verhaltenssicherheit ermöglichende Funktion von Recht: Nur dann, wenn jedenfalls für den Regelfall der „Rechtsanwendung" die Luhmannsche oder eine ähnliche Beschreibung zumindest annäherungsweise zutrifft, kann Sicherheit durch Recht gewährleistet sein.

Den Schluß (5.1.2.9.) bildet Luhmanns Hypothese, daß Voraussetzung einer vollen Positivierung des Rechts die Demokratie und der Vorrang des Teilbereichs Wirtschaft in der Gesellschaft seien.

### 5.1.2. Texte

#### 5.1.2.1. Die besondere Funktion rechtlicher Normierungen von Verhaltenserwartungen – Normatives und kognitives Lernverhalten

Unter der Bezeichnung „Positivität des Rechts" soll das Problem erörtert werden, ob und wie eine Gesellschaft auf der Ebene ihrer Normen *strukturelle Variabilität* erreichen und sicherstellen kann. [...]

Zwischenmenschliche Interaktion kann nicht allein durch glückhafte Koinzidenz des momentanen Erlebens und Handelns zustande kommen. Sie bedarf angesichts der Fülle möglicher Verhaltensweisen einer selektiven Abstimmung, die nicht improvisiert werden kann. [...] Die Synchronisierung sozialen Verhaltens wird, so kann man auch sagen, durch gelernte Erwartungen geleistet.

Diese Erwartungen müssen nicht nur das Verhalten, sondern auch das Erleben des anderen Menschen einbeziehen, vor allem die Erwartungen, die er selbst an den Erwartenden richtet. Erst das Erwarten von Erwartungen sichert über die bloß zufällige Konformität hinaus eine Abstimmung des Verhaltens. Nimmt man hinzu, daß es um eine Vielheit von Menschen und eine Vielheit möglicher Themen des Erlebens und Handelns geht, wird deutlich, daß es die Orientierungsfähigkeit des Menschen weit überfordern würde, müßte er diese Erwartungserwartungen und gegebenenfalls noch Erwartungserwartungserwartungen sich fallweise konkret und vollständig vorstellen. Statt dessen bildet er sinnhafte Strukturen, das heißt allgemeine Muster des Erlebens und Verhaltens, die eine Vorselektion dessen leisten, was man erwarten kann, und die Komplexität der Möglichkeiten so weit reduzieren, daß eine rasche, situationsnahe Verhaltenswahl möglich wird. Unser Thema betrifft die Variabilität von Erwartungsstrukturen – allerdings nur einen Ausschnitt aus diesem allgemeinen Problembereich.

[...]

Stellt sich heraus, daß eine Erwartung enttäuscht worden ist, sind zwei entgegengesetzte Reaktionsweisen denkbar: Man kann die Erwartung in Anpassung an die Wirklichkeit ändern – sich zum Beispiel damit abfinden, daß die neu eingestellte Sekretärin nicht hübsch, sondern häßlich ist. Oder man kann die Erwartung festhalten und auf ihrer Basis reagieren – sei es, daß man die Wirklichkeit der Erwartung anzupassen sucht, sei es, daß man im Dauerprotest gegen eine enttäuschende Wirklichkeit weiterzuleben versucht. Je nachdem, welche Einstellung dominiert, wollen wir von kognitiven oder von normativen Erwartungen sprechen. Kognitive Erwartungen zeichnen sich mithin durch implizierte (nicht notwendig bewußte und nicht notwendig auch die begriffliche Struktur der Erlebnisverarbeitung einbeziehende) Lernbereitschaft aus. Normative Erwartungen verstehen sich als lernunwillig; sie sind gekennzeichnet durch die Entschlossenheit, aus Enttäuschungen nicht zu lernen. Beide Einstellungen können in einem mehr oder weniger unklaren Mischungsverhältnis nebeneinander bestehen, und das ist für einfachere Gesellschaften und ebenso für problemlose Erwartungsbereiche typisch. Da aber der Enttäuschungsfall zu einer Entscheidung über die Reaktionsweise zwingt, besteht eine Tendenz zur Dissoziierung normativer und kognitiver Erwartungen, so daß durch die Charakterisierung des Erwartens selbst schon im voraus die angemessene Reaktion auf etwaige Enttäuschungen feststeht und ihrerseits erwartbar wird.

Diese Unterscheidung und die entsprechende Differenzierung von Erwartungen scheint unser Problem zunächst zu lösen. Es gibt lernbereite und nicht lernbereite Erwartungsbereiche. Mit Hilfe dieser Differenzierung kann die Gesellschaft einen Kompromiß einregulieren zwischen ihren Interessen an Wirklichkeitsanpassung und an Erwartungskonstanz. Sie wird Erwartungen als kognitiv institutionalisieren (ihren Mitgliedern also aus einer Änderung der Erwartungen bei gegebenem Anlaß keinen Vorwurf machen), wenn das Anpassungsinteresse dominiert; sie wird Erwartungen in die normative Sphäre verlagern und dort artikulieren, wenn Sicherheit und soziale Integration des Erwartens vordringlich sind. Die Wahl ist nicht völlig ins Belieben gestellt, sondern folgt erforschbaren Gesetzmäßigkeiten. (S. 176–178)

5.1.2.2. Recht als stabilisierte Verhaltenserwartungen

Angesichts der evidenten Selbstbeweglichkeit und Freiheit des anderen Menschen wären lediglich kognitiv gebildete Erwartungsstrukturen zu unsicher. Das Recht gewährleistet, mehr oder weniger eingemischt in die kognitive Erwartungsbildung, ergänzend die Möglichkeit, Verhaltenserwartungen enttäuschungsfest zu stabilisieren und ermöglicht so „Investitionen" in das eigene Erwarten – Investitionen an Interessen, aber auch an Selbstdarstellung: Man kann riskieren zu zeigen, wie man erwartet, wenn man rechtmäßig erwartet, und wird im Enttäuschungsfalle nicht blamiert sein als jemand, der töricht und unrealistisch erwartet hatte. Insofern ist das Recht Grundlage allen Vertrauens. Seine primäre Funktion liegt nicht in der Bewirkung bestimmten Verhaltens, sondern in der Stärkung bestimmter Erwartungen. Gerade darin erweist sich der fundamentale Charakter des Rechts, denn man kann ein erhebliches Maß an Ungewißheit über faktisches Verhalten anderer ertragen, aber nur ein sehr geringes Maß an Ungewißheit in den eigenen Erwartungen. Die Schwelle der Toleranz für Ungewißheit liegt in bezug auf Verhalten höher als in bezug auf Erwarten. (S. 179–180)

5.1.2.3. Positivität und Selektivität des Rechts

Als *positiv* wird Recht bezeichnet, das gesetzt worden ist und kraft Entscheidung gilt. Diese Definition klingt relativ eindeutig. Ihre Implikationen müssen jedoch im einzelnen geklärt werden.
[...]

Positiv gilt Recht nicht schon dann, wenn dem Rechtserleben eine historische Rechtsstiftung, ein vergangener Rechtsetzungsakt bewußt ist, sondern nur, wenn das Recht als kraft dieser Entscheidung geltend als Auswahl aus anderen Möglichkeiten und damit als jederzeit änderbar erlebt wird. [...]

Erst dann gilt Recht positiv, wenn die Entscheidbarkeit und damit die Änderbarkeit des Rechts permanente Gegenwart wird und als solche ertragen werden kann. Zur Positivität gehört, daß das „jeweils" geltende Recht als Selektion aus anderen Möglichkeiten bewußt wird und kraft dieser Selektion gilt. Das jeweils geltende positive Recht schließt diese anderen Möglichkeiten zwar aus, eliminiert sie aber nicht aus dem Horizont des Rechtserlebens, sondern hält sie als mögliche Themen des Rechts präsent und verfügbar für den Fall, daß eine Änderung des geltenden Rechts opportun erscheint. Soweit Änderungsmöglichkeiten präsent sind, nimmt auch das Festhalten am geltenden Recht die Form einer Entscheidung an: Die Änderbarkeit des Rechts ist dann laufend aktuell, und damit wird auch das Unterlassen von Änderungen ein Verhalten, das rechenschaftspflichtig gemacht werden kann. Man muß dann über Entscheiden oder Nichtentscheiden entscheiden können und eine entsprechend „reflexive“ Struktur des Entscheidungsprozesses organisieren. Nur unter dieser Voraussetzung kann man sagen, daß das Recht auf Entscheidung beruht und in diesem Sinne positiv gilt.

Im 19. Jahrhundert erreichen einige politische Systeme Europas erstmals diesen Zustand der Positivität des Rechts. Das läßt sich daran erkennen, daß Rechtsetzung zum laufenden Betrieb, zum Routinevorgang des Staatslebens wird und keiner Ausnahmesituation oder Notlage mehr bedarf. Zugleich beginnt man, die Gesetzgebungsmaschine an ihren Unterlassungen zu messen. Ob und wieweit es noch „unwandelbare“ und deshalb höherrangige Komponenten der Rechtsordnung gibt, wird zweifelhaft und praktisch unwichtig. Man mag daran glauben oder nicht – was zählt, sind die positiven Selbstsicherungen des positiven Rechts in der Form von ausnahmehaften Verboten oder Erschwerungen von Rechtsänderungen, deren Einhaltung *politisch* gewährleistet werden muß. (S. 182–184)

5.1.2.4. Funktion des positiven Rechts: Reduktion von Komplexität

Erwartungsstrukturen reduzieren die Komplexität der Möglichkeiten des Erlebens und Handelns so weit, daß sinnvolle Orientierung Fuß fassen kann. Ihre Funktion hat deshalb einen Doppelaspekt: Sie besteht in einer Selektionsleistung, in einer Auswahl aus anderen Möglichkeiten, die als solche nicht problematisiert werden kann, weil das den Reduktionseffekt, also die strukturierende Wirkung aufheben würde. Um dieser Funktion willen kommt es zu jener normativen Fixierung, von der wir ausgegangen waren: zur Entschlossenheit, nicht zu lernen. Denn Lernen hieße nach anderen Möglichkeiten suchen.

Eine solche Verfestigung liegt nahe, sie ist von der Funktion her jedoch nicht unvermeidlich aufgegeben. Erforderlich ist, daß die Struktur in den Situationen, die sie strukturiert, nicht problematisiert wird. Das schließt nicht aus, daß sie in anderen Situationen – anderen Zeitpunkten, anderen Rollen, anderen Systemen – als problematisch behandelt wird, sofern nur für hinreichende Differenzierung gesorgt ist. Das heißt: in einem hinreichend differenzierten System kann für dieselben Strukturen Nichtlernen und Lernen zugleich vorgesehen sein. Für das Recht wird eine solche Ordnung gleichzeitigen Nichtlernens und Lernens durch Positivierung erreicht. Positivierung des Rechts ermöglicht mithin eine widerspruchsvolle Behandlung von Strukturen auf der Grundlage von Systemdifferenzierung. [...]

Eine immense Steigerung der Komplexität ist die unmittelbar augenfällige Folge. Sie wirkt sich in zwei Dimensionen aus: zeitlich und sachlich. Dadurch, daß Recht als änderbar institutionalisiert ist, wird es möglich, zeitlich verschiedenes Recht zu haben. Heute kann Recht gelten, das gestern nicht galt und morgen sicher, wahrscheinlich oder möglicherweise nicht gelten wird. Weite Bereiche des Rechts befinden sich in kontinuierlicher Revision. Diese laufende Überholung des Rechts beschleunigt sich selbst, weil immer mehr Änderungen immer mehr Anpassungen erfordern, und in manchen Rechtsgebieten scheint die Geltung nicht nur des geltenden, sondern auch des kurzfristig geplanten Rechts sich letztlich darauf zu stützen, daß tiefgreifende Reformen nicht sofort durchgeführt werden können. Das gute neue Recht kommt nicht so schnell. Das Recht gerät so auf legitime Weise in Fluß, es stellt sich auf eine rascher fließende Zeit ein. Das führt nicht nur zu größerer Komplexität des nacheinander Möglichen, sondern steigert zugleich die sachliche Komplexität des Rechts: die Zahl juridifizierbarer Themen. Der regulative Zugriff des Rechts ist jetzt nicht mehr an den Nachweis gebunden, daß es schon immer so war, und dadurch werden viele neue Verhaltensweisen oder auch neue Aspekte an alten Verhaltensweisen rechtsreif: Trunkenheit im Straßenverkehr oder Prämien für die Vernichtung von Äpfeln, Verlängerung der Schulpflicht oder Einrichtung von Personalvertretungen im öffentlichen Dienst. (S. 185–186)

### 5.1.2.5. Wie kann positives Recht legitimiert werden?

Die Frage ist, ob diese neue Beweglichkeit und Vervielfältigung des Rechts in den Meinungen und Einstellungen der Betroffenen adäquat mitvollzogen werden, ob das positive Recht hinreichend Konsens finden kann. Natürlich kann nicht im entferntesten davon die Rede sein, daß positives Recht durch faktischen Konsens gedeckt sei: daß jedermann jederzeit jede jeweils geltende Vorschrift billige. Die Grenzen des faktischen Konsenses können indes durch „Institutionalisierung", nämlich durch Unterstellung von Konsens, ausgeweitet werden. Auch die Institutionalisierung des positiven Rechts bereitet jedoch Schwierigkeiten, die als Frage nach der *Legitimität* des positiven Rechts bewußt geworden sind. Auf diese Frage kennt die heutige Soziologie keine überzeugende Antwort.

Der gängige Legitimitätsbegriff übernimmt aus der Tradition die Vorstellung höherer Werte oder Prinzipien des Rechts und transponiert sie ins Empirische: Legitimität beruhe auf dem faktischen Glauben an die Werte oder Prinzipien, auf denen das Recht beruhe. So kann jedoch die Frage nach der Legitimität der reinen Legalität nicht gestellt geschweige denn beantwortet werden; geht es doch gerade um Legitimation des Wechsels der Gesichtspunkte. Außerdem ist der Rückgriff auf einen Konsens des Glaubens fragwürdig, wenn es doch darum geht, ein Überziehen der faktischen Konsensbasis zu erklären.

Greift man auf den abstrakteren Begriff der *Institutionalisierung* zurück, lassen sich zwei Erfordernisse der Generalisierung von Konsens prägnanter fassen: die Notwendigkeit von unterstelltem, mehr oder weniger fiktivem Konsens und die soziale Isolierung derjenigen, die sich offen als abweichend bekennen. Es scheint, daß beide Wirkungen durch Beteiligung an Entscheidungsprozessen in der Form von *Verfahren* erreicht werden können: in Verfahren der Wahl, der parlamentarischen Debatte und in Gerichtsverfahren. Solche Verfahren haben die Beweglichkeit von fallweise veranstalteten Sondersystemen mit je verschiedenen für sie relevanten Entscheidungsprämissen, und sie engagieren den, der sich beteiligt, durch Implikationen seiner Rolle und seiner Selbstdarstellung: Er muß sich als vernünftig, verträglich usw. darstellen, muß die Streitpunkte spezifizieren und manövriert sich so in eine Situation, in der er schließlich die Entscheidung hinnehmen muß oder jedenfalls keine breite soziale Front gegen sie organisieren kann. Verfahren dienen nicht nur der Produktion von Entscheidungen, sondern gleichlaufend auch der Absorption von Protesten.

In dem Maße, als eine solche „Legitimation durch Verfahren" gelingt, legitimiert das politische System sich und das von ihm geschaffene Recht selbst: durch eigene Einrichtungen und Veranstaltungen. Seine Legitimität wird von gesellschaftlich durchgehend institutionalisierten Wertvorstellungen unabhängiger. Auch auf die Indoktrination einer für alle Lebensbereiche gültigen Ideologie kann dann verzichtet werden. (S. 188–189)

### 5.1.2.6. Unterscheidung zwischen programmiertem und programmierendem Entscheiden

Eine weitere organisatorische Vorkehrung bezieht sich auf die Trennung von Rechtsetzung und Rechtsanwendung. Wenn Recht positiviert werden soll, muß beides als Entscheidungsprozeß organisiert werden. Es müssen Rollen für Rechtsetzung und Rollen für Rechtsanwendung geschaffen werden, in denen sich entscheidende Personen nach bestimmten Regeln einigermaßen erwartbar verhalten.[...]

Durch strukturelle Variabilität steigert sich, wie wir gesehen haben, die Komplexität des Rechts ins Unabsehbare. Das schließt es aus, die Reduktion dieser Komplexität in einem Arbeitsgang zu vollziehen. Vielmehr müssen zwei prinzipiell verschiedenartige Entscheidungsprozesse eingesetzt werden, von denen der eine unter unbestimmter, übermäßig hoher Komplexität, der andere unter schon stark reduzierter Komplexität operiert. Die Erfordernisse dieser Differenzierung gehen weit über das hinaus, was in die Form eines Unterschieds von „allgemeinen“ und „besonderen“ Entscheidungsinhalten gefaßt werden könnte. Sie beziehen den gesamten sozialen Kontext und auch die Kriterien des Entscheidens ein.

In Anlehnung an neuere organisationswissenschaftliche Konzeptionen kann man diese Differenzierung als *Trennung von programmierendem und programmiertem Entscheiden* bezeichnen. Die Programmierung des Rechts erfolgt letztlich (das heißt: so weit sie nicht selbst schon programmiert ist) unter so hoher Komplexität, daß zureichende Information und kontrollierbare Richtigkeit des Entscheidens praktisch ausgeschlossen sind. Der Nachweis der Richtigkeit muß auf dieser Ebene gleichsam hypothetisch geführt werden und abgesichert werden durch die Möglichkeit einer Änderung für den Fall besseren Wissens. Drastische Reduktionsweisen – etwa durch Anlehnung an bestimmte gesellschaftliche Interessen, ideologische Wertvorurteile oder politische Freund-Feind-Schematisierungen – sind unvermeidlich.[...]

Demgegenüber ist im Bereich des programmierten Entscheidens Rationalität im Sinne einer feststellbaren und nachprüfbaren Übereinstimmung mit vorgegebenen Kriterien möglich. Damit ist auch hohe Konsistenz des Entscheidens erreichbar, die durch die Identität der Programme vermittelt wird. Entsprechend hat die Entscheidungsfindung und -begründung wie auch die Kritik des Entscheidens hier einen anderen Stil. In der Perspektive dieses programmierten Entscheidungsprozesses werden die Programme als Prämissen übernommen und nicht mehr problematisiert. Das im Zweifelsfalle notwendige Nachvollziehen der programmierenden Entscheidung nimmt den Charakter der Auslegung und der Reduktion auf schon Bekanntes an; es vermeidet eine Reaktualisierung der Probleme gesetzgeberischer Entscheidung.

Nach diesen Überlegungen können wir das Problem dieser Differenzierung des Entscheidungsprozesses deutlicher sehen: Die Identität des normativen Entscheidungsprogramms, die durch Worte festgelegt ist, hat im Erlebnishorizont beider Entscheidungsprozesse einen je verschiedenen Sinn. Sie ist für den programmierenden Gesetzgeber vorläufige Lösung eines Problems, die vor anderen erwogenen Lösungen den Vorzug verdient. Für den programmiert Entscheidenden ist sie die Bedingung, unter der er eine richtige Entscheidung finden und darstellen kann, selbst wenn niemand weiß, ob das Programm selbst richtig ist. (S. 189–191)

### 5.1.2.7. Das Merkmal des positiven Rechts ist seine konditionale Programmierung

Weniger bewußt geworden ist eine zweite Eigenschaft positiven Rechts: seine *konditionale Programmierung*. Im Laufe der neuzeitlichen Rechtsentwicklung ist das explizit formulierte Recht durchgehend auf die Form eines konditionalen Programms gebracht worden, und das gilt auch dann, wenn Normen aus sprachlichen, darstellungsmäßigen oder Vereinfachungsgründen anders artikuliert werden. Das Recht ist seiner Struktur nach nicht mehr einfache Verhaltenserwartung und nicht mehr Vorformulierung eines guten Zieles, durch dessen Aktualisierung das Handeln sein Wesen verwirklicht, sondern es wird als konditionales Entscheidungsprogramm gesetzt, das die Bedingungen angibt, unter denen bestimmte Entscheidungen zu treffen sind. Es bringt damit ,,Tatbestand" und ,,Rechtsfolge" in einen Wenn-Dann-Zusammenhang, dessen Vollzug Prüfung und Selektion, also Entscheidung, voraussetzt. Ein solches Programm hat je nach Adressat ein verschiedenes Gesicht. Für den Handelnden lautet es: Wenn die Bedingungen X gegeben sind, darfst du (bzw. darfst du nicht bzw. darfst du nicht nicht) x handeln. Für den Richter lautet es: Wenn der Tatbestand X und x nachgewiesen wird, entscheide y; wenn der Tatbestand X und nicht-x nachgewiesen wird, entscheide z.
[...]

Neben dieser Elastizität ist die *Technisierbarkeit* des Konditionalprogramms hervorzuheben. Darunter soll hier in Anlehnung an Husserl die Entlastung vom aktuellen Vollzug sinnhafter Verweisungen verstanden werden. Konditionalprogramme sind im Grenzfalle Algorithmen und dann automatisierbar. Aber auch wenn dieser Grad an Entlastung des Entscheidens nicht erreichbar ist, erlaubt das Konditionalprogramm dem Entscheidenden wesentliche Vereinfachungen: Er braucht nur die im Programm vorgezeichneten Informationen, also nur einen engen Ausschnitt aus der relevanten Vergangenheit zu prüfen. Und er braucht die realen Folgen seiner Entscheidung in der Zukunft weder zu ermitteln noch in ihrer Wahrscheinlichkeit abzuschätzen noch vergleichend zu bewerten. In dieser Entlastung von Folgenverantwortung liegen eine Voraussetzung richterlicher Unabhängigkeit und eine Bedingung der Anwendbarkeit des Gleichheitssatzes. Sie setzt als Korrektiv aber voraus, daß die programmierenden Entscheidungsprozesse sich primär an Zweckgesichtspunkten orientieren. (S. 193–195)

### 5.1.2.8. Die offene Struktur des Rechts und das Risiko der Positivierung

Unbestreitbar sind die Risiken groß, die eine Gesellschaft mit der Positivierung ihres Rechts eingeht. Das kann man vielleicht von jeder evolutionären Errungenschaft sagen, die der Gesellschaft höhere Anpassungsfähigkeiten vermittelt – auch zum Beispiel von politischer Demokratie, Marktwirtschaft, passionierter Liebe oder freier wissenschaftlicher Forschung. Im Falle der Positivierung des Rechts wird die ,,Riskiertheit" der Struktur offensichtlich, handelt es sich doch um nichts anderes als um *Institutionalisierung der Beliebigheit von Rechtsänderungen*. Vor diesem Anblick schrecken der Jurist und die Rechtstheorie begreiflicherweise zurück. Aber ihre Abhilfen: die Wiederbelebung eines Naturrechts ohne Natur oder der rein juristische Glaube an *verfassungsgesetzliche* (!) Änderungsverbote sind hoffnungslos inadäquat. (S. 196)

### 5.1.2.9. Politische und wirtschaftliche Bedingungen für die Positivität des Rechts

Scharf zurückgeschnitten auf Zusammenhänge, die für die Konsolidierung und Absicherung der Positivität des Rechts von ausschlaggebender Bedeutung zu sein scheinen, bieten sich zwei Hypothesen über gesellschaftliche Vorbedingungen an: die Hypothese der *Demokratie* und die Hypothese der *wirtschaftlichen Gesellschaft*.

[...]Soll das politische System nicht nur einfach entscheiden, sondern auch über seine normativen Entscheidungsprämissen noch entscheiden können, muß die politische Unterstützung für Entscheidungen mobilisiert und selbst zur Entscheidung gestellt werden. Sollen die neuen rechtlichen Variationsmöglichkeiten Aktualität und Bezug auf die Gesellschaft behalten, kann die politische Unterstützung nicht mehr auf feststehende, konkret überlieferte ethische Institutionen bezogen und in gesellschaftlich durchgehend relevanten, konkurrenzlos anerkannten Statusordnungen verankert werden. Sie muß fallweise Thema und Problem werden können. Das politische System wird damit dem Risiko unkontrollierbarer Fluktuationen ausgesetzt. Auf dieses Risiko müssen dann neuartige Institutionen der Parteipolitik, vor allem aber Organisation und laufende Arbeit angesetzt werden in einem Maße, das älteren politischen Systemen fremd war. Mit Hilfe einer allem verbindlichen Entscheiden vorgeschalteten Politik muß das politische System sich für gesellschaftliche Einflüsse und damit für adaptives Lernen offenhalten und überdies in der Lage sein, selbst Alternativen zu erzeugen.
[...]

Die zweite gesellschaftliche Vorbedingung voller Positivierung des Rechts scheint darin zu bestehen, daß das politische Teilsystem der Gesellschaft seine führende Stellung an die Wirtschaft abgibt, das heißt sich primär wirtschaftlichen Problemstellungen unterordnet. Aus vielerlei Gründen, die theoretischer Klärung harren, hat in den am weitesten entwickelten neuzeitlichen Gesellschaften das Teilsystem Wirtschaft einen Primat erlangt, den einst Verwandtschaftsverbände und dann das politische Herrschaftssystem besessen hatten, und ist damit für Zielbestimmung und Entwicklungsrichtung der Gesellschaft ausschlaggebend geworden.[...]

Es ist bekannt, wie sehr Rücksichten auf die großräumig sich entfaltende Wirtschaft die neuzeitliche Rechtsentwicklung geprägt haben: verschärfte Anforderungen an die Zuverlässigkeit der Rechtsdurchsetzung, Vertragsfreiheit unter Abbau der Schranken alter Statusordnungen, weltweite Ausdehnung des jus connubii ac commercii, Anknüpfung der Rechtsfähigkeit an das (leicht erkennbare) Menschsein schlechthin und nicht an die Zugehörigkeit zu einer bestimmten politischen Gesellschaft – solche Tendenzen lösen das Recht ab von inhärenten und daher unveränderbaren Bindungen an konkret vorgegebene Gesellschaftsstrukturen, und das geschieht nicht auf Verlangen der Politik (wenngleich natürlich auf politischem Wege), sondern auf Verlangen der Wirtschaft. Rein politische Ziele hätten eine solche Umgestaltung des Rechts kaum in die Wege geleitet, hätten vor allem seine Ablösung von gegebenen Institutionen und deren Verunsicherung kaum als wünschbar erscheinen lassen.
[...]

Die Gefahr besteht jetzt in jenen unzivilisierten Versuchen, gegen die Entwicklungslage der Gesellschaft die Überordnung der Politik über die Wirtschaft wiederherzustellen mit

Hilfe von rein politischen Zielen, die eigens dafür kreiert oder an den Haaren herbeigezogen werden – etwa willkürliche Spontaneität herrlicher Eliten, Rassenreinheit, Revolution aus Systemfeindschaft und Humanität. Solche Bestrebungen sind mit der Positivität des Rechts unvereinbar – nicht weil sie in sich notwendig unmoralisch wären, sondern weil sie den gesellschaftlichen Primat der Wirtschaft in Frage stellen. Und so war denn auch die adäquate Reaktion auf den Nationalsozialismus nicht die prekäre Wiederherstellung des Naturrechts in den Köpfen einiger Juristen, sondern die resolute Wiederherstellung des Vorranges wirtschaftlicher Fragen in der Gesellschaft. (S. 199–201)

### 5.1.3. Aufgabenvorschläge

5.1.3.1. *Erläutern Sie den Unterschied von kognitivem und normativem Erwarten anhand von Beispielen aus Ihrem eigenen Lebensbereich!*

5.1.3.2. *Inwiefern „reduziert" das Recht „Komplexität"?*

5.1.3.3. *Welchen Zusammenhang sehen Sie zwischen der Positivität des Rechts und der Gewaltenteilung?*

5.1.3.4. *Auf welche Weise ermöglicht die Positivität des Rechts Anpassung an und Förderung von gesellschaftlichen Veränderungen?*

## 5.2. Der personalfunktionale Ansatz in der Rechtssoziologie

Text aus: Schelsky, Helmut: Systemfunktionaler, anthropologischer und personalfunktionaler Ansatz der Rechtssoziologie, in: Lautmann, R., Maihofer, W., Schelsky, H. (Hrsg.): Die Funktion des Rechts in der modernen Gesellschaft; Jahrbuch für Rechtssoziologie und Rechtstheorie, Bd. 1. Bielefeld: Bertelsmann Universitätsverlag 1970, S. 37–89 (Auszüge).

### 5.2.1. Texteinleitung

Helmut Schelsky, geboren am 14. 10. 1912 in Chemnitz, studierte Philosophie und Soziologie; er lehrte Soziologie an den Universitäten Münster und Bielefeld und emeritierte 1978. Schelsky hatte wesentlichen Anteil an der Entwicklung des Reformkonzepts für die Universität Bielefeld, in dem besonderer Wert auf die interdisziplinäre Forschung gelegt wurde. Gerade auch im Bereich der Rechtssoziologie, welche die Zusammenarbeit von Soziologen und Juristen erfordert, hat Schelsky derartige interdisziplinäre Forschung organisatorisch und sachlich gefördert.

Schelskys wesentliches Anliegen für die Methodenlehre der Sozialwissenschaften ist es, die Berechtigung verschiedener methodischer Ansätze herauszustellen. Schelsky wendet sich gegen den Absolutheitsanspruch der Systemtheorie (s. Luhmann, 5.1.). Der systemfunktionalen Betrachtung wirft Schelsky vor, in der Rechtssoziologie nur nach den Funktionen des Rechts für die Gesamtgesellschaft zu fragen. Dahinter steht offenbar der allgemeinere methodische Vorwurf gegen die Systemtheorie, die soziologische Fragestellung dadurch zu vereinseitigen, daß der Akzent auf die Funktion der einzelnen Menschen für soziale Systeme gelegt wird. Schelsky hält das zwar für eine nicht nur zulässige, sondern auch fruchtbare Betrachtungsweise, jedoch für ergänzungsbedürftig durch eine „personfunktionale" Betrachtung, die nach den Leistungen sozialer Institutionen für den einzelnen Menschen fragt. Damit will Schelsky aber nicht zur verstehenden Soziologie Max Webers (3.1.) zurückkehren, weil sie die in der Beschränkung auf den subjektiv gemeinten Sinn des Akteurs dem Handelnden nicht bewußte Konsequenzen („latente Funktionen", s. Luhmann, 5.1.1.) nicht thematisieren konnte; es soll also der „Reflexionsüberschuß" des Analytikers gegenüber dem Handelnden genutzt werden. Auf der Wichtigkeit des personalfunktionalen Aspekts besteht Schelsky auch aus politischen Gründen, da diese Betrachtung zu ermitteln ermöglicht, wie soziale Institutionen gestaltet sein müssen, um den Freiheitsanspruch des für liberal-demokratische Politik im Mittelpunkt stehenden Individuums zu sichern.

Die Textauszüge gehen von einigen methodischen Bemerkungen zum personalfunktionalen Ansatz aus (5.2.2.1.). Es folgt die Gegenüberstellung von Recht als bewußte und freie Zweckschöpfung (Recht ist ,,Gesetz") gegenüber Sitte, Brauch, Konventionen und Gewohnheiten, die einen – nicht bewußten – Instinktersatz für das Instinktmängelwesen Mensch bieten (5.2.2.3.). Schließlich (5.2.2.4.) stellt Schelsky drei ,,Leitideen" des Rechts unter dem Aspekt der Bedürfnisse des Individuums heraus. Dabei hat das Prinzip der ,,Gegenseitigkeit auf Dauer" vorwiegend historische Bedeutung, da im rechtlichen, nicht im wirtschaftlichen Bereich weitgehend an die Stelle der Garantie von Ansprüchen durch ,,Reziprozität" die Garantie durch einen ,,übermächtigen Dritten", den staatlichen Erzwingungsstab, getreten ist. Die Leitidee ,,Gleichheit bei Verschiedenheit" (gemeint ist: Verschiedenheit von Herrschenden und Beherrschten) hebt die Machtbeschränkung durch Recht, insbesondere durch Einräumung subjektiver Rechte als ,,Machtverteilung" hervor. Demgegenüber stellt die dritte Leitidee ,,Integrität und Autonomie der Person" die Schutzbedürftigkeit der Person nicht gegenüber den ,,Herrschenden", sondern gegenüber der Einspannung in die steigende Durchorganisiertheit aller gesellschaftlichen Bereiche heraus, die gerade auch bei der kollektiven ,,Vertretung" subjektiver Rechte zu einer ,,Auflösung" der Person in die soziale Rolle, ,,in eine Vielfalt von Organisationen und Institutionen" führt.

Die Ausführungen Schelskys stellen insgesamt, worauf er für die dritte Leitidee selbst ausdrücklich hinweist, noch keine systematische Theorie, sondern ein Forschungsprogramm von politischer Relevanz dar.

### 5.2.2. Texte

#### 5.2.2.1. Ziel der Abhandlung: Die Funktion des Rechts für das Individuum

Die Funktionen des Rechts werden in den herrschenden Theorien der Soziologie zumeist auf das Ganze der Gesellschaft bezogen und in Gemeinschaftstheorien, Staatstheorien, Systemtheorien als Ordnungsfunktion des – verschieden begriffenen – sozialen Ganzen definiert. Demgegenüber soll hier der Versuch unternommen werden, eine theoretische Gegenposition zu entwerfen, die das Recht in einer vom Individuum oder von der Person und der menschlichen Natur her gedachten Handlungstheorie versteht.

Die Rechtssoziologie hat nicht nur eine analytische, sondern darüber hinaus eine rechtspolitische und gesellschaftspolitische Aufgabe. Die systemfunktionale, auf das Ganze der Gesellschaftsstruktur bezogene Auffassung des Rechts trägt die Gefahr in sich, das Recht zunehmend nur als gesamtgesellschaftliche Funktionalität und als soziales Organisationsmedium zu verstehen. Demgegenüber ist eine Betrachtungsweise zu betonen, die eine Stärkung des sich im personalen Rechtsanspruch verwirklichenden und bewährenden individuellen Freiheits- und Verantwortungsbewußtseins begründet und die Wahrung der subjektiven Rechte als die politische Grundforderung der westlich-demokratischen Gesellschaftsverfassung verdeutlicht. (S. 39)

#### 5.2.2.2. Die Rolle des Rechts im systemfunktionalen Ansatz

Die systemfunktionale Analyse des Rechts führt zu der Untersuchung, welche Leistungen das Recht für das Funktionieren des sozialen Systems als Ganzem erbringt. Das Individuum erscheint in diesen Analysen in zweierlei Gestalt: als *Normadressat* und als *Konflikt-*

*träger*. Dies bedeutet, daß es einerseits die vom Recht produzierten und vertretenen Normsysteme (Legitimationen, Interpretationen, Entscheidungen, Sanktionen usw.) passiv als Motive seines Handelns aufnimmt, sein soziales Handeln als systemgeführt erscheint und so das Individuum sozusagen nur die Marionette der ihm auferlegten Normsysteme ist; andererseits kommt es aber – aus der Natur der Individuen und ihren Interessen, worauf nicht näher eingegangen wird – gerade durch das Handeln der Individuen zu Konflikten, die in diesem Falle nur als Auslöser für die institutionellen Prozesse des Rechts, d.h. zu normativen Systementscheidungen führen, die wiederum als Handlungsmotive dem Individuum auferlegt werden. In der systemfunktionalen Analyse *tritt das Recht dem Individuum entgegen*, ist nicht „sein" Recht, sondern das des Systems. Seine Leistung besteht in der Herstellung eines möglichst konfliktfreien „harmonischen" Funktionierens des Systems, einer „produktiven Kooperation", an der das Individuum indirekt, als „Teil des Systems", teilnimmt; dadurch werden ebenso indirekt die Interessen des Individuums am Recht gewahrt.

Es sei ausdrücklich betont, daß wir die Ergebnisse dieses systemfunktionalen Theorieansatzes der Rechtssoziologie für gültig und fruchtbar halten, sie allerdings auch für einseitig und unzureichend für eine umfassende funktionale Analyse des Rechts ansehen. (S. 56–57)

### 5.2.2.3. Die anthropologische Funktion des Rechts

Von hier aus scheint es mir nun möglich, die *anthropologische Funktion des Rechts* zu bestimmen: *Recht ist die stets bewußte Regelung und Gestaltung sozialer Beziehungen durch freies und bewußtes Zweckhandeln*. Wenn der Mensch seiner Natur nach, wie wir sahen, auf eine dauernde „Bewußtheitsfront" der zweckbewußten, instinktfreien Handlung angewiesen ist, dann erfaßt diese Handlungsform *alle* Lebensbereiche und Handlungsmöglichkeiten, also vor allem auch die Bestimmung der sozialen Beziehungen, die im Tierreich fast ausschließlich instinktiver Regelung unterworfen ist. Die Bewußtheit des Zweckhandelns zum anthropologischen Kennzeichen des Rechts zu machen, bedeutet, es von allen Formen der „Entlastung" außerhalb des bewußten Zweckhandelns zu scheiden: Brauch, Sitten, Konventionen, Gewohnheiten usw. sind keine Formen des bewußten Zweckhandelns, sondern ihre „Entlastungen" in den Reaktionsbereich unbewußter „Hintergrundserfüllung". Sobald sie, was immer möglich ist, wieder in den Fokus des bewußten Zweckhandelns aufgehoben werden, treten sie damit in den Bereich der Rechtsgestaltung und des Rechtshandelns.

[...]

Von unserer These aus wird auch deutlich, was – anthropologisch gesehen – das Recht gegenüber den *Institutionen* leistet und weshalb es in allen menschlichen Institutionen unentbehrlich ist: Das Recht schafft in den Institutionen den Bereich des bewußten Zweckhandelns, d.h. den Ansatz, die menschlichen Institutionen jeweils unabhängig von den in ihm erfüllten Instinkt- oder Instinktmangelbedürfnissen zum Gegenstand und Ziel immer erneuten, aktualisierten bewußten Zweckhandelns zu machen. Institutionen sind anthropologisch eben nicht nur Instinktersatz, sondern zugleich der Bereich des sozialen „Appetenzverhaltens" des Menschen, d.h. jeweils in die „Bewußtheitsfront" des menschlichen Handelns zu ziehen und damit immer dem sich situationsorientierenden, adaptiven, bewußte Zwecke verfolgenden Handeln des Menschen ausgeliefert. Formulieren wir diesen

Tatbestand einmal diskussionsprovokativ: Die konservative Ansicht der Institution sieht in ihr nur eine Steuerung oder Beeinflussung des Individuums durch übergeordnete soziale Kräfte (so bei Gumplowicz, mit größter methodischer Wirkung bei Durkheim; auch die Theorie Gehlens von der Institution als „Führungssystem" und „Entlastungssystem" liegt ganz auf dieser Linie). Demgegenüber wird hier das Recht gerade als die Ebene des zweckgerichteten, ordnungsgestaltenden und bewußten Handelns für jeweils neue (sekundäre) Bedürfnisse des Menschen innerhalb der Institutionen aufgefaßt. Damit wird dem Recht die planende und gründende Funktion für die Gestaltung der Zukunft (und das Überleben des Menschen) zugeschrieben, denn Recht wird immer „gesetzt". Im Rechtscharakter der Institution liegt ihre Veränderbarkeit, ihre Anpassungsfähigkeit gegenüber neuen Umweltsituationen, ihre Dimension der bewußten, zweckgerichteten Planung der Zukunft. Das Recht als bewußtes Zweckhandeln ist die Rationalitäts- und Zukunftsdimension der Institution, während das „Institutionelle" im Sinne der dem individuellen Handeln und Denken vorgegebenen Steuerungs-Normativität den anthropologischen Instinktersatz des menschlichen Handelns darstellt und sozusagen die „tierische" Seite der Institution funktionalisiert. (S. 66–67)

### 5.2.2.4. Die personalen Leitideen des Rechts als Ansatz einer rechtssoziologischen Funktionsanalyse

Wir glauben, drei Leitideen des Rechts, bezogen auf die Bedürfnisse des Individuums in der Geschichte und gegenwärtigen Existenz des Rechts, angeben zu können:

„Gegenseitigkeit auf Dauer"
„Gleichheit bei Verschiedenheit"
„Integrität und Autonomie der Person gegenüber Organisation". (S. 69)

#### 5.2.2.4.1. Gegenseitigkeit auf Dauer

Dieses Handlungsprinzip ist schon früh als Grundlage personaler Rechtsbeziehungen erkannt worden. Es wird als die Handlungsform des gegenseitigen Austausches von materiellen oder immateriellen Gütern oder als eine Gegenseitigkeit von Ansprüchen und Pflichten verstanden. Im allgemeinen erhalten oft schon die „Ansprüche", also das „Nehmen" in der Gegenseitigkeitsbeziehung von „Nehmen und Geben", die Bezeichnung von „Rechten"; unklar, ob dies nicht eine moderne Sprachform ist. Die Erzwingung des „Gebens", die Erfüllung der Chance des „Nehmens", liegt in dieser dualistischen Handlungsbeziehung in ihr selbst: Gegenseitigkeit ist „eine Waffe zur Erzwingung von Rechten" (Malinowski), d.h. die Sanktion dieser Beziehung bei Ausbleiben der Leistung des anderen liegt beim Empfangenden selbst, insofern er den anderen prompt in die gleiche Lage versetzt. Die unmittelbare Praktikabilität sowohl der gegenseitigen Leistung als auch des gegenseitigen Verlustes bei Nichteinhaltung der Gegenseitigkeitsvereinbarung ist das *Fundament der Rationalität* dieser Handlungsbeziehung. (S. 70)

#### 5.2.2.4.2. Gleichheit bei Verschiedenheit

[...]Obwohl bereits bei dieser Funktion des Rechts als „Herrschaftsrecht" den Beherrschten zweifellos Vorteile für ihre Sicherheit, ihr rationales Verhalten usw. erwachsen, bezweifle ich, daß die Identifikation der Beherrschten in einem durch die Herrschenden repräsentierten Rechtssystem aufgeht. Sofern die Beherrschten nicht den Weg wählen, selbst Herrschende sein zu wollen – also durch Revolution sich an die Stelle der Herrschenden zu setzen (bestes Beispiel: Diktatur des Proletariats) –, sondern „ihr Recht" wahren wollen, müssen sie sich genauso mit einer allgemeinen Funktion des Rechts identifizieren wie die Herrschenden. Während diese sich mit dem „Recht des sozialen Ganzen" identisch setzen, müssen sich die *Beherrschten* mit dem *„Recht der Person"*, also des *Individuums*, identifizieren. Diesem System der Herrschaft gegenüber (wobei eben Herrschaft und System identisch sind), das ja auf der sozialen Ungleichheit oder Verschiedenheit besteht, liegen die vitalen Interessen des (beherrschten) Individuums darin, eine *über das Recht zu erreichende Gleichheit der Verbindlichkeiten zwischen den Ungleichen der Herrschaft* herzustellen. Die Reziprozität der Interessen auf Dauer, der Grundgedanke des Rechts, muß jetzt gegenüber dem „Recht der Herrschaft", die das jeweilige „soziale Ganze" repräsentiert, formuliert und durchgesetzt werden. Dieses personbezogene Recht wird von jetzt ab als *„Freiheit"*, d. h. als Handlungsraum der Person oder des Individuums gegenüber der Herrschaftsmacht verstanden werden müssen.

[...]

Die personale Leitidee des Rechts in Herrschaftsformen der Gesellschaft ist die *„Denaturierung" oder die Auflösung von Macht in Recht*; dies ist nur eine negative Formulierung der positiven, daß personales Recht die Durchsetzung von Gleichheit bei herrschaftlicher Verschiedenheit ist. Daß „Recht" oder – vielleicht besser im Plural – „Rechte" eine im Interesse der Person „gebändigte" Herrschaftsmacht sind, hat die Aufklärung von Hobbes bis Max Weber gewußt, die moderne Soziologie, insbesondere in Nachfolge von Marx, allerdings weitgehend vergessen. In Webers Rechtssoziologie (§ 2. Die Formen der Begründung subjektiver Rechte, 1960, S. 106f) heißt es: „Ein jedes *subjektives Recht* ist eine *Machtquelle*, welche durch die Existenz des betreffenden Rechtssatzes im Einzelfall auch dem zufallen kann, *der ohne ihn gänzlich machtlos wäre.* Schon dadurch ist er *Quelle gänzlich neuer Situationen innerhalb des Gemeinschaftshandels* ... ‚Freiheit' heißt im Rechtssinn: Rechte haben, aktuelle und potentielle."

[...]

Jedes – subjektive – Recht ist eine auf die einzelnen Individuen *verteilte Macht*, d. h. die Aufhebung der Fremdbestimmung ihres Willens und zugleich die in einem bestimmten Handlungsbereich gesicherte Einwirkung des Individuums auf die – etwa widerstrebende oder störende – Willenseinwirkungen und Handlungen anderer. Wenn Max Weber „Macht" definiert hat als „Jede Chance, innerhalb einer sozialen Beziehung den eigenen Willen auch gegen Widerstreben durchzusetzen, gleichviel, worauf diese Chance beruht", so ist damit wesentlich auch subjektives Recht interpretiert.

[...]

Dieser personfunktionale Gesichtspunkt im sozialen Denken ist eine der geistigen Grundlagen der Aufklärung gewesen. Der Versuch, Herrschaftspositionen in individualistisch behauptete Rechtspositionen umzuwandeln, steht im Zentrum der aufklärerischen Politik und ihres Denkens. Theoretisch hat sie selbst die Herrschaft, also den Staat, in ein auf personbezogenes Recht begründetes Vertragsverhältnis aufzulösen versucht („Staats-Vertrag"), wie überhaupt die Betonung des Vertrages als Mittel zur Herstellung und Wahrung sozialer Beziehungen seitens der Aufklärung und des ihr darin folgenden Liberalismus als eine welthistorische Anstrengung zu bewerten ist, die „personale Funktion" des Rechts zur Wirkung und – wörtlich – zur Herrschaft zu bringen.[...]

Das alles ist banal, längst bekannt und vor allem von der Soziologie bereits vergessen. Selbst die Soziologen, die sich heute in der Kritik der Gesellschaft und ihrer Zwänge als die legitimen Nachfolger der Aufklärung verstehen, haben jeden Kontakt mit dem Gedanken, daß das Recht das erfolgreichste Mittel zur Sicherung der Person gegenüber den Zwängen der Gesellschaft in Form der Herrschaft darstellt, verloren. Gerade an diesem Thema können wir den Verfall der Aufklärung in Gesinnungsjakobinismus oder Anarchismus in der heutigen Soziologie und ihren praktischen Folgen erneut erleben. Wenn wir diesen Tatbestand nicht als Vorwurf an bestimmte Schulen der Soziologie, sondern als Symptom werten wollen, müssen wir nach der veränderten Chance eines personbezogenen Rechts in den Strukturen der modernen Gesellschaft fragen. (S. 77–80)

#### 5.2.2.4.3. Integrität und Autonomie der Person gegenüber Organisationen

Daß die Autonomie und Integrität der Person in unserer Gesellschaft durch gesellschaftliche Zwänge bedroht ist, gehört zu den wissenschaftlichen Selbstverständlichkeiten der heutigen Soziologie, weniger schon, daß diese sich selbst an dieser Bedrohung beteiligt. Für unsere Betrachtung muß der Tatbestand unter dem Aspekt der Rechte der Person gesehen werden: Auf der einen Seite haben wir in unserer (westdeutschen, westlichen) Gesellschaft eine ungewöhnlich hohe rechtliche Sicherung der „Freiheit" der Person: durch Verfassung und Justiz garantierte Grundrechte der Person, Verwaltungsgerichtsbarkeit, Wahlrechte, die das Individuum über die Herrschaft und damit Gesetze mitbestimmen lassen usw.; das Phänomen der Herrschaft ist gerade rechtlich weitgehend zugunsten des Individuums eingeschränkt.

Auf der anderen Seite werden gerade diese Rechte der Person wieder „unterlaufen" durch die Strukturen der modernen Gesellschaft, die auch das Recht in immer höherem Maße erfassen. Ich möchte sie hier einmal auf den Hauptnenner *„Organisation"* bringen. Das Umschlagen von personenbezogenen Rechten des Individuums in *„organisierte" und damit kollektiv institutionalisierte Rechte und Interessen" ist eins der auffälligsten Kennzeichen unserer Sozialstruktur. Das „organisierte" Recht der Person* aber macht diese Person zu einem Teil dieser Organisation, teilt ihm eine *„Rolle"* zu und steuert damit durch objektive soziale Zwänge das – dann keineswegs mehr personintegre und -autonome – Verhalten des einzelnen. [...] Eine neue dialektische Situation scheint sich entwickelt zu haben: Die betonten subjektiven Rechte der Person, die sie gegen die Ausbeutung durch Herrschaft schützen sollen, werden durch soziale Organisation geschützt und verstärkt; auf der anderen Seite wird aber durch eben diese Organisation das Individuum in soziale Funktionen aufgelöst und bedarf des Schutzes seiner Integrität und Autonomie gegenüber diesen sozialen Organisationen. Die *neue Schutzbedürftigkeit der Person* ist also keineswegs primär gegen Herrschaft gerichtet (deshalb scheint mir die alte Leitidee des personalen Rechts „Gleichheit gegenüber Herrschaftsverschiedenheit" heute in diesen Fällen nicht mehr hinzureichen), sondern *gegen die hohe funktionale Durchorganisiertheit der Gesellschaft*. So könnte man versuchen, dieses soziale Grundbedürfnis der Person mit der Formel *„Integrität und Autonomie der Person gegenüber der sozialen Organisation"* zu bezeichnen. (S. 80–81)

### 5.2.3. Aufgabenvorschläge

5.2.3.1. *Wie unterscheidet sich nach Schelsky das Recht von Sitte, Moral, Konvention etc.?*

5.2.3.2. *Vergleichen Sie die These von Marx (1.3.2.) und Schelsky über das Verhältnis von Recht und Macht!*

## 6. BIBLIOGRAPHIE

### 6.1. Allgemeine Bibliographie

Alexy, Robert: Theorie der juristischen Argumentation. Frankfurt: Suhrkamp 1978.

Coing, Helmut: Grundzüge der Rechtsphilosophie. Berlin: de Gruyter 1976.

Dohna, Alexander Graf zu: Kernprobleme der Rechtsphilosophie. Mit einem Nachwort v. E. Wolf. Darmstadt: Wissenschaftliche Buchgesellschaft 1959.

Dreier, Ralf und Schwegmann, Friedrich (Hrsg.): Probleme der Verfassungsinterpretation. Dokumentation einer Kontroverse. Baden-Baden: Nomos 1976.

Engisch, Karl: Einführung in das juristische Denken. Stuttgart–Berlin–Köln–Mainz: Kohlhammer 1977.

ders.: Auf der Suche nach Gerechtigkeit. München: Piper 1971.

Fechner, Erich: Rechtsphilosophie. Tübingen: Mohr 1962.

Frankena, William K.: Analytische Ethik. München: dtv 1975.

Hart, Herbert Lionel Adolphus: Recht und Moral. Drei Aufsätze. (Aus dem Englischen hrsg. von N. Hoerster). Göttingen: Vandenhoeck und Ruprecht 1971.

ders.: Der Begriff des Rechts. Frankfurt: Suhrkamp: 1973 (Orig.: The Concept of Law, Oxford 1961).

Hoerster, Norbert (Hrsg.): Recht und Moral. Texte zur Rechtsphilosophie. München: dtv 1977.

ders. (Hrsg.): Texte zur Ethik. München: dtv 1978.

ders. (Hrsg.): Klassische Texte der Staatsphilosophie. München: dtv 1976.

Jahr, Günther und Maihofer, Werner (Hrsg.): Rechtstheorie-Beiträge zur Grundlagendiskussion. Frankfurt/Main: Klostermann 1971.

Kaufmann, Arthur (Hrsg.): Die ontologische Begründung des Rechts. Darmstadt: Wissenschaftliche Buchgesellschaft 1965.

Kaufmann, Arthur (Hrsg.): Rechtstheorie, Ansätze zu einem kritischen Rechtsverständnis. Karlsruhe: C. F. Müller 1971.

Kaufmann, Arthur und Hassemer, Winfrid: Grundprobleme der zeitgenössischen Rechtsphilosophie und Rechtstheorie. Ein Leitfaden. Frankfurt/Main: Athenäum 1971.

Kriele, Martin: Kriterien der Gerechtigkeit. Zum Problem des rechtsphilosophischen und politischen Relativismus. Berlin: Duncker und Humblot 1960.

ders.: Theorie der Rechtsgewinnung; entwickelt am Problem der Verfassungsinterpretation. Berlin: Duncker und Humblot 1967.

Larenz, Karl: Methodenlehre der Rechtswissenschaft. Berlin–Heidelberg–New York: Springer 1979.

ders.: Das Problem der Rechtsgeltung. Darmstadt: Wissenschaftliche Buchgesellschaft 1967.

Lautmann, Rüdiger, Maihofer, Werner und Schelsky, Helmut: Die Funktion des Rechts in der modernen Gesellschaft. Bielefeld: Bertelsmann Universitätsverlag 1970.

Luhmann, Niklas: Rechtssoziologie, Bd. 1 und 2. Reinbek: Rowohlt-Taschenbuch 1972.

ders.: Legitimation durch Verfahren. Darmstadt–Neuwied: Luchterhand 1975.
Maihofer, Werner (Hrsg.): Begriff und Wesen des Rechts. Darmstadt: Wissenschaftliche Buchgesellschaft 1973.
ders. (Hrsg.): Naturrecht oder Rechtspositivismus? Bad Homburg v. d. H.: Gentner 1962.
ders. (Hrsg.): Ideologie und Recht. Frankfurt/Main: Klostermann 1969.
Nozick, Robert: Anarchie, Staat, Utopia. München: Moderne Verlags-Gesellschaft 1974.
Oelmüller, Willi (Hrsg.): Normbegründung, Normdurchsetzung. Paderborn: Schöningh 1978.
ders. (Hrsg.): Transzendentalphilosophische Normenbegründungen. Paderborn: Schöningh 1978.
ders.: Normen und Geschichte. Paderborn: Schöningh 1979.
Patzig, Günther: Ethik ohne Metaphysik. Göttingen: Vandenhoeck und Ruprecht 1971.
Raiser, Thomas: Einführung in die Rechtssoziologie. Berlin: Schweitzer 1972.
Rawls, John: Eine Theorie der Gerechtigkeit (A Theory of justice. Oxford 1973). Frankfurt: Suhrkamp 1975.
Rehbinder, Manfred: Rechtssoziologie. Berlin–New York: de Gruyter 1977.
Rehbinder, Manfred und Schelsky, Helmut: Zur Effektivität des Rechts. Bielefeld: Bertelsmann-Universitätsverlag 1972.
Riedel, Manfred (Hrsg.): Rehabilitierung der praktischen Philosophie. Freiburg: Rombach 1972 und 1974.
Ryffel, Hans: Grundprobleme der Rechts- und Staatsphilosophie. Neuwied und Berlin: Luchterhand 1969.
Schnur, Roman (Hrsg.): Institution und Recht. Darmstadt: Wissenschaftliche Buchgesellschaft 1968.
Schreiber, Hans-Ludwig: Gesetz und Richter. Frankfurt/Main: Metzner 1976.
Wagner, Heinz und Haag, Karl: Die moderne Logik in der Rechtswissenschaft. Bad Homburg v. d. H.: Gehlen 1960.
Welzel, Hans: Naturrecht und materiale Gerechtigkeit. Göttingen: Vandenhoeck und Ruprecht 1962.
Wieacker, Franz: Privatrechtsgeschichte der Neuzeit. Göttingen: Vandenhoeck und Ruprecht 1967.
Wiethölter, Rudolf: Rechtswissenschaft. Frankfurt/Main und Hamburg: Fischer-Bücherei 1970.
Zippelius, Reinhold: Das Wesen des Rechts. Eine Einführung in die Rechtsphilosophie. München: Beck 1978.

## 6.2. Literaturhinweise zu Kapitel 1: Ausgangspunkte der Rechtstheorie

Adler, Max: Die Staatsauffassung des Marxismus. Darmstadt: Wissenschaftliche Buchgesellschaft 1973.
Batscha, Zwi: Materialien zu Kants Rechtsphilosophie. Frankfurt/Main: Suhrkamp 1976.
Bien, Günther: Die Grundlegung der politischen Philosophie bei Aristoteles. Freiburg i. B.: Alber 1973.
Bloch, Ernst: Naturrecht und menschliche Würde. Frankfurt: Suhrkamp 1961.
Bröder, Walter: Aristoteles, Frankfurt/Main: Klostermann 1974.
Dahrendorf, Ralf: Die Idee des Gerechten im Denken von Karl Marx. Hannover: Verlag für Literatur und Zeitgeschehen 1971.
Doering, Ingemar: Aristoteles. Darstellung und Interpretation seines Denkens. Heidelberg 1966.
Dreier, Ralf: Zur Einheit der praktischen Philosophie Kants, in: Perspektiven der Philosophie, Neues Jahrbuch, Bd. 5. Hildesheim: Gerstenberg 1979, S. 5–37.
Ebbinghaus, Julius: Das Kantische System der Rechte des Menschen und Bürgers in seiner geschichtlichen und aktuellen Bedeutung, in: ARSP 50 (1964), S. 23–55.
Ellscheid, Günter: Das Problem von Sein und Sollen in der Philosophie Immanuel Kants. Köln: Heymanns 1968.
Fechner, Hermann Adolph: Über den Gerechtigkeitsbegriff des Aristoteles. Ein Beitrag zur Geschichte der alten Philosophie. Aalen: Scientia 1964.

Goedeckemeyer, Albert: Aristoteles' praktische Philosophie. Leipzig 1922.
Kelsen, Hans: Sozialismus und Staat. Eine Untersuchung der politischen Theorie des Marxismus. Leipzig: Hirschfeld 1923.
Klenner, Hermann: Der Marxismus-Leninismus über das Wesen des Rechts. Berlin (Ost): Deutscher Zentralverlag 1954.
Maihofer, Werner: Demokratie im Sozialismus. Recht und Staat im Denken des jungen Marx. Frankfurt: Klostermann 1968.
Paschukanis, Eugen: Allgemeine Rechtslehre und Marxismus. Frankfurt: Verlag Neue Kritik, 1966.
Popper, Karl Raimund: Immanuel Kant. Der Philosoph der Aufklärung, in: Die offene Gesellschaft und ihre Feinde, Bd. 1. Bern: Francke 1973, S. 9–19.
Renner, Karl: Die Rechtsinstitute des Privatrechts und ihre soziale Funktion. Ein Beitrag zur Kritik des bürgerlichen Rechts. Stuttgart: G. Fischer 1965.
Ritter, Christian: Der Rechtsgedanke Kants nach den frühen Quellen. Frankfurt: Klostermann 1971.
Ritter, Joachim: „Naturrecht" bei Aristoteles. Zum Problem einer Erneuerung des Naturrechts. Stuttgart: Kohlhammer 1961.
Saage, Richard: Eigentum, Staat und Gesellschaft bei Immanuel Kant. Stuttgart: Kohlhammer 1973.
Sandkühler, Hans Jörg und de la Vega, Rafael (Hrsg.): Marxismus und Ethik. Texte zum neukantianischen Sozialismus. Frankfurt: Suhrkamp 1974.
Stučka, Peter J.: Die revolutionäre Rolle von Recht und Staat. Mit einer Einleitung von Norbert Reich. Frankfurt: 1969.
Zemb, Jean M.: Aristoteles in Selbstzeugnissen und Bilddokumenten. Reinbek: Rowohlt 1961.

## 6.3. **Literaturhinweise zu Kapitel 2: Neuere Rechtsphilosophie**

Böckle, Franz und Böckenförde, Ernst-Wolfgang: Das Naturrecht in der Kritik. Mainz: Matthias Grünewald 1973.
Coing, Helmut: Grundzüge der Rechtsphilosophie. Berlin: de Gruyter 1976.
ders.: Epochen der Rechtsgeschichte in Deutschland. München: Beck 1976.
Eckmann, Horst: Rechtspositivismus und sprachanalytische Philosophie. Der Begriff des Rechts in der Rechtstheorie H. L. A. Harts. Berlin: Duncker und Humblot 1969.
Engisch, Karl: Auf der Suche nach Gerechtigkeit. Hauptthemen der Rechtsphilosophie. München: Piper 1971.
ders.: Einführung in das juristische Denken. Stuttgart–Berlin–Köln: Kohlhammer 1977.
ders.: Vom Weltbild des Juristen. Heidelberg: Winter 1950.
Fechner, Erich: Rechtsphilosophie. Tübingen: Mohr 1962.
Hart, Herbert Lionel Adolphus: Recht und Moral. Drei Aufsätze. (Aus dem Engl. übers. und hrsg. von N. Hoerster.) Göttingen: Vandenhoeck und Ruprecht 1971.
Henkel, Heinrich: Einführung in die Rechtsphilosophie. München: Beck 1964.
Höfe, Ottfried (Hrsg.): Über J. Rawls Theorie der Gerechtigkeit. Frankfurt: Suhrkamp 1977.
Kaufmann, Erich: Kritik der neukantischen Rechtsphilosophie. Aalen: Scientia 1964.
Kelsen, Hans: Aufsätze zur Ideologiekritik. Neuwied–Berlin: Luchterhand 1964.
ders.: Der soziologische und der juristische Staatsbegriff. Tübingen: Mohr 1928.
ders.: Hauptprobleme der Staatsrechtslehre, entwickelt aus der Lehre vom Rechtssatz. Aalen: Scientia 1960.
ders.: Vom Wesen und Wert der Demokratie. Aalen: Scientia 1963.
ders.: Was ist Gerechtigkeit? Wien: Deuticke 1953.
Métall, Rudolf A.: Hans Kelsen, Leben und Werk. Wien: Deuticke 1969.
Perelmann, Chaïm: Über die Gerechtigkeit. München: Beck 1967.
Radbruch, Gustav: Der Geist des englischen Rechts. Göttingen: Vandenhoeck und Ruprecht 1958.

ders.: Der innere Weg. Aufriß meines Lebens. Göttingen: Vandenhoeck und Ruprecht 1961.
ders.: Die Natur der Sache als juristische Denkform. Neudruck. Darmstadt: Wissenschaftliche Buchgesellschaft 1960.
Radbruch, Gustav und Daumier, Honoré: Karikaturen der Justiz. Göttingen: Vandenhoeck und Ruprecht 1961.
Ryffel, Hans: Grundprobleme der Rechts- und Staatsphilosophie. Neuwied–Berlin: Luchterhand 1969.
Schreiber, Hans-Ludwig: Der Begriff der Rechtspflicht. Berlin: de Gruyter 1966.
Tjong, Zong Uk: Der Weg des rechtsphilosophischen Relativismus bei Gustav Radbruch. Bonn: Röhrscheid 1967.
Welzel, Hans: An den Grenzen des Rechts. Die Frage nach der Rechtsgeltung. Köln–Opladen: Westdeutscher Verlag 1966.
ders.: Naturrecht und materiale Gerechtigkeit. Göttingen: Vandenhoeck und Ruprecht 1962.
ders.: Vom irrenden Gewissen. Eine rechtsphilosophische Studie. Tübingen: Mohr 1948.

## 6.4. Literaturhinweise zu Kapitel 3: Klassiker der Rechtssoziologie

Albert, Hans und Topitsch, Ernst (Hrsg.): Werturteilsstreit. Darmstadt: Wissenschaftliche Buchgesellschaft 1971.
Ehrlich, Eugen: Die juristische Logik. Tübingen: Mohr 1918.
ders.: Recht und Leben. Gesammelte Schriften zur Rechtstatsachenforschung und zur Freirechtslehre, hrsg. von Manfred Rehbinder. Berlin: Duncker und Humblot 1967.
Geiger, Theodor: Arbeiten zur Soziologie. Ausgewählt und eingeleitet von Paul Trappe. Neuwied–Berlin: Luchterhand 1962.
ders.: Demokratie ohne Dogma. Die Gesellschaft zwischen Pathos und Nüchternheit. Kobenhavn: E. Munksgaard 1960.
ders.: Ideologie und Wahrheit. Stuttgart–Wien: 1953.
Loos, Fritz: Zur Wert- und Rechtslehre Max Webers. Tübingen: Mohr 1970.
Naucke, Wolfgang und Trappe, Paul: Rechtssoziologie und Rechtspraxis. Neuwied–Berlin: Luchterhand 1970.
Rehbinder, Manfred: Die Begründung der Rechtssoziologie durch Eugen Ehrlich. Berlin: Duncker und Humblot 1967.
Weber, Max: Rechtssoziologie. Hrsg. von Joh. Winckelmann. Neuwied–Berlin: Luchterhand 1967.
ders.: Wirtschaft und Gesellschaft. Tübingen: Mohr 1972, Studienausgabe.
ders.: Gesammelte Aufsätze zur Wissenschaftslehre. Tübingen: Mohr 1973.

## 6.5. Literaturhinweise zu Kapitel 4: Methodenlehre der Rechtsanwendung, Rechtskritik und soziologische Jurisprudenz

Dahrendorf, Ralf: Gesellschaft und Demokratie in Deutschland. München: Piper 1965.
Edelmann, Johann: Die Entwicklung der Interessenjurisprudenz. Bad Homburg v. d. H.: Gehlen 1967.
Ehrlich, Eugen: Die juristische Logik. Aalen: Scientia 1966.
Esser, Josef: Grundsatz und Norm in der richterlichen Fortbildung des Privatrechts. Tübingen: Mohr 1964.
ders.: Vorverständnis und Methodenwahl in der Rechtsfindung. Frankfurt/Main: Athenäum 1970.
Heck, Philipp: Das Problem der Rechtsgewinnung. Gesetzesauslegung und Interessenjurisprudenz. Begriffsbildung und Interessenjurisprudenz. Bad Homburg v. d. H.: Gehlen 1968.
Jahr, Günther und Maihofer, Werner (Hrsg.): Rechtstheorie. Frankfurt/Main: Klostermann 1971.

Kantorowicz, Hermann: Der Begriff des Rechts. Göttingen: Vandenhoeck und Ruprecht 1963.

ders.: Rechtswissenschaft und Soziologie. Ausgewählte Schriften zur Wissenschaftslehre. Hrsg. von Thomas Würtenberger. Karlsruhe: Müller 1962.

Kaufmann, Arthur (Hrsg.): Rechtstheorie. Ansätze zu einem kritischen Rechtsverständnis. Karlsruhe: C. F. Müller 1971.

Kaupen, Wolfgang: Die Hüter von Recht und Ordnung. Die soziale Herkunft. Erziehung und Ausbildung der deutschen Juristen. Neuwied–Berlin: Luchterhand 1973.

Kriele, Martin: Theorie der Rechtsgewinnung. Berlin: Duncker und Humblot 1976.

Larenz, Karl: Methodenlehre der Rechtswissenschaft. Berlin–Heidelberg–New York: Springer 1978.

Lautmann, Rüdiger: Soziologie vor den Toren der Jurisprudenz. Stuttgart: Kohlhammer 1971.

Maihofer, Werner: Demokratie im Sozialismus. Recht und Staat im Denken des jungen Marx. Frankfurt: Klostermann 1968.

ders.: Rechtsstaat und menschliche Würde. Frankfurt/Main: Klostermann 1968.

Naucke, Wolfgang: Über die juristische Relevanz der Sozialwissenschaft. Frankfurt/Main: Metzner 1972.

Richter, Walter: Zur soziologischen Struktur der deutschen Richterschaft. Stuttgart: Schweitzer 1968.

ders.: Zur Bedeutung der Herkunft des Richters für die Entscheidungsbildung. Berlin: Schweitzer 1973.

Rottleuthner, Hubert: Richterliches Handeln. Zur Kritik der juristischen Dogmatik. Frankfurt/Main: Athenäum 1973.

Schreiber, Hans-Ludwig: Verfahrensrecht und Verfahrenswirklichkeit. Zeitschrift für die gesamte Strafrechtswissenschaft, Bd. 88 (1976), S. 117ff.

Wassermann, Rudolf: Der politische Richter. München: Piper 1972.

Westermann, Harry: Wesen und Grenzen der richterlichen Streitentscheidung im Zivilrecht. Münster/W.: 1955.

## 6.6. Literaturhinweise zu Kapitel 5: Neuere methodische Ansätze der Rechtssoziologie

Habermas, Jürgen und Luhmann, Niklas: Theorie der Gesellschaft oder Sozialtechnologie – Was leistet die Systemforschung? Frankfurt/Main: Suhrkamp 1971.

Luhmann, Niklas: Funktionen und Folgen formaler Organisation. Berlin: Duncker und Humblot 1972.

ders.: Legitimation durch Verfahren. Neuwied–Berlin: Luchterhand 1971.

ders.: Rechtssoziologie. Zwei Bände. Reinbek: Rowohlt 1972.

Schelsky, Helmut: Ortsbestimmung der deutschen Soziologie. Köln–Düsseldorf: Diederichs 1967.

ders.: Systemüberwindung. Demokratisierung und Gewaltenteilung. München: Beck 1973.

# 7. PERSONEN- UND SACHREGISTER